绩效管理与绩效考核研究

聂琨◎著

吉林出版集团股份有限公司

全国百佳图书出版单位

图书在版编目（CIP）数据

绩效管理与绩效考核研究 / 聂琨著. –– 长春 : 吉
林出版集团股份有限公司, 2022.7

ISBN 978–7–5731–1805–9

Ⅰ. ①绩⋯ Ⅱ. ①聂⋯ Ⅲ. ①企业绩效－企业管理－
研究 Ⅳ. ①F272.5

中国版本图书馆CIP数据核字(2022)第138676号

绩效管理与绩效考核研究
JIXIAO GUANLI YU JIXIAO KAOHE YANJIU

著　　者　聂　琨

出 版 人　吴　强

责任编辑　朱子玉

助理编辑　张晓鹭

装帧设计　北京万瑞铭图文化传媒有限公司

开　　本　787mm×1092mm　1/16

印　　张　12.75

字　　数　245千字

版　　次　2022年7月第1版

印　　次　2022年7月第1次印刷

出　　版　吉林出版集团股份有限公司

发　　行　吉林音像出版社有限责任公司
　　　　　（吉林省长春市南关区福祉大路5788号）

电　　话　0431-81629667

印　　刷　天津和萱印刷有限公司

ISBN 978-7-5731-1805-9　　定　　价　60.00元

如发现印装质量问题，影响阅读，请与出版社联系调换。

前言

绩效管理是指为了达成组织目标，通过实施持续开放及双向互动的沟通过程，明确组织目标和相关的绩效标准，由管理双方共同努力维持、完善和提高员工绩效、部门绩效、组织绩效的过程式管理。绩效考核是这一过程中的一个环节。如果要赋予其明确的定义，可以将绩效考核看作是一套正式的结构化的制度，用来衡量、评价并影响与员工工作相关的特性、行为和结果，考查员工的实际绩效，了解员工可能发展的潜力，以期获得员工与组织的共同发展。综上，绩效考核是事后考核工作的结果，而绩效管理是事前计划、事中管理和事后考核所形成的三位一体的系统，二者是不能等同和替代的。

绩效管理是一个世界级的管理难题，同时也是一把"双刃剑"——用好了可以推动企业经营业绩的提升，用不好可能会伤及自身。在企业管理实践中，绩效考核又是个"烫手山芋"：企业没有绩效考核，万万不行；有了绩效考核，麻烦不断。"考"也不对，"评"也不是；往往陷入老板不认可、人力资源部门头疼、各级管理者厌烦、员工不满意的境地。尤其近年来，一切变得不确定：外部世界复杂多变，新生事物看不懂，未来看不清。从绩效管理的角度看：首先，企业未来发展方向看不清，战略目标不明确，企业的绩效目标与指标就很难准确确定；其次，影响绩效的因素是复杂多样的，个人的绩效往往并不完全取决于个人努力的结果，而是团队合作共创价值的结果；再次，现在我们所面临的管理对象是知识型员工，是知识型劳动，创新性劳动，知识型与创新性劳动成果的表现方式多样，难以客观衡量。

加强绩效管理理论研究，对提高绩效管理实践和教学的有效性，具有重要意义。对当前相关探索的回顾表明，管理控制理论和组织行为相关理论，被认为构成了绩效管理的理论基础。绩效管理自身的发展越来越要求在紧密联系实际、注重应用性的同时，能够廓清其背后的理论基础。现有的研究既做出了一些可贵的探索，同时，也留下了一些有待解决的问题。要更好地探索绩效管理的理论基础，应当从提出合适的问题开始，并密切结合已经形成的绩效管理实践观念。未来的研究可以进行方法论上的更多探索，也可以根据文中所提出的思路，开展绩效管理理论基础的相关研究。

目录

第一章 绩效管理与绩效考核概述 1

    第一节 绩效、绩效考核与绩效管理 1

    第二节 绩效管理与绩效考核的比较 7

    第三节 绩效管理的目的和作用 9

    第四节 绩效管理在组织管理中的定位 11

第二章 绩效计划 14

    第一节 绩效计划概述 14

    第二节 绩效计划的内容 17

    第三节 制定绩效计划 33

第三章 绩效监控 36

    第一节 绩效监控概述 36

    第二节 绩效的有效沟通 39

    第三节 绩效辅导 50

    第四节 绩效信息的收集 54

第四章 绩效考核指标 59

    第一节 绩效考核指标的形成 59

    第二节 绩效考核指标的设计 60

    第三节 平衡计分卡及其应用 63

    第四节 KPI 及其应用 68

    第五节 目标管理法及其应用 73

    第六节 EVA 技术及其应用 78

第五章 绩效考核的方法与实施 83

    第一节 绝对考核法 83

    第二节 相对考核法 84

    第三节 绩效考核的实施 91

第六章 绩效考核结果的运用 97

    第一节 绩效改进 97

第二节 绩效考核结果与培训 104

第三节 绩效考核结果与人事决策 108

第四节 绩效考核结果与员工职业发展 110

第五节 基于绩效的薪酬 112

第七章 绩效满意度 124

第一节 客户满意度及其测评 124

第二节 公众满意度及其测评 127

第三节 内部满意度及其测评 132

第八章 绩效沟通 141

第一节 绩效沟通的含义 141

第二节 绩效沟通的目的与原则 145

第三节 绩效沟通的机制 147

第九章 绩效管理类型 150

第一节 中小企业绩效管理 150

第二节 国有企业绩效管理 158

第三节 事业单位绩效管理 164

第四节 政府绩效管理 165

第五节 医院绩效管理 168

第六节 银行绩效管理 170

第十章 绩效管理走向人的全面管理 174

第一节 人的全面管理的提出 174

第二节 用评估实现对价值观的有效管理 177

第三节 价值观评估与胜任力评估的差别 178

第四节 复合型模式的综合应用 180

第十一章 绩效管理的发展趋势 183

第一节 战略性绩效管理 183

第二节 团队绩效管理 187

第三节 高绩效团队的创建 190

参考文献 195

第一章 绩效管理与绩效考核概述

第一节 绩效、绩效考核与绩效管理

一、绩效的含义

（一）不同视角下的绩效

1. 管理学视角

从管理学的角度看，绩效是组织期望的结果，是组织为实现其目标而展现在不同层面上的有效输出，包括个人绩效和组织绩效两个方面。组织绩效是组织最终经营管理的结果，是建立在个人绩效实现的基础上，但个人绩效的实现并不一定保证组织是有绩效的。如果组织的绩效按一定的逻辑关系被层层分解到每一个组织成员的时候，只要每一个组织成员都达成了组织的要求，组织的绩效就实现了。但是组织战略的失误可能造成个人绩效的目标偏离组织的绩效目标，从而导致组织的失败。

2. 经济学视角

从经济学的角度看，绩效与薪酬是员工和组织之间的对等承诺关系，绩效是员工对组织的承诺，而薪酬则是组织对员工所做出的承诺。一个人进入组织，必须对组织所要求的绩效做出承诺。这种对等承诺关系的本质，体现了等价交换的原则，而这一原则正是市场经济运行的基本规则。

3. 社会学视角

从社会学的角度看，绩效意味着每一个社会成员按照社会分工所确定的角色承担他的那一份职责。他的生存权利是由其他人的绩效保证的，而他的绩效又保障其他人的生存权利。因此，出色地完成他的绩效是他作为社会一员的义务，他受惠于社会就必须回馈社会。

（二）绩效的定义

随着管理实践深度和广度的不断增加，人们对绩效概念和内涵的认识也在不断变化。

1. 三种绩效观

目前在理解绩效的内涵上主要有三种观点：结果论、过程论和潜能论。

（1）结果论

结果论是将绩效视为结果，主张用工作的实际产出说话，注重绩效的客观性和明确性。但是，如果人们无法控制行为的过程，那么行为导致的工作结果就不可靠，而且过分强调结果，就可能导致员工为达到目的而不择手段，导致组织成员之间恶性竞争，追求短期效益，最终伤害组织的整体利益和绩效。

（2）过程论

过程论将绩效视为一个实现目标而采取行动的过程，即"绩效"="行为"。过程论的基本假设是：行为必然导致结果，只要控制了行为就能够控制结果。过程论认为绩效是行为，通过对员工行为的标准化、职业化塑造，能建立起标准、规范的行为体系。

绩效的二维模式，即绩效是由任务绩效和周边绩效构成的：任务绩效指所规定的行为或与特定的具体职务的工作内容是密切相关的，同时也指与个体的能力、完成任务的熟练程度和工作知识密切相关的行为；周边绩效指与绩效的组织特征密切相关的行为或非特定的工作熟练有关的行为。这些行为虽然对于组织技术核心的维护和服务没有直接的关系，但是它对企业的运营环境和企业的长远战略发展却具有重要的意义。周边绩效概念的提出对深化人们对组织绩效的认识具有重要意义。

（3）潜能论

知识经济时代，评价并管理知识型员工的绩效变得越来越重要。由于知识型工作和知识型员工给组织绩效管理带来的新挑战，越来越多的企业将以素质为基础的员工潜能列入绩效考核的范围，对绩效的研究也不再仅仅关注于对过去的反映，而是更加关注员工的潜在能力，更加重视素质与高绩效之间的关系。能够使一些人的绩效优于其他人的因素是陈述性知识、程序性知识以及动机。陈述性知识是关于事实和事情的信息，它包括关于某一既定任务的要求、说明、原则以及目标等方面的信息。程序性知识是知道应该做什么以及知道如何去做这方面知识的结合，它包括认知、身体、知觉、动力以及人际关系等方面的技能。动机包括以下三种类型的选择：选择是否付出努力（例如，"我今天要去上班"）；选择努力的程度（例如，是"我将尽自己最大努力去工作"还是"我不会太卖力气"）；选择是否坚持付出某种水平的努力（例如，是"过一会儿我就会松点劲"还是"无论如何我都会坚持下去"）。

2.绩效在实践中的含义

在具体实践中，对绩效的理解可能是以上三种认识中的一种，也可能是对各种绩效概念的综合平衡。一般而言，人们在实践中对绩效有以下五种理解。

（1）绩效是"工作任务"

工作任务本身十分明确清晰，任务的完成受外界条件的制约不大，任务承担者与他人和团队之间的依赖程度也不高，这时完成工作任务本身就是绩效。这种理念适用对象是生产一线的工人和体力劳动者。这种界定在传统的绩效考核中曾经盛行一时。但是，它对于企业中的管理层和知识型员工来说，由于任务界定的模糊化而缺乏针对性。

（2）绩效就是"工作产出"或"结果"

岗位职责决定了某一工作职位或部门应承担的为实现组织或部门目标必须完成的任务，特定的工作岗位决定了被考核者应有的知识、技能、态度和综合这些因素所能作出的实际贡献，所以，绩效被定义为"产出"或"结果"。这种界定包含着对被考核者责任认知的考核、能力考核和态度考核。但由于"产出"或"结果"经常是由某些不可控的因素决定，而个体的考核信息却不能准确地反映这些因素。因此，工作"产出"或"结果"的绩效观受到质疑。

（3）绩效就是"行为"

"行为说"认为许多工作结果可能是由与工作毫无关系的其他原因引起的，结果的产生可能包括许多个体无法控制的因素，过分重视结果会忽视重要的程序因素和人际关系因素。因此，相比之下，尽管行为也要受外界因素的影响，但它更多还是取决于个体的直接控制和调整。

（4）绩效是"行为"（如何做）+"结果"（做了什么）的统一体

作为结果和过程的绩效观各有其优点和缺点，从实际运用的角度来看，不同的侧重都是有偏颇的，因此将两种观点结合起来是一种比较全面的绩效观。具体到实践中，高速发展的企业或行业，一般更重视"结果"；发展相对平稳的企业或行业，则更重视"过程"；强调反应速度、注重灵活、创新工作文化的企业，一般更强调"结果"；强调流程、规范、注重规则工作文化的企业，一般更强调"过程"；企业中不同类别的人员、不同层次的人员，层级越高越以结果为主，层级越低越以过程或行为为主。

（5）绩效是"做了什么"（实际收益）+"能做什么"（预期收益）

将员工个人的知识、技能、素质、潜能等要素都纳入绩效中的界定非常适合知识型员工的管理和从事大量创新性工作的企业，而且也体现了建立绩效考核体系的根本目的，就是要促使企业的目标得以顺利地实现。要想顺利实现组织的目标，最重要的不是过去做了什么和哪些没有做成，而是企业将来还能够做什么和如何从失败中吸取教训。所以，这种绩效观念是开放式的，在时间和空间上更为包容。

（三）绩效的特点

1.绩效的多因性

绩效的优劣不是由单一因素决定的，它受到主客观多种因素的制约和影响，一个员工的绩效是其自身素质和工作环境交互作用的结果。因此，绩效的第一个特点是它的多因性。不同的学者提出了形式不同的绩效函数，虽只是在自变量的数目和分类方法上有所区别，但其内涵是相同的，即绩效是员工能力水平、行为激励、机会和环境条件等因素相互作用的结果。

能力是指员工的基本素质和专业技能的水平。尽管一个人能力的高低与个人智力、天赋、受教育的程度和经历有关，但是他的能力并不是固化的、凝滞的，而是完全可以通过及时有针对性的培训，不断提高其能力水平，从而提高工作绩效。

员工行为激励是指员工的工作态度、积极性、主动性和创造性的状态和水平。行为激励的状态是实现绩效目标、提高工作业绩的心理条件和心理基础。激励本身又取决于员工的需要层次、个性、感知、学习过程与价值观等个人特点，其中需要层次影响最大，员工在谋生、安全与稳定、友谊与温暖、尊重与荣誉、自为与自主以及实现自身潜能层次的需要方面，各有其独特的强度组合，企业中的管理者要善于运用多种激励措施和手段，激发员工的工作积极性、主动性、创造性。

机会是指员工个人或企业所面临的机遇，以及发展的可能性。这是外部的客观环境和条件的变化所引起的，有些人善于把握机遇，好风凭借力，送我上青天；有些人优柔寡断，没有及时抓住发展的良机，使机会与自己擦肩而过。机遇是变化的条件，内因是变化的依据，有时机遇再好，如果自身缺乏主动性、创造性，也很难取得良好的业绩。机会具有偶然性，实际上，在现实的绩效考核中不可能做到真正的彻底而完全的平等，机会对绩效来说是一个不可控制的变量。

环境是指员工进行工作的客观条件，如物质条件（生产、技术、组织、资本等条件）、企业文化、制度环境、人际关系等要素。企业内部的客观条件是环境因素中最基本的要素，如工作场所的物质条件、设施设备、原材料的供应以及工作程序等，而上级的领导作风、监控方式、组织结构、规章制度、工资福利以及企业文化等要素也是不容忽视的。此外，环境因素还包括某些起间接作用的因素，如社会政治和经济状况、市场竞争强度及劳动力市场状况等。这些要素对员工或企业的绩效有重要的制约和影响作用，在绩效管理的活动中应引起足够的重视。

2. 绩效的多维性

绩效是员工工作成果的总称，它涉及事前、事中、事后等多个方面，因此，绩效的另一特点是它的多维性，即需要从多种维度去分析与考核。例如，一名工人的绩效，除了有产品产量的实际完成指标外，还包括产品质量、材料能源消耗、出勤率、工时利用率等考核指标，甚至劳动纪律、团结互助、服从命令、听从指挥等软性指标也成为绩效考核的重要参数。即使是一名部门经理，其绩效水平也需要从多方面来衡量，如其所主管部门的经营指标和贡献率，对其下属的监督、指导的情况，本职位工作的创新度，各个下属业绩提高的水平和幅度等等。因此，工作绩效的多维性，要求绩效管理者应当从多种维度、多个方面去综合考虑评估，只有这样全面、深入地分析和考核员工或企业的绩效，才能获得真实有效的结果。

3. 绩效的动态性

绩效的第三个特点是它的动态性，即员工的绩效随着时间的推移会发生变化。在绩效管理中，对员工的绩效考核，其考查的内容只是过去一段时间内工作情况的反映。由于能力水平、激励状态以及机遇、环境因素的变化，绩效较差的员工可能会随着时间的推移提高自己的绩效水平，而绩效好的员工却有可能降低自己的绩效水平。

二、绩效考核的含义

（一）绩效考核的定义

绩效会因时间、空间、工作任务的条件和环境等相关因素的变化而不同，从而呈现出明显的多样性、多维性与动态性，这也就决定了对绩效考核必须是多角度、多方位和多层次的。

对于绩效考核，不同的人有不同的认识，从较早期的观点看，有以下几种描述：对组织中成员的贡献进行排序；对员工的个性、资质、习惯和态度以及对组织的相对价值进行有组织的、实事求是的考评，它是考评的程序、规范、方法的总和；对员工现任职务状况的出色程度以及担任更高一级职务的潜力，进行有组织的、定期的并且是尽可能客观的考核；人事管理系统的组成部分，由考核者对被考核者的日常职务行为进行观察、记录，并在事实的基础上，按照一定的目的进行的考核，达到培养、开发和利用组织成员能力的目的；定期考核和考查个人或团队工作业绩的一种正式制度。

综合以上观点，可以从三个角度理解绩效考核。

第一，绩效考核是从企业经营目标出发对员工工作进行考核，并使考核结果与其他人力资源管理职能相结合，推动企业经营目标的实现。

第二，绩效考核是人力资源管理系统的组成部分，它运用一套系统的和一贯的制度性规范、程序和方法进行考核。

第三，绩效考核是对组织成员在日常工作中所表现的能力、态度和业绩，进行以事实为依据的评价。

归纳起来，绩效考核是指考核主体对照工作目标或绩效标准，采用科学的考核方法，评定员工的工作任务完成情况，员工的工作职责履行程度和员工的发展情况，并且将评定结果反馈给员工的过程。

（二）绩效考核的类型

根据不同的目的，绩效考核可以分为判断型绩效考核和发展型绩效考核。

1. 判断型绩效考核

判断型绩效考核是以鉴定和验证员工绩效为目的的绩效考核，主要强调员工过去的工作成绩，常被用来控制员工的工作行为，主要特点是将考核结果与工资、晋升或其他经济利益联系起来。

2. 发展型绩效考核

发展型绩效考核是以提高员工将来的工作绩效为目的的绩效考核，主要着眼于今后的绩效。常被用来决定员工的培训和发展机会，找到排除工作障碍的办法，以及提出改进工作绩效的方法与设想。

（三）绩效考核带来的消极影响

绩效考核的消极影响主要包含：员工改善绩效的动力来源于利益的驱使和对惩罚的惧怕；过分依赖制度而削弱了组织各级管理者对改善绩效方面的责任；单纯依赖定期的绩效考核而忽略了对各种过程的控制和督导；管理者的角色是"警察"，考核就是要挑员工的不足，因此造成管理者与被管理者之间的冲突和对立；不利于培养缺乏经验和工作能力的资历较浅的员工，当员工发现无法达到工作标准时，容易自暴自弃，放弃努力，或归因于外界或其他人；在工作标准不能确切衡量时，导致员工规避责任；产生对业绩优秀者的抵触情绪，使得成绩优秀者成为被攻击的对象等。

三、绩效管理的含义

随着经济全球化和网络时代的到来，为了提高自己的竞争能力和适应能力，许多企业都在探索提高生产力和改善组织绩效的有效途径，组织结构调整、组织裁员、组织扁平化、组织分散化成为当代组织变革的主流趋势。但是，实践证明，尽管上述组织结构的调整能够减少成本，却并不一定能改善绩效，只是提供了一个改善绩效的机会，而真正能促使组织绩效提高的是组织成员行为的改变。从绩效考核到绩效管理有赖于以下四个原则：一是必须设定目标，目标必须为管理者和员工双方所认同；二是测量员工是否成功达到目标的尺度必须被清晰地表达出来；三是目标本身应该是灵活的，应该足够反映经济和工作场所环境的变化；四是员工应该把管理者不仅当作考核者，还应当作指导者，帮助他们达到成功。

（一）绩效管理思想发展

在绩效管理思想发展的过程中，出现了三种不同的观点。

1.绩效管理是管理组织绩效的系统

这种观点的核心在于确定企业战略并加以实施，雇员并不是绩效管理的重心。该管理系统通常由计划、改进和考查三个过程组成。首要环节是明确企业愿景、战略目标以及绩效指标；接着通过业务流程再造和改进，并辅以全面质量管理等活动实现既定的目标；最后对结果进行全面衡量和评估。总体上看，该观点所构想的绩效管理系统更像是战略或事业计划，个体的因素由于其多变和复杂的特性并没有成为主要关注点。

2.绩效管理是管理员工绩效的系统

这种观点的核心在于将绩效管理看作是组织对于其成员的工作成绩或发展潜力的评估和奖惩。该系统一般通过一个循环过程来实现由绩效计划建立、认同目标到对于绩效的客观和主观的评估，再通过交互反馈的方式形成正确适用的行为，从而完善和改进原来的绩效计划。如此反复循环，使管理者和被管理者在行为目标和绩效期望上逐渐达成共识，相互促进，共担责任，进而提升员工的绩效水平和能力。

3.绩效管理是管理组织和员工绩效的综合系统

这种观点可以看作是以上两种观点的结合，核心在于对组织内各个层次的绩效都要进行管理。因此，如何从组织战略的角度进行思考，逐渐将组织绩效改进转化为个体绩效的管理、控制和提升就成为这个综合系统的核心理念。

（二）绩效管理的概念和特征

从本质上看，绩效管理是理念和思想的统一，应贯穿于整个管理流程的所有环节，渗透到企业管理的各个方面，包括企业战略、人力资源管理、企业文化、统计与控制等。从人力资源管理的角度而言，绩效管理是指通过持续开放的监控和沟通过程来开发团队和个体的潜能，从而实现组织目标所预期的利益、产出的管理思想和具有战略意义的、整合的管理流程及方法。绩效管理的特征包括如下几种。

1. 系统性

绩效管理是一个完整的系统，在这个系统中，管理人员和员工全部参与进来并通过沟通的方式，将企业的战略规划和经营目标、管理人员的职责、管理的方式和手段以及员工的绩效目标等管理的基本内容确定下来。在持续不断沟通的前提下，管理人员帮助员工清除工作过程中的障碍，提供必要的支持、指导和帮助，与员工一起共同达成绩效目标，从而实现企业的远景规划和战略目标。

2. 目标性

绩效管理与目标管理很好地结合使得绩效管理更有成效。目标管理的一个最大的好处就是员工明白自己努力的方向，管理人员明确如何更好地通过员工的目标对员工进行有效管理，提供支持与帮助。同样，绩效管理也强调目标管理，只有绩效管理的目标明确了，管理人员和员工的努力才会有方向，才会更加地团结一致，共同致力于绩效目标的实现，更好地服务于企业的战略规划和远景目标。

3. 强调沟通

沟通在绩效管理中起着决定性的作用。设定绩效目标要沟通，帮助员工实现目标要沟通，期末考核要沟通，分析原因寻求进步要沟通。绩效管理的过程就是员工和管理人员持续不断沟通的过程。离开了沟通，企业的绩效管理将流于形式。许多管理活动失败的原因都是因为沟通出现了问题，绩效管理就是致力于管理沟通的改善，全面提高管理者的沟通意识和沟通技巧，进而提高企业的管理水平。

（三）绩效管理流程

绩效管理是一个动态持续循环的完整的系统，这个系统包括几个重要的组成部分：目标（计划）、辅导（教练）、评价（检查）、回报（反馈）。这些构件共同组成了一个管理循环。针对以上循环，我们可以将绩效管理程序划分为五个阶段：绩效计划、绩效的监控与辅导、绩效考核、绩效反馈、绩效改进与考核结果的运用。

第二节 绩效管理与绩效考核的比较

一、概念层面的区别和联系

从概念上看，绩效管理是指为了达成组织目标，通过实施持续开放及双向互动的沟通过程，明确组织目标和相关的绩效标准，由管理双方共同努力维持、完善和提高员工绩效、部门绩效、组织绩效的过程式管理。绩效考核是这一过程中的一个环节。如果要赋予其明确的定义，可以将绩效考核看作是一套正式的结构化的制度，用来衡量、评价并影响与员工工作相关的特性、行为和结果,考查员工的实际绩效,了解员工可能发展的潜力,以期获得员工与组织的共同发展。综上,绩效考核是事后考核工作的结果,而绩效管理是事前计划、事中管理和事后考核所形成的三位一体的系统,二者是不能等同和替代的。

当然,二者又是紧密联系的两个概念。首先,绩效管理概念的提出本身就是源于认识到了绩效考核的片面性和孤立性,从一种鼓励的管理手段发展到了系统的管理过程。其次,绩效管理理念的完善伴随着绩效考核方法的发展,在关键绩效指标、平衡计分卡和目标管理等绩效考核技术的出现和推进中,绩效管理的流程化、系统化、战略化的理念逐步形成。最后,绩效考核是完整的绩效管理过程中一个十分重要的环节,也代表绩效管理水平的核心技术。绩效考核的成功与否不仅取决于评估本身,很大程度上还取决于与评估相关联的整个绩效管理过程。

二、实践层面的区别和联系

（一）绩效考核与绩效管理的目的

对于传统的绩效考核来说,企业人力资源管理的目的往往关注于通过一系列制度、指标和标准来评判不同员工的劳动支出、努力程度和贡献份额,有针对性地支付薪酬、给予奖励,最大限度地利用人力资源来实现组织目标。由于实践中人们常常将绩效考核从完整的绩效管理中割裂开来,从而会误导绩效管理的目的。绩效管理的目的包括三个方面,即战略目的、管理目的和开发目的。一个有效的绩效管理系统首先要根据公司的战略目标制定各部门和员工的目标;其次应贯彻指导、评价、区分、激励、沟通等管理措施,使管理有效;最后应着眼于人力资源的开发,使员工持续成长,绩效持续改善。

（二）绩效考核与绩效管理的基本假设

企业在单纯运用绩效考核技术时实际上已然假设所有的考核主客体对于组织目标、绩效指标、绩效标准以及绩效的有效实现方式都是了解和熟悉的,并且对于整个管理过程是基本认可的。也就是说,绩效考核仅对员工的行为表现和工作成果作评判,最多是调整和完善管理过程中的局部环节。但是,这样的假设在人力资源管理实践中显然不现实和不充分。因此,实施完整的绩效管理过程必须从企业管理的各个方面做准备,包括文化、战略、组织、领导、激励、决策支持和控制等。

（三）绩效考核与绩效管理的运作思路

绩效管理是人力资源管理体系中的核心内容,而绩效考核只是绩效管理过程中的关键环节,两者在实践中的运作思路是有根本差异的。

1.过程的系统性和前瞻性

企业不仅要完整地看待绩效管理的全过程,而且要树立绩效管理是基本的管理过程的理念,并围绕此理念展开绩效管理的各项活动。

第一,绩效管理是一个完整的系统,绩效考核是这个系统的一部分。

第二,绩效管理是一个过程,注重过程管理,而绩效考核是一个阶段性的总结。

第三，绩效管理具有前瞻性，能帮助企业和管理者前瞻性地看待问题，有效规划企业和员工的未来发展，而绩效考核是回顾过去的一个阶段的成果，不具备前瞻性。

2.二者的侧重点及结果

绩效考核在改善员工绩效方面不能孤立地发生作用。如果相应的基础和配套环境未建设好，绩效考核或评估就不能起到很有效的作用，而常常会流于形式，无法实现初衷。

第一，绩效管理有着完善的计划监控手段和方法，而绩效考核只是提取绩效信息的一个手段。

第二，绩效管理注重能力的培养，而绩效考核只注重成绩的大小。

第三，绩效管理能建立考核者与被考核者之间的绩效合作伙伴关系，而绩效考核则使考核者与被考核者站到了对立的两面，甚至会制造紧张的气氛。

三、绩效考核在绩效管理中的地位

绩效考核在整个绩效管理活动中主要承担两种职能：一种是绩效评价职能，指通过绩效考核获得员工工作的真实信息，以对绩效突出、表现优异的员工进行奖励，对成绩平平、表现不佳的员工进行惩戒；另一种是信息提供职能，指通过绩效考核获得员工工作的真实信息，有针对性地开发员工各种潜能，并为组织提供员工在晋升、调动、加薪或培训方面做决策时的全面信息。

第三节　绩效管理的目的和作用

一、绩效管理的目的

绩效管理的目的是设计绩效管理系统的出发点和基础，是检验一个组织绩效管理系统设计和实施有效性的纲领。归纳起来，绩效管理的目的主要包括战略的目的、管理的目的和开发的目的，只有三个目的同时实现，才能保证组织绩效管理活动的科学性和有效性。

（一）战略的目的

绩效管理的最终目标就是保证企业的所有子系统以一种优化的方式在一起工作以获得企业希望的结果，也就是实现企业的战略规划和远景目标。运用绩效管理实现战略目标时，应首先明晰组织的战略，通过战略目标的承接与分解，将组织的战略目标逐层落实到部门和员工个人，并在此基础上制定相应的绩效评价指标体系，设计相应的评价和反馈系统，通过绩效评价指标体系，鼓励并驱动企业发展所需要的工作行为，使员工的努力与组织战略保持高度一致，保证企业各种目标的圆满实现。

（二）管理的目的

管理的目的主要体现在，一方面，绩效管理有明确的目标、详尽的计划，通过它的实施可以规范管理者的行为，保证员工个体行为与团队组织整体目标相适应，减少工作中的随意性和盲目性，使管理趋于科学化和规范化。另一方面，企业在薪资管理、晋升、岗位调整、保留—解雇、对个人绩效的承认等多项人事决策中都要使用到绩效管理信息，通过设计科学、规范的绩效管理系统保障绩效考核结果的公平性和有效性，从而不断地提高员工的工作绩效和组织管理水平，确保绩效目标的达成。

（三）开发的目的

绩效管理开发的目的主要是指管理者通过绩效管理过程来发现员工存在的不足，以便对其进行有针对性的培训，使其能够更加有效地完成工作。实践中，绩效管理系统并不仅仅是要指出员工绩效不佳的方面，同时还要找出导致绩效不佳的原因所在，比如存在技能缺陷、动机问题或者是某些障碍抑制了员工提高绩效等，然后寻求改善的途径。

二、绩效管理的作用

（一）有效地弥补绩效考核的不足

传统的绩效考核对绩效的判断通常是主观的和凭印象的；不同管理者的评定不能比较；反馈延迟会使员工因好的绩效没有得到及时的认可而产生挫折感等缺点。通过绩效管理，可以帮助企业实现绩效的持续发展；促进形成一个以绩效为导向的企业文化；激励员工，使他们的工作更投入；提高员工工作满意感；增强团队凝聚力，改善团队绩效；通过不断地沟通和交流，发展员工与管理者之间的建设性、开放的关系；给员工提供表达自己工作愿望和期望的机会。

（二）有效地促进质量管理

组织绩效可以表现在数量和质量两个方面。近年来，质量已经成为组织绩效的一个重要方面，质量管理也已经成为人们关注的热点。绩效管理过程可以加强全面质量管理（TQM）。因为，绩效管理可以给管理者提供管理（TQM）的技能和工具，使管理者能够将 TQM 看作组织文化的一个重要组成部分。可以说，一个设计科学的绩效管理过程本身就是一个追求"质量"的过程，达到或超过内部、外部客户的期望，使员工将精力放在质量目标上。

（三）绩效管理有助于适应组织结构调整和变化

多数结构调整都是对社会经济状况的一种反映，其表现形式多种多样，如：减少管理层次、减少规模、适应性、团队工作、高绩效工作系统、战略性业务组织、授权等。组织结构调整后，管理思想和风格都要相应地改变，如：给员工更多的自主权，以便更快更好地满足客户的需求；给员工更多的参与管理的机会，促进他们对工作的投入，提高他们的工作满意感；给员工更多的支持和指导，不断提高他们的胜任能力等。而所有这一切都必须通过建立绩效管理系统才能得以实现。

（四）有效地避免管理人员与员工之间的冲突

当员工认识到绩效管理是一种帮助而不是责备的过程时，他们会更加积极合作与坦诚相处。绩效管理不是讨论绩效低下的问题，而是讨论员工的工作成就、成功和进步，这是员工和管理人员的共同愿望。有关绩效的讨论不应仅仅局限于领导考核员工，而应该鼓励员工自我评价以及相互交流双方对绩效的看法。发生冲突和尴尬的情况常常是因为管理者在问题变得严重之前没有及时处理，问题发现得越早，越有利于问题的解决，领导的角色是通过观察发现问题，去帮助他们评价、改进自己的工作，共同找出答案。如果把绩效管理看作是管理双方的合作过程，将会减少冲突，增强合作。

（五）有效地节约管理时间成本

绩效管理可以使员工明确自己的工作任务和目标，他们会知道领导希望他们做什么，可以做什么样的决策，必须把工作做到什么样的地步，何时需要领导指导。通过赋予员工必要的知识来帮助他们进行合理的自我决策，减少员工之间因职责不明而产生的误解，通过帮助员工找到错误和低效率原因的手段来减少错误和差错，通过找出通向成功的障碍，以免日后付出更大的代价，领导就不必介入到所有正在从事的工作的具体细节管理中，从而有效降低时间成本。

（六）有效地促进员工的发展

通过绩效管理，员工对自己的工作目标确定了效价，也了解自己取得了一定成绩后会得到什么样的奖励，因此会努力提高自己的期望值，比如学习新知识、新技能、以提高自己胜任工作的能力，取得理想的绩效，同时个人也得到了进步。所以也可以认为，绩效管理是一种为促进员工发展而进行的人力资本投资。

第四节 绩效管理在组织管理中的定位

一、在构建组织核心竞争力中的定位

绩效管理是实现组织战略目标、培养核心竞争力的重要手段。在运用绩效管理手段提升企业核心竞争力的实践中要准确地把握好以下几个问题。

一是确定绩效考核计划时要注意从培养企业核心竞争力的角度出发，将核心竞争力分解成下一个层次的竞争力要素，这样层层分解，直到落实到具体的工作岗位上。制订计划、评定考核指标的过程就是对企业进行竞争力分析的过程。

二是企业核心竞争力的培养是一个从上到下的渐进过程，只能在拥有运用资源能力的基础上才能逐步形成，因此核心竞争力的培养必须从基础工作入手。在制定绩效管理规划时要整体考虑，不仅有管理者的考核指标，还要有一般员工的考核标准，使核心竞争力的培养成为全体员工的共同行动。

三是外部环境的变化对企业的核心竞争力要求会有变化，因此企业的绩效考核标准要随着环境变化和自身发展要求而及时改变，不同时期有不同的标准。

四是企业的竞争力往往是基于竞争和比较的，因此绩效考核结果要即时分析反馈，使企业管理者和员工清楚与竞争者的差距，明确竞争策略。

二、在人力资源管理系统中的定位

绩效管理在企业的人力资源管理系统中占据着核心地位，发挥着重要作用，需要与人力资源管理系统中的其他模块实现对接。

（一）绩效管理与职位分析的关系

绩效管理的重要基础是职位分析。职位分析的目的就是要确定组织架构中每一个职位的工作职责以及它所提供的重要工作产出，据此制定对这个职位进行绩效考核的关键绩效指标，而这些关键绩效指标就为我们提供了评价该职位任职者的绩效标准。可以说，职位分析提供了绩效管理的一些基本依据。

（二）绩效管理与薪酬激励的关系

越来越多的企业将员工的薪酬与其绩效挂钩，而不是向传统的薪酬体系中更多强调工作本身的价值。目前实践领域流行的薪酬管理 3P 模型，就是综合职位价值、绩效和任职者的胜任力决定薪酬。因此，绩效是决定薪酬的一个重要因素。在不同的组织中，采用不同的薪酬体系，对不同性质的职位而言，绩效所决定的薪酬成分和比例有所区别。通常来说，职位价值决定了薪酬中比较稳定的部分，绩效则决定了薪酬中变化的部分，如绩效工资、奖金等，将业绩与薪酬挂钩更加体现薪酬的激励性，形成浓厚的绩效文化。

（三）绩效管理与人员甄选的关系

人员甄选通常采用各种人才测评手段，针对人的素质模型中"冰山"以下部分的潜质内容进行考核，以此推断被测评者在未来的情景中可能表现出来的行为特征。而绩效考核主要针对人的外显特征进行评估，侧重考查人表现出来的业绩和行为，是对人绩效考核的表现的评估。绩效管理通过与员工甄选的效度与该过程发生联系。甄选中某些测试标准的效度，需要通过实际的绩效表现来确定。而甄选方法和内容是否合适，又可以放在绩效管理中验证。

（四）绩效管理与培训开发

绩效管理的主要目的是了解目前员工的绩效状况，发现问题，进而改进和提高绩效，因此培训开发是在绩效考核之后的重要工作，是对考核结果的运用。在绩效考核之后，主管人员需要根据被考核者的绩效现状，结合被评估者个人发展愿望，与被评估者共同制订改进计划和未来发展计划。人力资源部门则根据员工绩效考核的结果和面谈结果，设计整体的培训开发计划，并帮助主管和员工共同实施培训开发。

（五）绩效管理与劳动关系管理

人是生产力中最重要的因素，而劳动关系是生产关系中的重要组成部分，规范和维护和谐稳定的劳动关系是人力资源活动中的重要内容。劳动关系管理与员工的利益密切相关，是直接影响员工工作积极性和工作满意度的重要因素。通过劳动关系管理可以提升员工的组织认同感和忠诚度，提高员工的工作热情和投入程度，营造和谐共进的组织氛围，从而可以确保员工对绩效管理工作的支持和配合，促进员工个人绩效的改善和组织整体绩效目标的实现。绩效管理对于劳动关系管理也十分重要。科学有效的绩效管理可以加强管理者与员工之间的沟通和理解，有效避免或缓和矛盾和冲突，促进双方意见的达成和统一，确保员工的合法利益得到保护，促使劳动关系更加和谐。

（六）绩效管理与职业生涯管理的关系

随着绩效管理的不断深入，绩效管理正在从传统意义上的监督考核机制向与战略管理紧密结合的激励机制转变，这使得员工更加关注自身工作与组织发展之间的关系，注重将个人的职业生涯发展道路与组织的未来发展相结合，因而有利于员工工作绩效的提升；同时，这也促使管理者在绩效管理的过程中注意发现员工个人发展的需要，帮助员工进行职业生涯规划，并将员工个人职业生涯发展规划与组织整体的人力资源规划联系起来，从而确保在推动员工职业生涯发展的同时促进组织绩效管理目标的实现。职业生涯管理也促使管理者和员工在绩效管理过程中角色发生变化。管理者由过去的"监督者""消息传播者""领导者"变成了"帮助者""合作伙伴""辅导员"。同时，员工不再是绩效管理过程中的"被监督者""被领导者"，而是变成自己绩效的主人。职业生涯管理促使每个员工成为自己的绩效管理专家，能够清楚地了解如何为自己设定绩效目标，如何有效地实现自己的职业目标，并知道如何在目标实现过程中提高自我绩效管理的能力，从而使组织的绩效管理工作能够得到员工最大的理解和支持。

（七）绩效管理与员工流动管理的关系

员工流动通常是指人员的流出、流入和组织内所发生的人员变动，它影响组织人力资源的有效配置。合理的员工流动可以不断改善员工的素质和结构，帮助组织长期保持活力与增强竞争优势。员工流动管理是强化绩效管理的一种有效形式。通过晋升、解雇等员工流动管理的方法可以激励员工不断地提高工作绩效，努力达成绩效考核目标，促进绩效管理工作的顺利进行。同时，绩效管理的结果也会影响员工流动管理的相关决策。在绩效管理过程中发现员工无法胜任现有工作时，绩效管理的结果便可能成为职位变动或解雇、退休的依据。当从绩效管理的结果中发现员工的长处时，也可以根据各个职位对人员的不同要求为其选择更合适的职位，同时还可以通过绩效管理的结果来检验员工流动决策是否达到了预期的效果。

第二章 绩效计划

第一节 绩效计划概述

绩效计划是绩效管理的第一个环节，也是绩效管理成功实施的关键环节。该环节要求在明确组织的使命、社会主义核心价值观、愿景和战略的基础上，制订出组织、部门和个人三个层次的绩效计划，形成一套具有较高的系统性、协同性和可操作性的绩效计划体系。个人绩效计划是整个绩效计划体系的落脚点，要求各级管理者与下属一起，就下属在该绩效周期内要做什么、为什么要做、需要做到什么程度、应何时做完等问题进行充分讨论，以促进相互理解并达成协议。

一、绩效计划的内涵

计划是重要的管理职能之一，全面了解计划的内涵对理解绩效计划具有重要的意义。计划是指对未来的预想及使其变为现实的有效方法的设计，是对未来进行预测并制订行动方案，简言之，计划就是制定目标和编制方案。计划既是制定目标的过程，也是这一过程预期达成的目标。既涉及目标（做什么），也涉及达到目标的方法（怎么做）。计划的目的和作用在于给出了行动的方向、减少变化的冲击、减少浪费和冗余、设立标准以利于控制等。现代组织处于急剧变化的环境中，组织发展所面临的宏观、微观环境无时无刻不在变化，组织要想生存和发展，比以往任何时候都需要系统性、前瞻性的思考。管理者必须具有远见并为未来做好准备，否则就会陷入难以预见和无法挽救的困境之中。

绩效计划作为一种重要的计划形式，具有一般计划的功能的特点。绩效管理系统通过绩效计划来连接战略和运营，使管理中的计划职能得以实现。绩效计划作为绩效管理的首要环节，也是谋划绩效管理的关键环节，在绩效管理系统中具有非常重要的作用。绩效计划是指当新的绩效周期开始的时候，管理者和下属依据组织战略规划和年度工作计划，通过绩效计划面谈，共同确定组织、部门以及个人的工作任务，并签订绩效目标协议的过程。对绩效计划内涵的深入理解，需要从以下几个方面进行全面把握。

（一）实现组织的战略目标是绩效计划的目的

绩效计划的目的是将组织的战略目标转化为组织层面、部门层面、个人层面的绩效目的，使每个员工的工作行为和结果都能够有效促进组织绩效的持续改进和提升。因此，绩效计划的目的就是确保部门和每个员工的绩效目标与组织的战略目标协调一致。

（二）绩效计划面谈是绩效计划的重要环节

绩效计划是管理者与下属就绩效计划的问题所进行的双向的、全面和持续的沟通过程。通过绩效计划面谈，管理者与下属就绩效目标、指标和评价标准进行充分的沟通，形成共识并共同确定行动计划。绩效计划面谈是一个双向沟通和全员参与的过程，管理者和下属需要对此进行深入的了解。

1. 绩效计划面谈是管理者与下属双向沟通的过程

传统的目标制定过程通常是由最高管理者制定总目标，然后依据组织结构层层分解，是一个单向的制定过程。而绩效管理中的绩效计划强调互动式沟通，需要管理者和下属共同参与绩效目标、指标、目标值和行动方案的讨论和确定。也就是说，在这个过程中管理者和下属双方都负有责任。在这个双向沟通的过程中，管理者需要向下属解释和说明如下几个问题：组织整体目标是什么；为了完成这样的目标，本部门的目标是什么；为了实现组织整体目标和部门目标，对下属的期望是什么；对下属的工作制定什么样的标准；应如何确定完成工作的期限。下属需要向管理者说明的问题则主要包括：自己对工作目标和如何完成工作的认识；自己对工作的疑惑和不理解之处；自己对工作的计划和打算；在完成工作的过程中可能遇到的问题和需要的帮助等。

2. 绩效计划面谈是全员参与的过程

在绩效沟通过程中，人力资源管理专业人员、管理者和员工需要全面参与，在这个过程中，三者的职责不一样。

人力资源管理专业人员的主要责任是帮助相关人员制定绩效计划。人力资源管理专业人员应提供政策框架，开发相关的培训材料，指导管理者和下属进行绩效计划工作，并且解决管理者和下属之间的冲突，确保绩效计划工作围绕如何更好地实现组织目标顺利地进行。在许多组织中，人力资源管理专业人员与管理者共同设计一个符合组织需要的绩效管理框架，以指导管理者与下属针对每个职位的情况制订具体的绩效计划。总的来说，人力资源管理专业人员的责任就是向管理者（包括普通员工）提供必要的指导和帮助，以确保组织的绩效计划系统中的绩效结果和绩效标准保持稳定性、协同性，从而保证组织绩效管理系统的战略一致性。

制定绩效计划要求掌握相关的职位信息，而直线经理最了解每个职位的工作职责和绩效周期内应完成的各项工作，由他们与下属协商并制定绩效计划最能保障计划更符合现实情况，更具有灵活性，更利于部门内部人员之间的合作。直线经理在这个过程中扮演着十分重要的角色，并且是部门绩效计划工作的责任人。

员工参与是绩效计划得以有效实施的保证。目标设置理论认为，员工参与制订计划有助于提高员工的工作绩效。社会心理学家认为，人们对于自己亲自参与做出的选择投入度更高，从而提升了目标的可执行性，有利于目标的实现。这就要求管理者在制定绩效目标和绩效标准时，尽可能地让员工参与进来，制订具有挑战性的目标，通过员工目标的实现来实现组织目标。另外，绩效计划不仅要确定员工的绩效目标，更重要的是要让员工了解如何才能更好地实现目标，了解组织内的绩效信息沟通渠道，了解如何才能够得到管理者或相关人员的帮助等。从这个意义上讲，绩效计划面谈更离不开员工的参与。

（三）确定绩效目标、绩效指标和绩效评价标准是绩效计划的主体内容

绩效计划的主体内容是在充分沟通的基础上，管理者和下属确定在一个绩效周期内应该"做什么"的问题。"做什么"在绩效计划中具体体现为确定绩效目标、绩效指标和绩效评价标准。还需要通过沟通，确保组织战略目标能分解到部门目标和个人目标，最终实现组织战略目标在个人目标上落地。这要求通过制定绩效计划，为实现战略化行为创造基础和条件。

（四）签订绩效协议是绩效计划的最终表现形式

人们坚持或改变某种态度的可能性主要取决于两种因素：一是他在形成这种态度时的卷入程度，即是否参与了态度形成的过程；二是他是否为此进行了公开表态，即做出正式承诺。因此，人们对于自己亲自参与做出的选择投入程度更大，从而增加了行动的可执行性和实现目标的可能性。在绩效计划阶段，通过沟通，管理者和下属对绩效目标达成共识，签订正式的绩效计划协议，就是让下属对自己的绩效计划内容做出很强的公开承诺，促使他们履行自己的工作计划；同时，管理者也通过向自己的下属做出承诺，提供必要的支持、帮助和指导，从而实现管理者和下属上下一条心，共同推动组织目标的达成。

绩效协议就是关于工作目标和标准的契约。管理者与下属根据组织和部门目标的共同制定并修正个人绩效目标以及实现目标所需的步骤。绩效协议的内容主要包括绩效目标、绩效指标、目标值、指标权重和行动方案等。管理者和下属经过充分沟通，对绩效协议的内容达成共识，经过双方确认之后，签订了绩效协议，这就标志着绩效计划工作的完成。

二、绩效计划的类型

明确绩效计划的分类是理解绩效计划概念外延的有效途径。根据不同的分类标准，可以将绩效计划分为不同的类别。根据绩效层次的差别，可以将绩效计划分为组织绩效计划、部门绩效计划、个人绩效计划；根据不同人员在组织系统内人员岗位层次的不同，可以将绩效计划分为高层管理者绩效计划、部门管理者团队领导绩效计划、一般员工绩效计划；根据绩效周期的差别，可以将绩效计划分为任期绩效计划、年度绩效计划、半年度绩效计划、季度绩效计划、月度绩效计划、周计划甚至日计划等。各类绩效计划并不是独立的，而是相互影响、相互渗透、相互融合的。绩效管理实践中最普遍的分类方式仍然是组织绩效计划、部门绩效计划、个人绩效计划。

（一）组织绩效计划

组织绩效计划是对组织战略目标的分解和细化，组织绩效目标通常都是战略性的目标。组织绩效目标和绩效指标是整个价值计划体系的指挥棒和风向标，决定着绩效计划体系的方向和重点。

（二）部门绩效计划

部门绩效计划的核心是从组织绩效计划分解和承接来的部门绩效目标，是在一个绩效周期之内部门必须完成的部门各项工作任务的具体化。同时，部门绩效计划还需反映与部门职责相关的工作任务。

（三）个人绩效计划

从广义上讲，个人绩效计划包含组织内所有人员的绩效计划，即高层管理者绩效计划、部门管理者绩效计划和员工绩效计划。高层管理者绩效计划直接来源组织绩效计划，是对组织绩效目标的承接；员工绩效计划是对部门绩效计划的分解和承接，同时也反映个人岗位职责的具体要求。从狭义上讲，个人绩效计划就是指员工绩效计划。

三、制定绩效计划的原则

在制定绩效计划的过程中，无论是制定组织绩效计划、部门绩效计划还是个人绩效计划，都应该遵循一些基本原则。

（一）战略性原则

在制定绩效计划体系时，必须坚持战略性原则，即要求在组织使命、社会主义核心价值观和愿景的指导下，依据战略目标和经营计划制定组织绩效计划，然后通过目标的分解和承接，制订出部门绩效计划和个人绩效计划。

（二）协同性原则

绩效计划体系是以绩效目标为纽带形成的全面协同系统。在纵向上，业务部门和支持部门也需要相互协同，特别是支持部门需要向业务部门达成绩效目标提供全面的支持。

（三）参与性原则

在制定绩效计划的过程中，管理者与下属必须进行充分的沟通，确保组织战略目标能够被组织所有员工正确地理解。同时，管理者还需要认真倾听下属的意见，妥善处理各方利益，确保绩效计划制订得更加科学合理。总之，通过全员参与绩效沟通，确保管理者和下属都对绩效计划中的绩效目标、绩效指标、绩效标准、行动方案等内容达成共识，以保障在签订绩效协议的时候，做出充分的承诺。

（四）SMART 原则

在绩效计划的制订中，特别是在设置绩效目标和绩效指标时，需要遵循 SMART 原则。

第二节 绩效计划的内容

绩效计划的制订是一项技术性很强的工作。绩效计划内容的完整性、系统性、科学性和可操作性对绩效计划环节乃至整个绩效管理系统都会产生非常重要的影响。本节将对绩效目标、绩效指标、绩效标准等绩效计划的核心内容进行介绍。

一、绩效目标

绩效目标是绩效计划的关键内容，是连接组织战略与绩效管理系统的纽带，是制定绩效指标、绩效评价标准和行动方案的起点和基础。

（一）绩效目标的内涵

绩效目标是绩效主体在绩效周期内需要完成的各项工作。具体明确的绩效目标是实现组织纵向和横向协同的基础，也是实现组织、部门和个人协调一致的纽带和关键。目前对绩效目标的理解主要有两种：一种是将绩效目标理解为"绩效指标加上目标值"，比如"完成年度销售额300万元"；另一种则是将绩效目标理解为绩效的行为对象，具体表现为一个动宾词组，比如"增加团体客户总量"和"开发并维持战略伙伴关系"等。理解绩效目标的内涵还需重视以下内容。

1.绩效目标的来源

绩效目标的来源主要有两类。首先，绩效目标来源于对组织战略的分解和细化。客户价值主张决定组织的竞争战略的选择，合理构建和妥善传递的客户价值主张是战略性绩效管理的精髓和核心。通过战略的分解与细化，形成组织绩效目标、部门绩效目标和个人绩效目标来引导每个员工都按照组织要求的方向去努力，从而确保组织战略的顺利实现。其次，绩效目标来源于职位职责。职位职责描述了一个职位在组织中扮演的角色，即这个职位对组织有什么样的贡献或产出。职位职责相对比较稳定，除非该职位本身发生根本性变化。

2.绩效目标的差别

使用不同的绩效管理工具，对绩效目标的理解有较大差别。在目标管理中，绩效目标通常采用"绩效指标加上目标值"的表述形式。在关键绩效指标中，没有明确提出绩效目标的概念，不同层次的绩效计划是通过指标分解建立起相互联系的。在平衡计分卡中，主张将绩效目标和绩效指标分开，绩效目标具体表现为一个动宾词组，在不同层次的绩效计划体系中，通过绩效目标的承接与分解建立关系，在一个绩效计划之内，强调绩效目标是一个具有因果关系的逻辑体系。

（二）绩效目标的类型

在管理实践中，比较常见的分类方式是依据绩效层次的不同将绩效目标分为组织绩效目标、部门绩效目标和个人绩效目标。此外，还有以下几种常见的分类方式。

第一，按照绩效周期的长短，可以将绩效目标分为短期绩效目标、中期绩效目标和长期绩效目标。短期绩效目标通常是在几天，几周或几个月内完成的绩效目标；中期目标是指半年或一年，甚至一年多内完成的绩效目标；而长期绩效目标则是指完成时间更长一些，可能要2～3年，甚至更长时间，或者指需要划分为几个关键性阶段的绩效目标。

第二，根据绩效目标的来源，可以将绩效目标分为战略性绩效目标和一般绩效目标。战略性绩效目标来源于组织战略目标的分解，强调激发组织内所有人的创造力，激励所有人为之采取新思维、新方法或新思路，为了实现组织战略目标而群策群力、协同合作和共同奋斗。一般绩效目标则来源于组织系统内具体职责的要求，指维持组织正常运行必须履行的日常工作。

此外，在以平衡计分卡为基础的绩效管理实践中，还可以根据绩效目标协同方式的不同进行分类。按照纵向协同的要求，可以将绩效目标分为承接目标、分解目标和独有目标；按照横向协同的要求，可以把绩效目标划分为几个共享目标、分享目标和独有目标。

（三）绩效目标的制定

制定绩效计划最重要的内容就是制定绩效目标。在制定绩效目标的过程中，管理者需要特别重视以下几个方面。

1. 绩效目标制定的基本步骤

绩效目标的制定过程通常包含如下几个步骤。

第一步，成立一个由高层领导参与的战略规划小组，负责拟定和描述组织的愿景，在高层领导之间达成共识后，确定组织的战略目标。对一个成熟的组织来说，则是直接根据组织的愿景和战略，结合组织的年度工作计划，制定组织的绩效目标。

第二步，每位高层领导与其分管部门的管理者组成小组，提出各部门的目标，然后基于部门目标和部门工作计划，制定部门绩效目标。在制定部门绩效目标时，管理者需要注意部门绩效目标和绩效目标的纵向协同和不同部门之间的横向协同。

第三步，部门管理者和员工就部门目标分解和实现方式进行充分沟通，形成每个人的绩效目标。在这一过程中，上级需要统筹协调每个人的工作内容，保证本部门的目标能够实现。同时也要避免像传统的目标制定那样仅仅是从上到下的制定过程，应该在制定各级目标时保证每个员工都有充分的发言权，并鼓励下级人员积极参与绩效目标的制定。通过保证基层员工的绩效目标与部门绩效目标的协同性和一致性，来确保个人、部门和组织目标的协同性和一致性，通过系统化的绩效目标，进而保证每个员工的工作积极性与工作效率。

2. 绩效目标制定的基本原则

在绩效管理实践中，绩效目标的制定通常应该遵循以下五条基本原则，简称 SMART 原则，其具体含义如下。

（1）绩效目标应该是明确具体的

"S"（Specific）指的是应尽可能地细化、具体化绩效目标。组织绩效目标和部门绩效目标必须细化和具体化到每个人的绩效目标上，即必须落实到具体的岗位和人员，或能对应到具体的个人。而每个人的情况又各不相同，比如岗位、权责、资源条件和经验能力等不同，因此绩效目标应该明确地体现每位员工的具体工作。只有将这种要求尽可能表达得明确具体，才能够更好地激发员工实现这一目标，并引导员工全面地实现管理者对他的绩效期望。比如，某客户经理的绩效目标为"3 天内解决客户的投诉"，而不是"尽快解决客户投诉问题"；人力资源部培训主管的绩效目标是"第一季度 1/5 的时间用于培训新员工"，而不是"要利用淡季进行员工培训"等。如果使用平衡计分卡管理工具，则需要将目标、指标各目标值结合起来考查。

（2）绩效目标应该是可衡量的

"M"（Measurable）是指目标能够衡量，即可以将员工实际的绩效表现与绩效目标相比较，也就是说，绩效目标给员工提供一种可供比较的标准。设定绩效目标，是为了激发每个人的潜力，为实现组织目标而共同努力，因此，目标必须可以衡量，才能为人们的行为提供及时有效的反馈，在绩效衡量评价的时候才能进行量化。绩效目标的可衡量特征与绩效评价指标和绩效标准的可衡量特征是密切相关的，这三者的可衡量特征决定了绩效评价和反馈在绩效管理中的可能性。比如，客户经理的绩效目标为"提高客户满意度"，衡量该目标的绩效指标之一是"回复客户投诉率"，绩效标准则是"24小时内答复投诉问题"。需要指出的是，可衡量并不一定要绝对量化。

（3）绩效目标应该是可达到的

"A"（Attainable）是指目标通过努力就能够实现。目标通常是比现实能力范围稍高一点的要求，强调"蹦一蹦，够得着"。因此，在绩效目标制定过程中，管理者和下属需要充分沟通，共同制订具有很强可行性的绩效目标。如果管理者为了追求高绩效，盲目利用行政手段和权力，强加给下属很高的绩效目标，就可能造成下属心理上的抗拒，并且在目标不能达成的时候首先想到的是推卸责任，而不是付出艰苦卓绝的努力去实现目标。因此管理者在制定目标的时候，需要考虑目标的可实现性。实际上，所谓目标切实可行，强调不应该制定过高的不切实际的目标，还强调应该根据员工的工作潜力制定具有一定挑战性，但是通过努力可以实现的目标。过高的目标会使员工失去信心和动力，而目标太低又无法使员工发挥出应有的水平。切实可行是在两者之间找到一个最佳的平衡点，即员工通过努力可以达到的可行的绩效水平。

（4）绩效目标应该与其他目标有关联

"R"（Relevant）指绩效目标体系要与组织战略目标相关联，个人绩效目标要与组织绩效目标和部门绩效目标相关联。与质量相关联原则要求在制定绩效目标时，应对组织战略有清晰明确的界定，同时在分解和承接过程中，要避免错误推理而制造出看似漂亮，但对组织战略没有贡献甚至适得其反的绩效目标。

（5）绩效目标还应该有时限性

"T"（Time-based）就是指完成目标需要有时间限制。这种时间限制实际上是对目标实现方式的一种引导，要求根据工作任务的权重、事情的轻重缓急，确定完成绩效目标的最后期限，以及项目进度安排，并据此对绩效目标进行有效的监控，以便在出现问题的时候能及时对下属进行绩效辅导。比如，上半年实现大客户增长率5%，这个目标确定的时间限制就是6月30日。绩效目标的时间限制通常是与绩效周期联系在一起的，不同的绩效目标完成的绩效周期不一样。在目标确定的情况下，管理者的要求和下属的工作能力等方面的情况是确定时间限制的最重要因素。对于被授予较大权限的员工来说，制定他们的绩效目标时行为引导可能会少一些，但时间限制在任何情况下都是必不可少的。另外，我们往往会根据需要制定分阶段的分目标，不论是整个绩效计划的总目标，还是分阶段的分目标，都应受到时间的限制。

3.绩效目标制定的关键点

在制定绩效目标的过程中，为了确保绩效目标的科学性和可操作性，绩效目标制定者还需要把握如下几个关键点。

（1）进行充分的绩效沟通

在制定绩效目标的过程中，管理者和下属需要进行充分、平等、全面的沟通。充分的沟通要求以确保下属的参与为重点，即确保下属有机会参与到制定绩效目标的过程中，提升下属对绩效目标的承诺程度和工作投入程度，从而提升目标达成的可能性。很多组织在绩效目标制定过程中，缺乏充分的沟通，而采取上级给下级分派任务的方式，由组织的最高管理层制定组织的战略及目标，然后逐层分解到组织的各个层级。最高领导层的目标经常是一种充满激情的陈述，使用的往往是泛泛的描述性语言，而下面每一个层级在接收信息时必然加入自己的理解，经过层层过滤，到一线人员所做的往往是与战略毫不相关的事，甚至是朝相反的方向进行。在缺乏沟通的绩效管理实践中，这种现象非常普遍。

（2）确保绩效目标的动态调整

绩效目标的制定通常遵循"先建立后完善"的原则。绩效目标建立的过程中，在严格遵循SMART原则的基础上，先确定至关重要的绩效目标，同时避免将绩效目标与日常工作计划等同。如果绩效目标过少，则说明可能有重要的目标被忽略；如果目标过多，则可能造成工作繁杂，没有重点，或者是工作职责相互交叉和重叠。在建立了绩效目标之后，管理者和下属进行持续沟通，对已经制定的绩效目标及时进行修正和完善。

绩效目标是根据每个绩效周期的现状确定的，而现实情况不断变化，因此，管理者应注意对目标进行及时的动态调整。特别是在制定了分阶段目标的情况下，这种调整应更频繁。如果下属轻易地达到了上一阶段的目标，就应该分析其中是否有特殊的原因，并通过目标的调整来适应情况的变化。如果目标明显不可实现，也应该在分析原因之后适当地下调。

（3）管理者需要提高对绩效目标的认识

第一，不能将需要达到的目标和切实可行的目标混淆。管理者可能面对来自其上级或客户的压力，这些压力对部门绩效目标常常有较大的影响，部门绩效目标又需要落实到部门内个人绩效目标上。在这种情况下，管理者提出的绩效目标就可能会超越下属的能力与资源的限制。如果下属没有最后的决定权或缺乏充分沟通，常常面对超出自身能力的绩效目标，就会充满挫折感，致使工作的努力程度降低。第二，需要清楚所有绩效目标都必须为组织战略目标服务，保障目标体系在纵向上注意协同性和一致性，在绩效周期的长短上注意长、中、短兼顾，在重要性上注意重点突出。第三，不可将所有需要解决的问题都包含在绩效目标之中。管理者必须清楚绩效管理不是万能的，不能医治百病，更不能代替一切，绩效管理只有与组织的各种制度规范、组织文化、管理实践以及外部环境结合起来，才能充分发挥绩效管理系统的作用。

二、绩效指标

在确定绩效目标之后，一项非常关键的工作就是如何衡量这些目标是否达成。把绩效目标转化为可衡量的指标，是绩效计划的又一项具有较高技术含量的工作，在绩效管理系统中，对员工行为的引导很大程度上就体现在绩效指标的选择和设计上，绩效监控和绩效评价就是对绩效指标的监控和评价，因此，绩效指标设置得科学与否在很大程度上会影响整个绩效管理系统的成败。

（一）绩效指标的内涵

指标是指衡量目标的单位或方法，是指目标预期达到的指数、规格、标准。绩效指标是用来衡量绩效目标达成的标尺，即通过绩效指标的具体评价来衡量绩效目标的实现程度。由于绩效指标直接面向绩效评价，因此绩效指标也叫绩效评价指标或绩效考核指标。

所谓评价指标，就是评价因子或评价项目。在评价过程中，人们要对评价对象的各个方面或各个要素进行评估，而指向这些方面或要素的概念就是评价指标。只有通过评价指标，评价工作才具有可操作性。总的评价结果的优劣往往需要通过各个评价指标的评价结果综合体现。比如，企业的组织绩效可以从经济效益、市场地位、客户关系、与政府的关系、员工关系及能力发展、股东关系等方面的指标，来衡量和监控企业对有关各方面的负责程度以及目标各方面的达成程度。个人绩效目标也同样需要多重绩效指标，比如销售人员的绩效目标就可以从销售额、回款率、顾客满意度等指标来进行监控和衡量。

在绩效管理过程中，绩效指标扮演着双重角色，既是"晴雨表"又是"指标棒"。既用于衡量实际绩效状况，又对管理决策和员工行为产生指引作用。可以说，组织成员对绩效评价指标的准确理解和一致认识直接关系到绩效管理的最终成效。为此，许多组织不仅根据所在行业、组织特性、经营业务和管理状况等情况建立自己的指标库，而且为每一个指标制作了指标卡，以便统一认识和规范操作。通常，指标卡包括指标描述和指标衡量两个组成部分，每个部分包括若干栏目。指标描述的作用在于确保组织成员对指标形成一致的理解，具体包括指标名称、责任部门/人、所在层面、衡量目标、指标解释和计算公式等栏目。指标衡量的作用在于说明如何对指标实施绩效评价，具体包括评价周期、评价主体、数据来源、绩效基数、目标值、计算单位和评分标准及其等级描述等栏目。

（二）绩效指标的类型

为了更好地设计绩效管理系统中的评价指标，制订科学的绩效计划，我们应该熟悉绩效指标的具体分类，并将各类绩效指标纳入绩效评价系统之中。

1.工作业绩评价指标和工作态度评价指标

所谓工作业绩，就是工作行为所产生的结果。业绩的考核结果直接反映了绩效管理的最终目的 — 提高企业的整体绩效，以实现既定的目标。组织成功的关键要素决定了绩效评价中需要确定的关键绩效结果。这种关键绩效结果规定了在评价员工绩效时应着重强调的工作业绩指标。这些指标可能表现为该职位的关键工作职责或一个阶段性的项目，也可能是年度的综合业绩。在设计工作业绩指标时，通常的做法是，将业绩具体表现为完成工作的数量指标、质量指标、工作效率指标以及成本费用指标，一般可以分为以下几种。

（1）数量指标

指那些直接显示绩效成果的数字化标准，包括产品的销售量、销售额、利润额、市场占有率、生产产品的数量、裁减员工的数目，也包括比例性的指标等，如销售增长率、税前利润率。

（2）质量指标

指绩效成果内在的、质的数字化标准，包括产品合格率、不同等级产品的分布率、逾期应付账款率、库存率、现金周转率、独特性、准确性，等等。

（3）成本指标

反映了实现直接绩效成果的代价，包括人工成本、产品成本、销售成本、管理费用等，有时会区分单项工作核算，如招聘成本、培训成本等。

（4）时间进度指标

要求责任人在特定的时间内达到特定的进度，如 7 月 1 日前完成销售收入的 50%，10 月 1 日前完成大坝的主体结构施工等。对于一些日常性的工作，不能用"全年、日常"作为时间标准，而应当是完成每一次动作需要的时间。比如，收发员的职责是按时收发信件和报纸，他的时限不是全年或者每天这样的词语，而是"每天 8:30 以前将所有信件报纸分发到人"。

（5）频率指标

主要用在行为产出，也有的用在产品产出。通常是要求在一定的时间内，员工实施该行为的次数，如每 30 分钟巡视一遍保洁区，保证出现的垃圾及时得到清理，每周与客户联络一次，发现有关最新需求和服务问题。

（6）客户满意度指标

指绩效产出满足客户需求的程度，包括客户满意度、客户流失率、投诉率、客户服务周期等，也可以设定员工满意率等内部客户的满意度指标。

（7）工作态度评价指标

在组织中常常可以看到这样的现象：一个能力很强的人出工不出力，未能实现较高的工作业绩；而一个能力一般的员工兢兢业业，却做出了十分突出的工作业绩。这两种不同的工作态度产生了截然不同的工作结果。因此，工作态度在一定程度上决定了一个员工的实际工作业绩。为了对员工的行为进行引导从而达到绩效管理的目的，在绩效评价中应引入对工作态度进行评价的指标。

2. 硬指标和软指标

要全面评价一个企业的经营活动，需要考虑以下三个方面的问题：第一，是否实现组织目标以及实现程度。第二，由若干个短期指标衡量的短期经营业绩，这些指标通常代表经营的成果，可以由其自身的数值加以判断。将它们综合为一组指标后，可以体现组织的最终经营情况。第三，许多的属性、低层次子指标群反映了当前的经营状况，并预示着迄今所取得的进展和实现最终目标或结果的可能性。

位于塔顶的是组织的长期总体目标，代表了组织效能的"最终标准"。一般而言，除非由历史学家去做结论，否则最终目标是无法衡量的。但是，最终标准是评价那些直接衡量组织经营业绩的次级标准的基础。

位于金字塔中部的是组织的经营成果，代表了组织效能的"中间标准"。这些标准是影响短期经营效益的要素或参数，其内容不超出最终标准的范围，可以称作"输出性"或"结果性"标准。这些标准的度量值本身是正式企业所要追求的成果，在它们之间可以进行比较、衡量和舍去。将它们以某种方式加权组合起来，其总和就决定了最终标准的取值。对于营利性组织来说，这一层次的典型指标或变量包括销售额、生产效率、增长率、利润等，可能还包括行为学方面的一些软指标，比如员工满意度等。而对于非营利组织来说，这些中间标准可能主要是行为学方面的。

位于塔底的是对组织当前的活动进行评价的标准，即"基础标准"。这些标准是经过理论分析或根据实践经验确定的，反映了顺利和充分实现上述各项中间标准所必需的前提。在这些标准当中，有一部分是将一个组织描述成一个系统的变量，有一部分则代表与中间标准相关的分目标、子目标或实现中间标准所必需的手段。属于这一层次的标准很多，它们形成了一个复杂的关系网。在这个关系网中，包括因果关系、互相作用关系和互相修整关系，总也有一些标准是根本无法评价的，它们的作用只是减少这个关系网中的不可控变化。对于营利性组织来说，这一层面上的硬指标可能包括次品数量、短期利润、生产进度、设备停工时间、加班时间等；这一层面上的软指标可能包括员工士气、企业信誉、内部沟通的有效性、缺勤率、员工流动率、群体内聚力、顾客忠诚度等。

硬指标（营业额、废品数量等）和软指标（协作关系好坏、顾客满意度等）必须互相补充，两者同等重要。行为学标准的主要作用在于改善硬指标对将来可能发生的变化做出的预测，即行为学标准能够预示即将发生的问题和即将来临的机会，而且在硬指标不全面或用作短期评价不可靠时，为管理者制定决策提供一个更加均衡、更加广泛的信息基础，以弥补硬指标的不足。

（1）硬指标

所谓硬指标，指的是那些可以以统计数据为基础，把统计数据作为主要评价信息，建立评价数学模型，以数学手段求得评价结果，并以数量表示评价结果的评价指标。

使用硬指标进行绩效评价能够摆脱个人经验和主观意识的影响，具有相当的客观性和可靠性。在处理硬指标的评价结果时，如果需要完成复杂或者多变的计算过程，还可以借助电子计算机等工具来进行，以有效提高评价的可能性和时效性。

但是，当评价所依据的数据不够可靠，或者评价的指标难以量化时，硬指标的评价结果就难以客观和准确了。另外，硬指标的评价过程往往比较死板，在评价过程中缺乏人的主观性对评价过程的影响。一方面评价结果具有客观准确性的优点；另一方面也产生了缺乏灵活性的弊端，毕竟统计数据本身并不能完全说明所要评价的事实情况。

（2）软指标

软指标指的是主要通过人的主观评价得出评价结果的评价指标。在行为科学中，人们用专家评价来指代这种主观评价的过程。所谓专家评价，就是由评价者对系统的输出做出主观的分析，直接对评价对象进行打分或做出模糊评判（如很好、好、一般、不太好或不好）。这种评价指标完全依赖于评价者的知识和经验来做出判断和评价，容易受各种主观因素的影响。所以，软指标的评价通常由多个评价主体共同进行，有时甚至由一个特定的集体共同得出一个评价结论，以实现相互补充，从而产生一个比较完善的结论。

之所以将软指标评价称为专家评价，是因为这种主观评价在客观上要求评价者必须对评价对象所从事的工作相当了解，能够通过不完整的数据资料，在利用大量感性资料的基础上看到事物的本质，做出准确的评价。

运用软指标的优点在于，这类指标不受统计数据的限制，可以充分发挥人的智慧和经验，在这个主观评价的过程中往往能够综合更多的因素，考虑问题更加全面，从而避免或减少统计数据可能产生的片面性和局限性。另外，当评价所需的数据很不充分、不可靠或评价指标难以量化的时候，软评价能做出更有效的判断。因此，能够更广泛地运用于评价各种类型的员工。随着科学的发展和模糊数学的应用，软指标评价技术得到了迅猛发展。通过评价软指标并对评价结果进行科学的统计分析，我们能够将软指标评价结果与硬指标评价结果共同运用于各种判断和推断，以提高绩效评价结果的科学性和实用性。

当然，软指标同时也具有不可忽略的弱点。对软指标进行评价的结果容易受评价者主观意识的影响和经验的局限，其客观性和准确性在很大程度上取决于评价者的素质。对软指标进行评价得出的评价结果往往缺乏稳定性，尤其在民主氛围不佳的环境中，个人的主观判断经常造成严重的不公平，引起评价对象对评价结果的强烈不满。

在实际评价工作中，往往不是单纯使用硬指标或软指标进行评价，而是将两类指标加以综合应用，以弥补各自的不足。在数据比较充足的情况下，以硬指标为主，辅以软指标进行评价；在数据缺乏的情况下，则以软指标为主，辅以硬指标进行评价。在绩效评价中，对于硬指标的评价往往也需要一个定性分析的过程，而对于软指标评价的结果也要应用于模糊数学进行量化的换算过程。因此，我们在建立指标体系的时候，应尽量将指标量化，收集相关的统计资料，以提高评价结果的精确度。同时，还要考虑评价对象的具体情况，将硬指标与软指标的评价技术有效地结合起来使用。

绩效评价更多地使用软指标的评价方法，人的主观判断在很大程度上影响着绩效评价的结果。需要注意的是，软指标与非量化指标并非同一个概念。软指标与硬指标的区分强调的是评价方式上的区别，而量化指标与非量化指标的区分强调的则是评价结论的表现方式上的区别。我们可以进一步认为，绩效评价更多地使用软评价的方式来对各种量化指标与非量化指标进行评价。至于量化指标与非量化指标的区分，由于从字面上就能够容易理解，在此不予赘述。

3.特质、行为、结果三类绩效评价指标

在很多理论和实证研究中，综合运用特质、行为、结果这三类指标进行绩效评价指标体系的设计是一种比较常见的方式。

4.其他分类方式

按照不同分类标准，绩效指标还有多种分类方式。比如，在平衡积分卡中还将绩效指标分为如下几类：财务指标和非财务指标、客观指标和主观判断指标、前置指标和滞后指标、记分卡指标和仪表盘指标、评价指标和监控指标。

（三）绩效指标体系的基础

绩效指标体系的构建是一项具有很强技术性和挑战性的工作，管理者需要为此做全面的准备。

1.绩效指标体系设计的指导思想

（1）始终坚持系统思考

系统思考渗透在绩效管理的方方面面，坚持系统思考对设计科学合理的绩效指标体系有重要的指导作用。每个组织在设计其绩效评价指标体系时，通常都是从建立绩效指标库开始的。该指标库实际上就是对组织的绩效目标或关键成功要素进行分解所形成的一个由一定数量的绩效评价指标构成的集合。之后，就可以在这个指标库的基础上，针对所评价职位的特点进行进一步的选择，从而确定与各个职位相对应的评价指标，以形成一个与职位设置相对应的绩效评价指标体系。

（2）坚持绩效评价内容和评价目的的一致性

根据目标一致性理论，绩效管理活动中，特别是绩效评价之中，绩效指标、绩效目标和绩效评价目的三者之间需要保持目标一致。三者之间的一致性具体表现在如下三个方面：首先，绩效指标与绩效目标的一致性。这种一致性具体反映在两个方面。一是绩效指标体系与绩效目标内容的一致性，即绩效指标的内容应能反映绩效目标。绩效指标体系的内容能够引导绩效主体产生符合运行目标的输出，进而促进绩效主体实现其系统运行目标。二是绩效指标的内容完整地反映绩效目标。由于绩效目标通常是一个多层次的综合体，因此绩效指标与绩效目标的一致性不仅表现在每一个绩效指标都应该反映相应的绩效目标，还表现在绩效指标能否全面地反映整体性的绩效目标和各个层面上的绩效目标。其次，绩效指标与绩效评价目的的一致性。绩效指标体系是一组既相互独立又相互关联，能够完整地反映绩效目标的评价要素，而绩效评价的目的实际上就是为了促进绩效目标的实现。因此，绩效评价的目的同样也会影响绩效指标的选择，绩效指标应充分体现绩效评价目的对绩效指标的要求。当绩效评价目的发生变化时，绩效指标也相应地发生变化。例如，绩效评估结果可能用于为薪酬管理提供依据，也可能用于为员工的职位升迁等提供依据。当绩效评价的结果与薪酬密切挂钩时，评价指标应更多地强调对员工工作业绩的评价，而作为员工升迁的依据，绩效评价的结果应能够反映员工的工作潜力。最后，绩效评价的目的与绩效目标的一致性。绩效指标既要与绩效目标相一致，又要与绩效评价的目的相一致。这就对绩效评价的目的与绩效目标的一致性提出了要求。否则，在设计绩效指标时，就会由于难以与二者同时保持一致而陷入困境。绩效评价是一种手段，而不是目的。绩效评价是为了更好地促进绩效主体实现绩效目标，因此，绩效目标必然要服从绩效评价的目的。

2. 绩效指标的基本要求

绩效指标是绩效计划的重要内容，在设计绩效指标的时候，需要遵循如下几个基本要求。

（1）独立性

独立性指的是绩效指标之间的界限应清楚明晰，不会发生含义上的重复。这要求各个评价指标尽管有相互作用或相互影响、相互交叉的内容，但一定要有独立的内容、含义和界定。绩效指标名称的措辞要讲究，使每一个指标的内容界限清楚，避免产生歧义。在必要的时候可通过具体、明确的定义给出可操作性的定义，避免指标之间出现重复。例如，"沟通协调能力"和"组织协调能力"中都有"协调"一词，但实际上应用的人员类型是不同的，这两种协调能力的含义也是不同的。"沟通协调能力"一般可以运用于评价普通员工，而对于拥有一定数量下属的中层管理人员，则可以通过评价他们的"组织协调能力"来评价他们在部门协调和员工协调中的工作情况。如果在同样的人员身上同时评价这两种协调能力，就容易引起混淆，降低评价的可靠性和准确性。

（2）可测性

评价指标之所以需要测量和可以测量，最基本的特征就是该评价指标指向的变量具有变异性。具体来说，评价能够产生不同的评价结果。只有这样，绩效评价指标的标志和标度才具有存在的意义，评价指标才可能是可以测量的。另外，在确定绩效评价指标时，还要考虑到评价中可能遇到的种种现实问题，确定获取所需信息的渠道以及是否有相应的评价者能够对该指标做出评价等。评价指标本身的特征和该指标在评价过程中的现实可行性共同决定了评价指标的可测性。

（3）针对性

评价指标应针对某个特定的绩效目标，并反映相应的绩效标准；应根据部门职责或岗位职能所要求的各项工作内容及相应的绩效目标和标准来设定每一个绩效评价指标。

3. 绩效指标的选择依据

在确定绩效指标的过程中，需要关注如下几个选择指标的基本依据。

（1）绩效评价的目的

绩效指标的制定和监控最终都需要落地在绩效评价中，只有在评价中受到重视的指标才能对员工行为产生良好的导向作用。绩效评价的目的是通过对绩效指标的评价来促进绩效目标的实现，从而助推组织战略目标的实现。在绩效管理实践中，每个部门或岗位的具体工作内容涉及的指标往往很多，对绩效指标的监控和评价不可能面面俱到。因此，绩效评价的目的是选择绩效指标的一个非常重要的依据。

（2）工作内容和绩效标准

每个部门或岗位的工作内容在组织系统中已经有相对明确的规定，每个组织的总目标都会分解到具体的部门，再进一步分工到每一个员工。组织、部门和个人的工作内容（绩效任务）及绩效标准事先都应该有明确的规定，以确保工作的顺利进行和工作目标的实现。因此，绩效指标应该体现这些工作内容和目标，从数量、质量、时间上赋予绩效指标特定的内涵，使绩效指标的名称、定义与工作内容相符，指标的标度与绩效标准相符。这样的绩效指标方能准确地引导员工的行为，使员工的行为与组织的目标一致。

（3）获取绩效信息的便利程度

绩效信息对绩效指标的选择样式有非常重要的影响。为了保障绩效监控和绩效评价工作的顺利开展，我们应能够方便地获取与绩效指标相关的统计资料或其他信息。因此，所需信息的来源必须稳定可靠，获取信息的方式应简单可行。绩效管理的根本目的不是进行控制，而是提升个人、部门和组织的绩效，为组织战略目标的实现服务。因此，绩效监控必须方便易行，绩效评价必须有据可依，绩效管理必须避免主观随意性，绩效评价的结果易于被评价对象接受。然而，这一切都是建立在获得丰富、全面、准确的绩效信息基础上。获取绩效信息的难易程度并不是直接可以判断的，在绩效管理体系的设计过程中，需要不断地在小范围内试行，不断地进行调整。如果信息来源渠道不可靠或者相关资料呈现矛盾状态，就应对绩效指标加以调整，最终使评价指标能够方便、准确地得到评价。例如，通常对员工的工作业绩都是从数量、质量、效率和费用节约四个方面进行评价。但是，对不同的职位而言，取得这四个方面的信息并不都是可行的。有时，我们可能会发现员工所从事的工作是不可量化的。这时，员工的工作业绩更多地反映在工作质量、与同事协作的情况以及各种特殊事件等方面。这种对绩效指标的调整正是基于使绩效监控和评价更切实可行而进行的。

（四）绩效指标体系的设计

绩效指标的设计是一项系统性的工作，要求指标的设计者必须系统全面地认识绩效指标，使用科学的方法，选择合适的路径，并为每一个绩效指标赋予合适的权重。

1. 绩效指标的设计方法

设计绩效指标体系的主要工作之一就是依据准确全面地衡量绩效目标的要求，在坚持相关基本原则的基础上，采用科学的方法设计合适的绩效指标。常见的设计绩效指标的方法主要有以下五种。

（1）工作分析法

科学的管理必须建立在详尽分析的基础之上。工作分析是人力资源管理的基本职能，是对工作本身最基本的分析过程。工作分析是确定完成各项工作所需履行的责任和具备的知识及技能的系统工程。工作分析的主要内容由两部分组成：一是职位说明，二是任职资格。职位说明包括：工作性质、职责、进行工作所需的各种资料、工作的物理环境、社会环境、与其他工作相联系的程度等及与工作本身有关的信息。对人员的要求包括：员工为了完成本工作应具备的智力、体力、专业知识、工作经验、技能等相关要求。

在制定绩效指标的过程中进行的工作分析，最重要的就是分析从事某一职位工作的员工需要具备哪些能力和条件，职责与完成工作任务应以什么指标来评价，指出这些能力和条件及评价指标中哪些比较重要，哪些相对不那么重要，并对不同的指标完成情况进行定义。这种定义就构成了绩效评价指标的评价尺度。

（2）个案研究法

个案研究法是指对个体、群体或组织在较长时间里连续进行调查研究，并从典型个案中推导出普遍规律的研究方法。例如，根据测评的目的和对象，选择若干具有典型代表性的人物或事件作为调研对象，通过对他们的系统观察和访谈来分析、确定评定要素。

常见的个案研究法有典型人物（事件）研究与资料研究两大类。典型人物研究是以典型人物的工作情境、行为表现、工作绩效为直接对象，通过对他们的系统观察和分析研究来归纳总结出他们所代表群体的评定要素。资料研究是以表现典型人物或事件的文字材料为研究对象，通过对这些资料的总结、对比和分析，最后归纳出评定要素。

（3）问卷调查法

问卷调查法是采用专门的调查表，在调查表中将所有与本岗位工作有关的要素和指标一一列出，并用简单明确的文字对每个指标做出科学的界定，再将该调查表分发给有关人员填写，收集、征求不同人员意见，最后确定绩效考评指标体系的构成。

（4）专题访谈法

专题访谈法是指研究者通过面对面的谈话，用口头沟通的方式直接获取有关信息的研究方法。例如，通过与企业各部门主管、人力资源部门人员、某职位人员等进行访谈获取绩效指标。

（5）经验总结法

众多专家通过总结经验，提炼出规律性的研究方法，称为经验总结法。一般又可分为个人总结法和集体总结法两种。个人总结法是请人力资源专家或人力资源专门人员回顾自己过去的工作，通过分析最成功或最不成功的人力资源决策来总结经验，并在此基础上设计出评价员工绩效的指标目录。集体总结法是请若干人力资源专家或企业内有关部门的主管（6~10人）集体回顾过去的工作，采用头脑风暴的方式分析绩效优秀者和绩效一般者的差异，列出长期以来评价某类人员的常用指标，在此基础上提出绩效指标。

2.绩效指标设计要点

在具体地设计绩效指标体系的管理活动中，管理者需要根据绩效指标的基础知识、基本理念和思想，设计出符合组织具体要求的绩效指标体系，以确保组织、部门和个人三个层次的绩效指标体系能有效地支撑组织战略目标的实现。虽然管理实践各不相同，但是了解绩效指标设计中的具体原则和绩效指标体系的设计路径却是绩效指标体系设计工作中需要高度重视的两个问题。

（1）绩效指标体系的设计原则

绩效指标体系通常是由一组既独立又相互关联，既能衡量绩效目标又能表达绩效监控和评价目的的系列指标。绩效指标体系呈现出层次分明的结构。一方面，绩效指标包括组织、部门和个人绩效指标三个层次；另一方面，针对每一个职位的绩效指标也呈现出层次分明的结构。通常，员工的绩效指标包括工作业绩和工作态度两个维度，每一个维度都包含若干个具体的评价指标，从而也形成了一个层次分明的结构。为了使各个指标更好地整合起来，以实现评价的目的，在设计绩效指标体系时，需要遵循一些基本的设计原则，其中最常见的原则有如下两条。

第一，坚持"定量指标为主，定性指标为辅"的原则。通常情况下，不论组织层面的绩效计划的制订，还是部门和个人层面的绩效计划的制订，为了确定清晰的标度，我们主张更多地使用定量绩效指标，从而提高绩效监控的有效性和针对性，同时也提高绩效评价的客观准确性。因此，坚持绩效指标设计时的量化原则，是绩效指标设计的实践中的首要原则。SMART原则在绩效指标的设计过程中就非常实用，严格遵循SMART原则对提高绩效指标设计的质量和效率具有重要的意义。但并不是所有绩效都能量化或都容易量化，对于来源于战略目标分解的绩效指标坚持量化是必须的，但是很多来源于具体职责规定的绩效指标难以量化。因此，绩效指标还需要一定的定性指标作为补充。例如，根据不同职位的工作性质，人们往往会发现将所有评价指标量化并不可行，这时我们就需要考虑设计定性指标；当然，对于定性的评价指标，也可以运用一些数学工具进行恰当的处理，使定性指标得以量化，从而使评价的结果更精确。

第二，坚持"少而精"的原则。这一原则指的是绩效指标需要反映绩效管理的根本目的，但不一定面面俱到。也就是说，在设计绩效指标体系时，应避免不必要的复杂化。结构简单的绩效指标体系便于对关键绩效指标进行监控，也能有效地缩短绩效信息的收集、处理过程乃至整个评价过程，提高绩效评价的工作效率，从而有利于绩效目标的达成。同时，绩效指标简单明了，重点突出，有利于掌握绩效管理技术，了解绩效管理系统的精髓，提高绩效沟通质量和绩效管理的可接受性。所以在制定绩效指标或者从绩效指标库中选择绩效指标时，需要制定或选取最有代表性和特征的项目，从而简化绩效监控和评价的过程。

（2）绩效指标体系的设计路径

设计绩效指标的一个重要标准就是评价对象所承担的工作内容和绩效标准，这种工作内容和绩效标准的区别很明显地反映在个人的职位职能上。在制定处于组织中不同层级和职位的个人绩效指标时，我们需要使用不同的绩效指标和权重。在设计绩效指标的实践中，通常首先设计组织绩效指标和部门绩效指标，然后通过承接和分解，分别获得组织高层管理者和部门管理者的绩效指标。具体来讲，绩效指标体系的设计路径有如下两种。

路径一：针对不同层级的目标设定相应的绩效指标。

管理层级是设计绩效指标体系纵向框架的依据。不管采用何种类型的组织结构，管理层级是必然存在的，只不过层级数量有所差异而已。一般来说，企业可以划分为组织、部门和个体三个层级，相应地个体也可区分为高层管理者、中基层管理者和普通员工。由于不同层级的主体在纵向上存在职责和权限的分工，因此各自的绩效目标或者绩效目标的侧重点也相应存在差异。但是，由于组织、部门和个体以及不同层级的人员是通过绩效目标之间的承接和分解来实现牵引、支持和配合的，因此各自的绩效目标大多存在一定的逻辑关系。

绩效指标是用以衡量绩效目标实现的手段，它的设计和组合是以目标为导向的。因此，基于绩效目标在纵向上的逻辑链，我们可以建立起具有一定关联的绩效指标体系。当处于不同层级的主体设定了相同的绩效目标时，他们就有了共同的衡量指标；当下级目标是对上级目标进行分解时，则需要根据目标细化的程度设置各自的衡量指标，但是这些指标所评价的内容综合起来应该能够大体上反映上级目标的绩效状况。当然，不同层级的主体总归有自己的特殊任务，需要独立完成自己特有的目标。相应地，这些目标的指标一般也是个性化的，与其他指标没有必然的联系。由此，我们可以从纵向上对指标体系进行归类，区分上下级的绩效指标是共同的、有关联的，还是独有的指标。

路径二：针对不同职位的特点选择不同的绩效指标。

职位类别是设计绩效指标体系横向框架的依据。在我国，由于没有建立起严格的职位职能分类标准，不同的企业对于职位职能的分类存在不同的看法。常见的职位类型包括：生产类、工程技术类、销售类、研发类、行政事务类、职能管理类、政工类等。常见的职能等级包括：经理、部长、主管、主办、操作工人等。但不论采用什么样的称谓，最重要的是在企业的职位体系中对这些不同的称谓进行严格的定义和区分，为人力资源管理的各方面工作提供一个准确的、可操作的职位平台。

按职位职能标准进行绩效管理的前提就是在企业中建立健全这样一个明确的职位系列。在分层分类评价时，不一定要严格按照这个职位系列来进行。通常，我们会对比较复杂的职位系列进行一定的合并。分层评价的层次究竟应该如何确定并没有明确的规定，具体的分类方式应该根据企业规模，特别是管理幅度和管理层级来确定。

3.绩效指标的权重设计

绩效指标的权重是指在衡量绩效目标的达成情况过程中，各项指标的相对重要程度。在设计绩效指标体系过程中，不同的指标权重对员工行为具有牵引作用，确定各项指标的权重是一项非常重要的工作，也是一项具有较高技术要求的工作。决定绩效指标权重的因素很多，其中最主要的因素包括以下三类：首先，绩效评价的目的是影响指标权重的最重要的因素。前面曾谈到，以绩效评价为核心环节的绩效管理是人力资源管理职能系统的核心模块。因此，绩效评价的结果往往运用于不同的人力资源管理目的。显然，针对不同的评价目的，应该对绩效评价中各个评价指标赋予不同的权重。但是，关于权重的这种规定并不需要明确到每个绩效指标。通常的做法是，将绩效指标分为工作业绩指标和工作态度指标这两个大类（也就是通常所说的两个评价维度），然后根据不同的评价目的，规定这两个评价维度分别占多大的比重。其次，评价对象的特征决定了某个评价指标对于该对象整体工作绩效的影响程度。例如，责任感是评价员工工作态度时常用的一个指标。但是对于不同种类的员工来说，责任感这一评价指标的重要程度各不相同。对于保安人员来说，责任感可能是工作态度指标中权重最大的指标，而对于其他类型的员工，责任感的权重可能就不那么大。最后，组织文化倡导的行为或特征也会反映在绩效评价指标的选择和权重上。例如，以客户为中心的文化较为重视运营绩效和短期绩效，而创新型文化更为关注战略绩效和长期绩效，因此在指标选择和权重分配上两者会各有侧重。

在综合分析指标权重的影响因素之后，就需要对每个绩效指标设定相应的权重系数。通常情况下，指标权重设定工作是在统筹考虑各种影响因素的基础上，采用科学的设计方法设计具体的权重系数。

4.确定指标权重的方法

通常来说，加权的方法有以下两种。

（1）经验法

即依靠历史数据和专家的主观判断进行权重分配。

（2）权值因子判断法

是通过对各个项目进行一对一对比、赋分的过程。

5.分配权重时应注意的事项

分配绩效考评权重时：第一，权重应该根据实际情况的变化而变化，要考虑企业在不同阶段的发展重点。我们知道，市场的季节性、竞争要素的变化性、资源供给的变化性等都会影响企业的经营状况，员工和部门的业绩也会不可避免地受到影响。作为业绩评估系统，绩效考核应该体现外界环境的变化，而这主要体现在考核项目权重的变化上。此外，绩效考核目标也应该是渐进式的，不同的阶段应该有所不同。所以考核项目的权重应该体现外界环境变化的要求，做出相应的调整。第二，权重要引导被考核者重视自己的短处，达到绩效改进的目的。考核一方面是为了检验计划的完成情况，另一方面是为了发现存在的问题，并通过考核来解决这些问题，使绩效不断地得到提高。作为考核中的一个关键要素，权重应该起到引导被考核者重视自己短处，改进绩效的作用。

三、绩效标准

绩效标准又称为绩效评价标准，描述的是绩效指标需要完成到什么程度，反映组织对该绩效指标的绩效期望水平。在设计绩效指标时，需要为每个指标确定相应的绩效标准，便于管理者在绩效监控和绩效评价中判断绩效指标的完成情况。

在绩效管理实践中，指标值在确定的时候要分为定性和定量两类指标分别进行标准设定。在设定标准的时候，首先要确定基准值，如果我们的评估体制是五个层次的话，那么处于中间层次的标准就应当视为基本标准，也就是在正常情况下多数人员都可以达到的水平。超出基准值就称为卓越绩效标准。

（一）制定定量指标的考评标准方法

定量的指标一般有两种制定考评标准的办法：加减分法和规定范围法。

1. 加减分法

采用加减分的方式确定指标标准，一般适用于目标任务比较明确，技术比较稳定，同时鼓励员工在一定范围内做出更多贡献的情况。

应该注意的是采用加减分的方式来计算指标值的时候，最大值应当以不超过权重规定值为限，最小值不要出现负数。

2. 规定范围法

经过数据分析和测算后，考评双方根据就标准达成的范围约定来进行考评。

（二）制订定性指标的考评标准方法

定性指标通常对指标的达成状况给予尽可能详尽的描述，然后以考评表的形式加以明确。

第三节 制定绩效计划

制定绩效计划分为绩效计划的准备、绩效计划的制订、绩效协议的审核和签订三个步骤。

一、绩效计划的准备

绩效计划的制订是一个管理者和下属双向沟通的过程，绩效计划的准备阶段的主要工作是交流信息和动员员工，使各层次的绩效计划为实现组织的战略目标服务。绩效计划的准备工作主要包括组织信息、部门信息、个人信息以及绩效沟通四个方面的准备。

（一）组织信息的准备

充分的组织信息的准备是战略绩效管理成功实施的重要保障，其核心就是让组织内部所有人员熟悉组织的使命、社会主义核心价值观、愿景和战略，使其日常行为与组织战略保持一致。组织信息的相关内容一旦确定，一般需要及时传递给所有成员。传递这些信息的方式很多，除组织专门的培训之外，还可以通过每年的总结大会，部门或业务单元的传达会，高层领导的走访，或者通过各种文件、通知，组织的内部网以及内部刊物等。

（二）部门信息的准备

部门绩效信息主要是指制定部门绩效计划所必需的各种信息。第一，需要准备部门战略规划相关材料。部门战略要反映组织的使命、社会主义核心价值观和愿景，对组织的战略有直接的支撑作用，与组织文化保持一致。第二，需要准备部门职责相关材料。尽管部门职责所规定的很多事项都不是战略性的，却是部门执行战略所必需的，各部门在制订计划的时候也必须通盘考虑这些因素。第三，需要准备部门上一绩效周期的绩效情况。绩效计划的制订是一个连续的循环过程，新绩效周期的计划都是在已有的上一绩效周期完成情况基础上制订的。第四，需要准备部门人力资源配置的基本情况。在制定部门绩效计划的时候，就应该考虑到部门的分工，以便为每一个绩效目标的达成做好准备。

（三）个人信息的准备

除了组织信息和部门信息之外，绩效计划的制订对个人信息的准备也有很高的要求。个人信息的准备主要包括所任职位的工作分析和前一周期的绩效反馈。工作分析用于说明为达成某一工作的预期绩效所需要的行动要求。从工作分析入手，可以使员工更好地了解自己所在的职位，明确自身职位在组织职位系统中的地位和作用，并把职位与部门目标和个人目标联系在一起。新绩效周期开始时，环境和目标可能改变，个人的职位要求也可能调整，需要重新思考和定位，并且旧的职位说明书很可能已经过时，管理者需要将最新的要求和信息准确地传递给员工。同样，上一绩效周期的反馈也是很重要的信息，虽然在绩效周期结束时已经有过反馈，但是在制订新的绩效计划的时候，还需要再次明确上一绩效周期绩效完成的情况，管理者必须对高绩效员工给予肯定，对造成绩效不佳的原因进行深入分析，提出绩效改进的建议并协助制定绩效改进的方法，从而使其不断提高工作绩效。

（四）绩效沟通的准备

这里讲的绩效沟通，主要是指为了制订具有科学性和可操作性的绩效计划，在组织内部进行的各种形式的沟通面谈。制定绩效计划是一个充分沟通的过程，也是管理者与下属就绩效计划的内容达成一致，并通过绩效协议做出绩效承诺的过程。绩效沟通的准备主要从沟通形式和沟通内容入手。绩效沟通的形式需要根据绩效管理的实际需要确定，可以召开全员动员大会，还可以进行一对一的绩效计划面谈。

不同发展阶段组织的沟通内容也不同。比如，对首次实行规范的绩效管理的组织，在制定绩效计划的时候，通常需要让所有人员明确如下问题：①绩效管理的主要目的是什么？②绩效管理对员工、部门以及组织有什么好处？③员工个人绩效、部门绩效与组织绩效的关系是什么？如何保持一致？④绩效管理系统中，重要环节和关键决策有哪些？⑤如何才能在组织内部建立起高绩效文化？

对于已经建立健全完善的绩效管理系统的组织，其沟通内容则可以直接聚焦绩效计划本身。需要在良好的沟通环境和氛围下，集中沟通如下几个方面的内容：①高层管理者需要提供组织信息，主要是战略目标和行动计划相关信息。②中层管理需要传达组织信息，并提供全面、翔实的部门信息，特别是部门的关键业务领域、重点任务和主要计划等相关信息。③选定绩效管理工具，并在此基础上进行沟通。④管理者向下属提供系统全面的绩效反馈信息。⑤员工提供初步的绩效计划和行动方案，包括与绩效执行过程中可能遇到的困难和需要的帮助等相关信息。⑥为了确保绩效计划兼具科学性、实效性和可操作性，管理者和下属还需要在计划制订之前收集其他信息。

二、个人绩效计划模板

绩效计划制订工作具有重要的意义和作用，绩效计划的质量决定了整个绩效管理系统的成败。在绩效计划制定过程中，需要考虑绩效计划能否有效执行，是否便于有效的监控，是否面向绩效评价，以及计划成功执行后，结果能否成功应用等。绩效计划制定过程就是一个持续沟通的过程，其主要成果就是在充分沟通的基础上，制订切实可行的绩效计划，并保障个人绩效计划和部门绩效计划对组织绩效计划的有效支持，最终为实现组织战略目标服务。绩效计划的制订是绩效计划工作的核心步骤。

个人绩效计划的制订是管理者和下属充分沟通最后达成协议的过程。在不同的情况下，计划应该包括哪些具体内容，要视组织文化、员工情况和管理者的管理风格等方面的因素而定。不过在管理实践中，人力资源管理部门往往会向各级管理者提供一个绩效计划的框架，作为对管理者制订计划的过程和方式给出的指导性建议；另外，根据实际需要，这种框架还会提供一种（也可能为若干种）结构化的管理绩效计划表格。在这些表格中，有一些项目也许并不属于计划的内容，而是对于计划的一种监控手段，在绩效周期中这种阶段性评价记录能够帮助管理者达到改进绩效的目的。

三、绩效协议的审核和签订

绩效协议的审核和签订阶段是对初步拟订的绩效计划的再审核和确认的阶段。这个阶段的时限可以根据绩效计划的复杂程度或者层次不同确定具体期限。一般组织绩效计划和部门绩效计划审核期限更长、反复修订次数更多，个人绩效计划审核修订的时间较短。

绩效协议审核阶段主要是针对绩效计划拟定过程中的未尽事宜进行增补或修订，是对细节的进一步确认。管理者和下属都有义务对完善初步的绩效计划做出努力，需要对一些细节问题深入思考、反复推敲和最后确认。

在经过严密的审核之后，管理者和下属都在绩效协议上签字确认。绩效协议的签订标志着绩效计划的完成。绩效协议的签订，不仅仅是书面协议的签订，也代表了管理者和下属在心理上做出的一种承诺。

第三章 绩效监控

第一节 绩效监控概述

绩效监控是绩效管理的第二个环节，是连接绩效计划和绩效评价的中间环节，也是耗时最长的一个环节。在绩效管理系统中，管理者需要根据绩效计划，与下属进行定期或者不定期沟通，对绩效计划的执行情况进行监控，针对存在的问题与计划执行者进行充分交流，并提供必要的绩效辅导，为绩效目标的顺利达成提供有力保障，这个过程就是绩效监控。

一、绩效监控的内涵

管理学的基本职能包括计划、组织、领导和控制。不能简单地将绩效监控与管理学中"控制"的概念等同起来，更不能将其简单视为一个束缚下属手脚的贬义词。绩效监控是为了达成组织战略目标和实现竞争力的全面提升，对绩效计划实施情况进行全面监控的过程，涉及管理学原理的组织、领导、控制等基本职能。

关于绩效监控的内涵，也有不少学者进行了探索和研究，但主要是从员工个人绩效和战略绩效两个方面进行探索。比如，有学者认为绩效监控指的是在绩效考核期内管理者为了掌握下属的工作绩效情况而进行的一系列活动；也有学者认为绩效监控体系是为决策层提供决策依据，为其更好地监控组织战略与运营提供有力支持和保障，同时也为个人业务与管理部门的业绩评价提供依据。但是目前学术界关于绩效监控的明确界定并不多见。

本书认为绩效监控是指在绩效计划实施过程中，管理者与下属通过持续的绩效沟通，采取有效的监控方式对下属的行为及绩效目标的实施情况进行监控，并提供必要的工作指导与工作支持的过程。其目的是确保组织、部门及个人绩效目标的达成。

二、绩效监控的过程

在绩效管理系统中，一般通过保证绩效计划、绩效监控和绩效评价在内容上的一致性来确保管理措施的有效性。首先，绩效监控与绩效计划是一脉相承的，绩效监控是对绩效计划实施情况的全面监控。因此，绩效监控的类型与绩效计划的类型是一致的，即绩效计划可以分为多少种类型，绩效监控就应该相应分为多少种类型；绩效计划的内容和重点不一样，绩效监控也随之表现出不同的特点。其次，绩效监控也需要面向绩效评价，绩效评价的内容就是绩效监控的重点。评价指标是绩效监控的晴雨表和指挥棒，绩效监控的直接目的就是帮助下属在各项指标上达成或超越目标值，促进其全面实现绩效目标。

绩效监控是一个持续的沟通过程，起始于绩效协议的签字确认，终止于绩效评价。绩效协议签订之后，管理者就需要与下属进行全程的绩效沟通，对绩效计划执行情况进行监控，针对存在的问题提供必要的辅导，并对监控和辅导过程中收集的绩效信息进行汇总，为绩效评价提供准确有效的绩效信息。

在绩效监控过程中，管理者可以通过抓住监控中的关键问题来提升监控的效率和改善监控的效果。这些问题主要包括：第一，依据是否有利于组织战略的实现和绩效目标的达成，进行持续的双向沟通，保障绩效计划实施过程中能及时发现问题，并提出解决方案。第二，针对绩效监控中发现的问题，进行及时的绩效辅导，为下属实现绩效提升提供支持，并修正工作任务实际完成情况与目标之间的偏差。第三，需要正确理解绩效沟通和绩效辅导的关系。绩效辅导与绩效沟通的目的都是为了帮助下属达成绩效目标。但是，绩效沟通贯穿于整个过程，绩效辅导仅仅在下属绩效计划执行中出现问题时才需要；绩效沟通是管理者和下属之间绩效信息的双向传递，绩效辅导则是指管理者通过沟通的形式帮助下属达成绩效目标的行为。第四，进行绩效信息收集，特别是记录下属工作过程中的关键事件或绩效数据，为绩效评价提供信息。

三、绩效监控的方法

目前，最常用的绩效监控的方法有书面报告、绩效会议和走动式管理三种。

（一）书面报告

书面报告是绩效监控中最常用的一种方法，主要指下级以文字或图表的形式向上级报告工作进展的情况。书面报告可以分为两种类型：一类是定期的书面报告，比如工作日志、周报、月报、季报、年报等；另一类是不定期的书面报告，主要是对绩效管理实践中，对绩效影响重大的工作所做的各种专项报告，可以根据工作进展的情况做具体的安排。

书面报告能提供大量、全面的绩效信息，也可以在管理者与下属无法面对面沟通的时候进行及时的监控。在具体使用该方法的时候，需要注意以下三点：第一，汇报内容需要做到重点突出；第二，尽量通过绩效信息平台做到绩效信息的共享；第三，与其他方法组合使用，确保信息的双向沟通并避免汇报内容的形式化。

（二）绩效会议

绩效会议是指管理者和下属就重要的绩效问题，通过召开会议的形式，进行正式沟通的绩效监控方法。为了使绩效会议达到预期目的，管理者需要注意绩效会议的目的、过程以及基本技术等关键点。

召开绩效会议的目的主要包括以下几个方面：对绩效实施情况进行例行检查；对工作中暴露的问题和障碍进行分析和讨论，并提出必要的措施；对重大的变化进行协调或通报；临时布置新任务。

虽然绩效会议形式有差别，但是一般都包含如下几个基本步骤：会议准备、确定议程、进行会议沟通、达成共识、制订行动方案等。通常需要做好会议记录，并将会议记录及时反馈给所有与会者。

为了达到有效监控的目的，管理者在召开绩效会议时要注意以下几点：营造平等和谐的氛围；给予下属充分的表达机会，充分挖掘下属的积极性；会议目的具体、明确，不开无谓和冗长的会议等。

（三）走动式管理

走动式管理是指高层管理者为了实现卓越绩效，利用时间经常抽空前往各个办公室走动，以获得更丰富、更直接的员工工作问题，并及时了解下属员工工作困境的一种策略。走动式管理不是说管理者到各部门随便走走，而是通过非正式的沟通和实地观察，尽量收集第一手绩效信息，发现问题或潜在危机，并配合情境做出最佳判断。同时，走动式管理也是对下属汇报的绩效信息的再核查的过程，带着问题到工作实践中去分析原因和排除障碍。

在使用走动式管理进行绩效监控的时候，管理者需要注意以下几点：第一，需要走进基层和一线，接触工作实际，通过现场的观察和沟通来了解下属的工作进度、实际困难和潜在能力，并获得他们的信任与尊重；管理者需要通过对下属工作的全面观察和沟通，敏锐地捕捉重要的绩效信息。第二，不一定每次走动都能获得重要的信息，但是管理者经常走动，对重大的绩效事故的防范有很大的帮助。第三，走动式管理不仅是一种有效的绩效监控的方法，还是一种情感管理、现场管理方法。在使用走动式管理的时候，管理者需要思考如何实现管理方法和领导艺术的有效融合，有效提升组织绩效，从而使组织获得持续的竞争优势。

四、绩效监控的内容

绩效监控是通过绩效沟通和绩效辅导等形式对绩效计划执行情况进行监控的过程，整个绩效监控体系的落脚点是个人绩效的监控。管理者需要通过对下属绩效目标的完成情况进行及时监控，保证下属顺利达成绩效目标进而推动部门和组织绩效目标的顺利实现。另外，由于内外部环境的变化，领导可能根据实际情况交办临时工作任务，由于这些工作没有反映在绩效计划中，这使得仅对绩效计划实施情况进行监控不能反映下属全部工作内容。因此，管理者需要将绩效执行情况和临时工作完成情况等内容纳入监控体系之中，促进绩效监控体系稳定性和动态性的有机融合，以提升战略性绩效管理系统的有效性。

在绩效管理实践中，管理者需要通过绩效监控表对绩效监控过程进行规范和记录，确保监控过程能反映出绩效指标的完成情况，能对显在的或潜在的问题及时调整和改进。

第二节 绩效的有效沟通

在整个绩效管理过程中，管理者和下属都需要进行有效的绩效沟通，绩效沟通的效果在一定程度上决定着绩效管理的成败，绩效监控也是绩效沟通最集中的阶段。

一、绩效沟通的概念

（一）绩效沟通的内涵

绩效沟通是管理者和下属为了实现绩效目标而开展的建设性、平等、有效和持续的信息分享和思想交流。其中，绩效沟通中的信息包括有关工作进展情况中的信息。下属工作中的潜在障碍和问题的信息及各种可能的解决措施等。对绩效监控过程中的绩效沟通概念的理解，需要注意以下几个方面。

1. 绩效沟通是一种建设性的沟通

绩效沟通是以解决问题为目的的沟通，是在不损害人际关系的前提下进行的。建设性沟通技巧是每一名管理者都需要掌握的重要的沟通技巧。许多管理者仅仅关心下属能否通过沟通理解自己的意图，并不真正关心下属的感受。在这种情况下，沟通往往是非建设性的，并不能达到应有的成效。研究表明，下属与管理者之间的良好关系会产生较高的工作绩效。为了实现组织的战略目标，管理者应该坚持绩效沟通的建设性。

2. 绩效沟通是一种平等的沟通

沟通最本质的目的就是思想的传递，为了让对方真正了解自己的想法，信息发出者应该通过了解听者的需要和可能的反应，决定自己要使用的沟通方式和手段。思想顺利传递的基础就是沟通主体在心理上的平等地位，双方坚持换位思考，从对方的立场思考问题，就能找到最佳的沟通方式。只有在心理上坚持平等，才有利于信息形成沟通的环路。管理者高高在上，信息传递通常就不顺畅，即使有信息传递，信息本身的准确性和及时性也会受到影响。

3. 绩效沟通是一种有效的沟通

绩效沟通是一个封闭的环路，管理者必须准确知道计划执行的情况，下属要及时将绩效计划执行的情况向上级反映，并且传递的信息应能被对方充分理解。沟通更重要的意义在于传递想法而非传递信息本身，让发出的信息被接收者充分理解才是真正有效的沟通。

信息的编码、沟通媒介的选择和信息的解码是沟通取得成功的关键环节。整个沟通过程从信息的发出开始，到得到来自接收者的反馈为止，不断循环。有效的沟通过程包括以下七个方面的基本要素：第一，沟通的目的。沟通的目的就是整个沟通过程所要解决的最终问题。这是统领整个沟通过程的灵魂。第二，信息源。信息源就是指做出沟通行为，将信息向外传达的人。第三，信息本身。有多少信息、有什么方面的信息需要传达，取决于沟通的目的和信息源的意志。发出者应该充分考虑其他要素的情况，在此基础上决定如何组织信息。第四，媒介。媒介的存在方式包括书面、口头语言、肢体语言等。更具体地说，有面对面的会谈、电子邮件、录像等方式。媒介的选择是一个重要因素。第五，接收者。即通常所说的听者。听者听的愿望是积极的、消极的还是中性的，会影响沟通的效果。第六，反馈。接收者的反应是沟通过程的一个要件。这种反应传递到信息源处就形成了反馈。反馈是接收者向发出者传递信息的方式。发出者应根据反馈的情况调整下一步的沟通方式，以更好地实现沟通的目标。第七，环境。沟通的环境因素影响着发出者编码与接收者解码的方式。在管理环境中，这种环境因素不仅包括沟通的物理环境，还包括企业文化和管理者的管理风格等。

在研究绩效沟通问题时，掌握沟通模型的构成和运作原则是非常重要的。在解决各种沟通问题时，我们可以通过分析每一个要件，准确地找出问题所在。因此，沟通模型为我们提供了一个研究有效沟通的理论框架。

4. 绩效沟通是一种持续的沟通

绩效沟通贯穿于整个战略性绩效管理的四个环节，在绩效监控中持续时间最长，却最容易受到忽视。在绩效计划执行过程中，管理者和下属需要持续的就相关工作进展情况、潜在障碍和问题、解决问题的措施以及管理者帮助下属的方式等信息进行沟通，特别在障碍发生前就能识别和指出相应问题，并能通过沟通找到解决方案，绩效沟通的中断会导致管理者与下属之间发生各种各样的摩擦，使绩效管理成为下属与管理者之间不断争执和发生冲突的重要原因。因此，充分了解绩效沟通，掌握绩效沟通的技巧，成为每一名管理者必须掌握的管理技能之一。

（二）绩效沟通的意义

绩效沟通的目的是管理者通过沟通实现下属绩效的改善和提升。管理者是绩效沟通的设计者和主导者，对绩效沟通具有决定性的影响。

1. 沟通的重要性

首先，管理者在日常管理活动中扮演十种不同却高度相关的角色：挂名首脑、领导者、联络者、监听者、传播者、发言人、企业家、混乱驾驭者、资源分配者、谈判者。其次，管理者还要通过大量的沟通活动推动组织愿景的实现。因此，管理者需要充分发挥沟通的作用。

普通管理者、成功管理者和有效管理者三类不同的管理者在这四项活动的时间分配上表现出不同的特征，有效的管理者花费最多的时间用于沟通。即使对于普通的管理者和成功的管理者，沟通在这四类工作中也处于占用时间第二多的位置。可见，沟通是一项十分重要的管理活动。

2. 绩效沟通的价值

在传统的工作环境中，工作场所和工作内容都相对固定，下属往往只需要根据既定的绩效计划，按照明确的流程按部就班地工作，就能达到其职责要求，从而完成相应的绩效任务。

但是，在信息化、网络化和全球化时代，科技迅猛发展、信息日益膨胀、工作节奏加快等因素深刻影响了人们的行为，组织战略以及生产和经营的模式调整周期越来越短，职位说明书的更新速度也越来越快。面对变化的工作环境，管理者与下属的持续有效的绩效沟通就显得日益重要。如果缺乏必要的沟通，在管理者调整计划或增加临时任务时，下属就可能产生不满甚至抵触情绪，从而影响绩效目标的达成。

二、绩效沟通的内容

对于管理者和下属来说，绩效沟通的主要目的通常都是为提高下属的工作绩效，但是双方通过绩效沟通所要了解的信息内容却是不同的。

对管理者而言，他们需要得到有关下属工作情况的各种信息，以帮助他们更好地协调下属的工作。当下属在工作中出现问题的时候，管理者应该及时掌握情况，以避免麻烦和浪费。另外，他们还需要了解工作的进展情况，以便在必要的时候向上级汇报。如果不能掌握最新的情况，管理者可能会面临许多麻烦。在某些情况下，管理者还应该有意地收集绩效评价和绩效反馈时需要的信息。这些信息将帮助管理者更好地履行他们在绩效评价中担负的职责。

对下属而言，他们也需要有关信息。通过与管理者之间的绩效沟通，下属可以了解到自己的表现获得了怎样的评价，以便保持工作积极性，更好地改进工作。另外，下属还需要通过这种沟通了解管理者是否知道自己在工作中遇到的各种问题，从中获得有关如何解决问题的信息。当工作发生变化时，下属能够通过绩效沟通了解自己下一步应该做什么，或者应该主要做什么。总之，这些信息应该能够帮助下属更好地完成自己的工作，应对工作中遇到的各种变化和问题。

因此，我们可以简单地认为，绩效沟通的目的就是保证在任何时候，每个人都能够获得改善工作绩效所需要的各类信息。为了进行有效的绩效沟通，管理者首先要确定双方沟通的具体内容。可以通过回答以下两个问题来确定沟通的具体内容：①作为管理者，为了更好地履行职责，我必须从下属那里获得什么信息？②作为下属，为了更好地完成工作职责，我需要哪些信息？

通过对这两个问题的回答，管理者能够更好地明确绩效沟通的内容，这是确定绩效沟通内容的一个非常实用的思路。通过绩效沟通，管理者和下属还应该能够回答以下问题：①工作进展情况如何？②绩效目标和计划是否需要修正？如果需要，如何进行修正？③工作中有哪些方面进展顺利？为什么？④工作中出现了哪些问题？为什么？⑤下属遇到了哪些困难？管理者应如何帮助他们克服困难？等等。

以上问题只是给我们提供了一个思路。在实际工作中，还要充分考虑种种变化。值得注意的是，甚至双方之间应就什么问题进行沟通，也应该成为双方沟通的话题。

三、绩效沟通的方式

绩效沟通是一个充满细节的过程。管理者与下属的每一次信息交流都是一次具体的沟通。总的来说，绩效沟通可以分为正式的绩效沟通和非正式的绩效沟通。正式的绩效沟通是组织管理制度规定的各种定期进行的沟通。非正式的绩效沟通则是管理者和员工除正式规章制度和正式组织程序以外所进行的有关绩效信息的沟通形式。

（一）正式的绩效沟通

通常，正式的沟通方式主要包括正式的书面报告和管理者与下属之间的定期会面两种形式。其中，管理者与下属之间的定期会面又包括管理者与下属之间一对一的会面和有管理者参加的团队会谈。

1. 正式的书面报告

很多管理者都要求下属定期上交工作汇报，以了解下属的工作情况和遇到的各种问题，并要求下属提出建设性意见。书面报告最大的优点就是简单易行，而且能够提供文字记录，避免进行额外的文字工作。为了让下属更好地完成书面报告，管理者应该让下属有机会决定他们应该在报告中写些什么，而不应由管理者一厢情愿地决定。当双方就这个问题达成一致后，管理者可以设计出一个统一的样表，以方便下属填写。这种表格的形式非常多，但通常需要包括工作目标的进展情况、工作中遇到的问题、建议和意见等栏目。另外，书面报告的形式在很大程度上还要取决于下属的文化水平；对不同文化程度的下属，工作报告的要求往往也不同。定期的书面报告主要包括：年报、月报、季报、周报和工作日志等。

2. 定期会面

书面报告毕竟不能代替管理者与下属之间面对面的口头沟通。为了寻求更好地解决问题的途径，管理者与下属之间的定期会面是非常必要的。这种面对面的会谈不仅是信息交流的最佳机会，而且有助于在管理者与下属之间建立一种亲近感。这一点对于培育团队精神、鼓励团队合作是非常重要的。

（1）一对一会谈

定期会面最常见的形式就是管理者与下属之间一对一的会面。在每次会面的开始，管理者应该让下属了解这次面谈的目的和重点。

由于是一对一的会谈，管理者应该将会谈集中在解决下属个人面临的问题上，以使会谈更具实效。例如，让下属了解企业整体经营方向的变化非常重要，但更关键的是要让他明确各种变化对于他个人的工作产生了什么影响。也就是说，应该将问题集中在调整下属的工作计划、解决下属个人遇到的问题上。

大多数管理者都会犯的一个错误就是过多地"教训"而忘记倾听。管理者应该更多地鼓励下属进行自我评价和报告，然后再进行评论或提出问题。如果问题是显而易见的，就应该鼓励下属尝试自己找出解决问题的方法。另外，管理者应该在面谈的最后留出足够的时间让下属有机会说说他想说的问题。下属是最了解工作现场情况的人，从他们的口中了解情况是非常重要的。

在面谈中，管理者还应该注意记录一些重要的信息。特别是在面谈中涉及计划性的事务时，更应如此。例如，对于工作计划的变更、答应为下属提供某种培训等，都应该留有记录，以防止过后遗忘。

（2）团队会议

书面报告和一对一会谈的一个共同缺陷就是涉及的信息只在两个人之间共享。由于很多工作都是以团队为基础开展的，这两种方式都不能实现沟通的目的。这时，就需要采用一种新的方式——有管理者参加的团队会议。有管理者参加的团队会议应该精心设计交流内容，避免不恰当的内容造成无效沟通而浪费时间和在团队成员之间造成不必要的摩擦或矛盾。在团队的工作环境中，团队成员之间在工作中相互关联并发生影响。每个成员都能够不同程度地了解和掌握其他成员的工作情况，而且每个成员都能够通过解决大家共同面对的问题，来提高个人乃至团队的绩效。因此，群策群力是解决问题的最好方式之一。

需要注意的是，涉及个人绩效方面的严重问题不应轻易成为团队会议的话题。任何人都有犯错的时候，这种公开的讨论是最严厉的惩罚。不同的文化背景决定了人们对这种情况的承受能力和接受能力。通常情况下，这种针对个人的绩效警告应该在私下进行。

团队形式的会议意味着更多的时间和更大的复杂性。而且，要确定一个适合所有人的开会时间有时也是件不容易的事情。对于较小的团队，这种问题还比较容易解决。如果涉及的团队较大，会议就不能过于频繁。有时可以采用派代表参加的方式解决这个问题。

团队会议更要注意明确会议重点，控制会议的进程。管理者可以要求每个人都介绍一下工作的进展和遇到的困难，以及需要管理者提供什么帮助以有利于工作更好地完成等。我们可以使用结构化的问题提纲和时间表来控制进程。例如，管理者可以要求每个参会人员谈一谈工作的进展情况、遇到的问题以及可能的解决方法。

如果找到了问题并能够很快地解决，就应立即安排到个人，以确保问题得到及时解决。如果不能在规定的时间内找出问题的解决方法，可能的解决方式是：计划开一个规模更小的小组会或要求某个人在规定时间内草拟一份方案等。不能由于个别难以解决的问题而影响整个会议的进度，毕竟这种团队会议的时间是十分宝贵的。只有充分利用每一分钟，才能使会议发挥最大的效益。因此，强调时间限制是十分重要的。

与一对一的面谈相同，团队会议也应该做好书面的会议记录。参会成员可以轮流做这项工作，并及时向参会人员反馈书面记录的整理材料。

为了有效利用以上两种定期会面的绩效沟通形式，应当特别注意以下两个方面的问题：第一，不论是一对一的面谈还是团队会议，最大的问题就是容易造成时间的无谓耗费。如果管理者缺乏足够的组织沟通能力，这种面谈就可能成为无聊的闲谈，也可能变成人们相互扯皮、推卸责任的场所。因此，掌握一定的沟通技巧对管理者而言是非常必要的。这一点我们将在后面详细讲解。第二，沟通频率是管理者需要考虑的另一个重要问题。从事不同工作的员工可能需要不同的沟通频率，甚至从事同一种工作的人需要的交流次数也不尽相同。管理者应该根据每个下属的不同情况，安排绩效沟通（书面的或口头的）的频率。对于团队会议，管理者更应该充分考虑所有团队成员或参会人员的工作安排。

（二）非正式的绩效沟通

管理者与下属之间的绩效沟通并不仅仅局限于采取正式会面或书面报告的形式。事实上，管理者和下属在工作过程中或工作之余的各种非正式会面为他们提供了非常好的沟通机会。

非正式绩效沟通的最大优点在于它的及时性。当下属在工作中发生问题时，管理者可以与之进行简短的交谈，从而促使问题得到及时解决，毕竟问题并不总是发生在计划会面的前一天。对于各种亟待解决的问题，必须采取更加灵活的沟通方式 — 非正式绩效沟通。非正式绩效沟通没有固定的模式。有的管理者喜欢每天都花一些时间在工作现场或公司食堂等公共场所与下属交谈。并不是所有的管理者都必须或可能做到这一点，但是管理者四处走动并与下属进行非正式交谈的确是一个好的管理手段。

有的管理者非常愿意通过这样的沟通促进团队或部门的工作业绩，但是下属好像都不愿意把那些管理者希望了解的情况告诉管理者。这时，管理者应该注意检讨一下自己的态度。在大多数情况下，问题出在管理者一方。管理者应该注意学习各种各样的沟通技巧，成为一个合格的倾听者。不论是对于正式沟通还是非正式沟通来说，这都是绩效沟通得以顺利进行的重要条件。

随着通信技术与网络技术的发展，人们的沟通更加便捷，地域限制越来越少。这为管理者和下属进行深入的绩效沟通提供了条件。在这种情况下，非正式绩效沟通也可以是书面形式的，但是管理者可以更快捷地给予反馈信息，通过虚拟网络达到员工与管理者之间面对面交流的效果。

四、绩效沟通的原则

实现高效的绩效沟通并不是一件简单的事情，管理者和下属都需要为绩效沟通做好充分的准备，既要掌握基本的沟通技巧，又要遵循基本的沟通原则。以下三项基本的绩效沟通原则对规范沟通行为、提高沟通效果具有重要作用。

（一）对事不对人原则

人们在沟通中存在两种导向：问题导向和人身导向。所谓问题导向，指的是沟通关注问题本身，注重寻找解决问题的方法；而人身导向的沟通则更多地关注出现问题的人，而不是问题本身。绩效沟通的对事不对人的原则要求沟通双方针对问题本身提出看法，充分维护他人的自尊，不要轻易对人下结论，从解决问题的目的出发进行沟通。

人身导向的沟通往往会带来很多负面的影响。但是，人们在遇到问题时往往会直接归咎于人，甚至导致一定程度的人身攻击。因此，人身导向的沟通往往只是牢骚，并不能为解决问题提出任何积极可行的措施。另外，如果将问题归咎于人，往往会引起对方的反感和防卫心理。在这种情况下，沟通不但不能解决问题，还会对双方的关系产生破坏性影响。人身导向的沟通不适合批评，同样也不适合表扬。即使你告诉对方"你好优秀"，如果没有与任何具体的行为或结果相联系，也可能会被认为是虚伪的讽刺而引起对方的极度反感，这一点往往被人们忽视。

（二）责任导向原则

责任导向就是在绩效沟通中引导对方承担责任的沟通模式。与责任导向相关的沟通方式有两

种 — 自我显性的沟通与自我隐性的沟通。典型的自我显性的沟通使用第一人称的表达方式；而自我隐性的沟通则采用第三人称或第一人称复数，如"有人说""我们都认为"等。自我隐性的沟通通过使用第三者或群体作为主体，避免对信息承担责任，从而逃避就其自身的情况进行真正的交流。如果不能引导对方从自我隐性转向自我显性的沟通方式，就不能实现责任导向的沟通，不利于实际问题的解决。

另外，遵循责任导向的定位原则，人们通过自我显性的沟通方式，能够更好地与对方建立联系，表达合作与协助的意愿。"我想这件事可以这样……""在我看来，你的问题在于……"等说法都能够给人这样的感受。与此相对应的是，人们往往通过自我隐性的沟通方式逃避责任。这往往给人一种不合作、不友好的感受。在建设性沟通中，人们应该使用责任导向的自我显性的表达方式，与沟通对象建立良好的关系。

因此，当下属使用自我隐性的沟通方式时，管理者应该在给下属说话的权利的同时，使用要求对方举例的方式引导下属采用自我显性的沟通方式，使员工从旁观者立场转变为主人翁立场，自然而然地为自己的行为承担责任。

（三）事实导向原则

在前面对事不对人的原则中我们谈到，具有建设性的沟通应该避免轻易对人下结论。遵循事实导向的定位原则能够帮助我们更好地克服这种倾向。事实导向的定位原则在沟通中表现为以描述事实为主要内容的沟通方式。在这种方式中，人们通过对事实的描述避免对人身的直接攻击，从而避免对双方的关系产生破坏作用。特别是在管理者向下属指出其缺点和错误的时候，更应该恪守这一原则。在这种情况下，管理者可以遵循以下三个步骤进行描述性沟通：第一步，管理者应描述需要修正的情况。这种描述应基于事实或某个特定的、公认的标准。第二步，在描述事实之后，还应该对这种行为可能产生的后果作一定的描述。在这里，管理者应该注意不要使用过于严厉的责备口吻，否则下属会将精力集中于如何抵御攻击，而不是如何解决问题。第三步，管理者可以提出具体的解决方式或引导下属主动寻找可行的解决方案。当然在现实中，并不是所有情况下都应该遵循这三个步骤。上面的例子是针对指出下属工作中的问题而言的。总之，在可能的情况下用事实根据来代替主观的判断，能够最大限度地避免对方的不信任感和抵御心理。以事实为导向的定位原则能够帮助我们更加顺利地进行建设性沟通。

五、绩效沟通的技巧

绩效沟通是技术要求相对较高的一种沟通，在具体的沟通实践中，管理者需要运用各种各样的沟通技巧和方法。这些技巧五花八门，散见于各种各样的管理培训教程、沟通技巧教程中，这些技巧和方法很多都能应用于绩效沟通。

（一）积极倾听技巧

沟通是一个双向的过程。从表面上看，这种双向性表现在沟通双方不仅要通过沟通的过程向对方传递信息乃至想法，而且需要通过沟通过程得到所需的信息。从前面谈到的沟通过程模型中可以看出，双向性沟通的更深层次的含义在于，信息发出者并不是单向地发出信息，还需要根据接收者的反应接收到相应的反馈，从而调整沟通的内容和方式。

很多管理者经常会忽视积极倾听的意义，尤其是在与下属进行沟通时，他们往往会失去应有的耐心。这种做法将严重影响沟通的质量，甚至影响管理者与下属之间的良好关系。同时，绩效沟通中的任何一方都应该具备积极倾听的技巧，以充分获取信息，使整个沟通的过程得以顺利进行。

积极倾听通常能够帮助管理者更好地解决问题。每个人在形成对某种事物或观念的正确判断之前，往往只有一些朴素的、模糊的认识，仅仅通过自己的思考很难得到充分的信息。在这种情况下，积极的倾听能够帮助我们获取信息，整理思路，从而更好地解决问题。管理者常常面临这样的情况：当他们发现工作中存在的问题时，往往会形成自己的看法。有的管理者过于武断，将自己的看法视为理所当然的正确观点。这种先验意识阻碍了他们与下属之间进行有效的沟通，因为先验意识使管理者难以接受与自己观点相左的看法，从而无法进行积极的倾听。

有的时候，管理者并没有意识到自己的行为阻碍了沟通的有效进行。沟通的实践表明，传递信息不仅可以通过口头或书面语言，还可以通过肢体语言。例如，当下属走进上级的办公室，开始讲述今天在车间里遇到的问题时，管理者一边嘴里"嗯""嗯"着，一边还在翻看手中的文件。这时，管理者就使下属接收到了这样的反馈信息：他手中的文件才是有意义的事，他并不关心我要谈的问题。可想而知，这样的沟通无法达到应有的效果。

因此，积极倾听的技巧是每一名管理者必须具备的管理技能之一。

（二）非语言沟通技巧

沟通并不是一个简单的语言传递的过程。在沟通的过程中，沟通双方往往需要通过非语言的信息传递各自的想法。在积极倾听的技巧中，我们已经谈到了肢体语言对于沟通对象的影响。沟通双方能否很好地运用非语言沟通技巧，是影响建设性沟通成败的一个重要因素。

关于各类肢体语言的基本含义的相关文献非常丰富，这些肢体语言基本上涵盖了日常生活中各种常见的情况。需要注意的是，当肢体语言脱离了具体的沟通环境时，这些肢体语言往往是空洞、没有意义的。为了真正理解肢体语言所表达的内容，我们必须结合沟通发生的环境、双方的关系和沟通的内容等进行综合的判断。但是，了解常见肢体语言的一般含义能够帮助我们更敏锐地观察和理解沟通对象的想法，并从中学会更好地控制自己的行为，从好的方向上影响沟通进程。

（三）绩效沟通中组织信息的技巧

在沟通过程中，由于沟通双方的生活背景、经历以及个人观点和地位方面的不同，信息接收者和发出者会对相同信息符号产生不同的理解。因此，如何组织沟通信息，便于沟通双方准确理解，就成了保障沟通质量的重要决定性因素。在组织信息过程中，管理者和下属需要保障绩效信息的完整性和准确性。

1.信息的完整性

信息的完整性是指在沟通中信息发出者需要尽量提供完整和全面的信息。具体来说，要求信息发出者注意以下几个方面：沟通中是否提供了全部的必要信息；是否根据听者的反馈回答了全部问题；是否为了实现沟通的目的，提供了必要的额外信息。信息提供是否完整，需要沟通双方在沟通实践中经过信息的编码和解码全过程来确认。很多时候，我们以为已经把需要告诉对方的信息都表达了，但实际上，这往往只是自己的一厢情愿。

在绩效沟通中，信息不完整的情况是十分常见的。比如管理者和下属在就日常工作进行沟通的时候，信息的完整性就可能被忽视：下属可能提供部分绩效信息，以为管理者对很多信息都是清楚的；管理者在进行绩效辅导的时候，也常常会忽略一些他认为下属理所当然知道，但实际上下属可能不完全知道，或者没有掌握解决问题的关键技术等。虽然在信息沟通中，所有人都不可能做到信息的面面俱到，但是管理者和下属都必须做到关键信息不遗漏。

2. 信息的准确性

信息的准确性是指提供的信息对沟通双方来说应该是准确、对称的。信息完整性是要求信息发出者提供全部的必要信息，而信息的准确性则强调信息发出者提供的信息是准确的。沟通信息的准确性要求根据环境和对象的不同采用相应的表达方式，从而帮助对方精确领会全部的信息。

许多关于人际沟通的研究工作关注信息的准确性。这些研究普遍强调，应该使信息在整个传送过程（编码和解码）中基本不改变或不偏离原意，并将之视为有效沟通的基本特征。为了保障沟通双方对信息都有精确的理解，我们应注意以下两个方面：①信息来源对沟通双方来说都应该是准确和可靠的，这是信息准确性的基本要求。在沟通过程中，出现信息不准确现象的一个非常重要的原因就是原始数据的可靠性不符合沟通的需要。特别是管理者对下属的工作失误提出意见时，就必须使用双方都能够认同的信息源所提供的信息。例如，甲和乙之间有一些私人矛盾。如果管理者以甲提供的信息为依据，对乙的怠工行为提出批评，就容易遭到乙的排斥。即使这种情况是客观发生的，这样的沟通也无法达到应有的效果，因为沟通信息的可靠性没有得到接收者的认同。②信息传递方式有助于沟通双方准确理解信息。在沟通过程中，应该使用沟通双方都能够理解的媒介手段和恰当的语言表达方式。

第一，选择合适的媒介手段。目前主要的媒介包括会谈、书面报告、信息系统等各种各样的形式。在选择媒介时，不能仅凭信息发出者的意愿，而要根据沟通对象的特征、沟通的目的以及各方面的环境因素等进行综合考虑。例如，管理者要针对某个下属在工作中的问题进行辅导，通常就应该采用一对一面谈的形式；而对于团队工作中的问题，在团队成员数量有限并有可能集中而不影响工作进展的情况下，就可以采用团队集体会议的方式进行沟通。随着信息技术的不断发展，信息传递的准确性有了很大的提高，人们可以在很短的时间内将信息以文字文件、图像、声音等形式传送到世界的各个地方。在企业管理中，人们在更加广泛的领域使用企业内部网络或基于互联网的信息平台，进行管理者与下属双方的沟通。但是，如果下属的工作环境和个人经济情况决定其没有经常上网的条件，片面地追求时髦的管理手段就可能达不到任何效果，这种情况下，信息系统远不如车间里的小黑板来得有效。

第二，恰当的语言表达方式的选择主要应注意恰当的词汇和恰当的语言风格两个方面。关于沟通词汇的准确理解，主要是由于沟通双方在文化和语言上的差异往往会导致对相同词汇的不同理解。关于语言风格的选择，沟通双方可以根据不同的沟通主题，决定是选择正式语言、非正式语言，还是非规范语言。这三种不同类型的语言运用于不同的沟通方式，服务于不同的沟通对象和沟通目的。在管理者与下属之间进行的非正式沟通中，人们更多地运用非正式的语言进行交流，甚至会使用一些在工作场所中大家都能够理解的非规范语言。但是在正式的书面沟通（如定期的工作报告）中，就会更倾向于使用正式语言精确地表达信息的内容。

（四）肯定与赞美技巧

对员工的行为进行肯定或赞美是一种有效的激励方式。但是这种方式的具体应用，在中西方也存在着不同。西方更多的是使用当面直接肯定或赞美的方式，但是中国人更多地喜欢用间接的方式。

1. 肯定、赞美的几种方式

（1）一对一单独进行

就是当下级获得优秀的业绩或者表现出了值得认可的行为的时候，上级对其面对面表示肯定或赞美。注意，这时的肯定或赞美不存在第三者。这种肯定或赞美的方式，具有一定的激励效果，但多用容易出现审美疲劳，从而失去激励的作用。

（2）一对多进行

一对多又称为当众赞美，是指上级在很多人面前肯定或赞美业绩优秀者。这种方式的激励效果比一对一的明显，但也是有限的。注意，在采用当众表扬或赞美一个人的时候，切忌同时批评一个人，即不要将赞美一个人和批评一个人放在一起进行，否则，会降低赞美的作用。

（3）背对背间接地赞美

上述两种方式在西方企业中运用得比较多，而在中国的企业里不一定适合。中国企业里更多的是采用背对背的间接的赞美。也就是"当面不夸，背后夸"，并且知道这一夸奖肯定会传播到被夸者那里。这一方式，也是中国人解决人际矛盾的常用方法。

2. 使用肯定或赞美的几个原则

在组织行为学中，有一个流行的名词——印象管理。其中，重要的一条就是要学会赞美。那么，恰当地使用赞美需要把握哪些原则呢？

（1）形式重于内容

在赞美和鼓励下属的时候，记住：形式往往重于内容。也就是说，说话时诚恳的态度更为重要，这样能使对方做出正确的判断。中国古语有"貌在言先"，说的就是同样的道理。

（2）要抓住细节

在赞美和鼓励员工的时候，不能泛泛而谈，应该抓住细节。也就是说，赞美时不要讲大而空的话，要使用含有具体信息的载体。

3. 应对赞美的两种策略

不仅要学会赞美别人，也要学会如何在得到赞美时，反过来赞美他人。具体而言，应对赞美主要有两种策略。

（1）适当的谦虚

谦虚是每个人都应该具有的品质，在中国的文化中，它被认为是一种美德。中国人比较喜欢谦虚，也喜欢谦虚的人。因此，当得到赞美时，要以谦虚的态度去面对。但是，谦虚不能过度，过度就等于骄傲。

（2）及时使用反赞美

这种策略是比较有效的，就是在别人赞美你的同时，你也要及时地寻找赞美别人的理由。

4. 使用肯定、赞美需要积极的心态

发现对方的优点，并能够恰当、及时地使用赞美，应该成为一种良好的职业习惯。而这种职业习惯的获得，首先需要使用者具有积极的心态。具体而言，就是要具备"四无量心"：慈、悲、喜、舍，然后，再用足够多的赞美手段，赞美别人。所谓"四无量心"，就是要以积极的心态去面对一切事情。它的好处在于：让员工正确地面对考核，发现绩效当中不利中的有利之处，防止员工遇到负面信息就夸大其词。

（五）绩效沟通的注意事项

1. 与上级绩效沟通的注意事项

员工与上级进行绩效沟通中普遍存在不重视沟通和忽视表达形式的心理障碍。很多员工心理上存在障碍，不愿与上级进行沟通，认为把脑筋放在与上级沟通上不如把时间花在工作上。其实这样的想法是错误的，与上级沟通应该是员工最主要的工作之一。很多员工认为与上级沟通应该讲究效率，有话直说最好。事实上，正如老子讲过的"言而无文，行之不远"，只顾自己痛快而不讲究表达形式的谈话，反而会影响沟通的效果。除了在心理上克服和上级沟通的可能障碍，还要在沟通时注意：

（1）有说有留

是指下级在向上级汇报工作时，最好不要把你知道的事情都汇报完，也不能将每件事都十分详细地说出来，而是要保留一些信息，等待着上级去问，这样就会加深上级对你的印象。反之，如果将所有做的事情都说完了，等上级问的时候，就会无话可说，这样，就有可能会给上级留下一个不完美的印象。

（2）意见遵从

人与人之间有不同的看法是正常的，下属与上级之间也不例外。和上级在一起，有时候下级必须提出不同的建议，才能够引起注意。但是，人与人之间的心理距离之所以能够拉近，原因就在于核心价值判断上是一致的。反之，人与人的心理距离往往是在意见差异较大时拉开的，且这种距离又很难拉近。所以，人与人之间，要尽量地减少此类矛盾。在涉及社会主义核心价值观判

断的问题上，下级应该和上级保持一致，遵从上级的意见。

（3）同中有异

下级和上级在沟通过程中，虽然要做到意见遵从，但是不能完全地附和，没有一点自己的意见，最好做到和而不同。

（4）一多一少

在与上级进行沟通交流的时候，自己的观点建议应该少，而具体信息应该多。你的工作不是说服上级，而是想尽一切办法让上级说服你。领导往往是在说服别人的过程中，获得更多的快乐，而不是相反。所以，在沟通过程中，下属应该把自己的意见和观点隐藏在具体的信息中，相信上级肯定有他自己的思考角度，不要强求他，更不能替他做决策、下结论、提实质性的建议。而是让他自己做决策，并且坚信自己的主管或上级能够做出英明的决策。

（5）小步慢跑

指的是下属在与上级沟通时，要注意做到有所保留，特别是在提建议的时候，不可一次提得太多，要一点一点地来。千万不可以为了显示自己的才能，一次提出无数的建议和意见。因为，一般来讲，小步慢跑地提建议，也是影响主管比较有效的策略。一次少提点建议，多次地提，做到既有鼓励又有批评，效果比没有鼓励只有批评更好。

2.跨部门绩效沟通的注意事项

部门之间对绩效考核结果不认同，认为考核结果不公平，并没有反映部门之间的工作区别是绩效考核中经常发生的事情。如果这些问题不能很好地解决，那么部门之间的合作就会面临很大的问题。因此，进行跨部门沟通，对于绩效管理十分关键。

在跨部门绩效沟通中，需要注意以下几点：正确使用非正式沟通，相对于练歌房，吃饭是更好的方式，因为练歌房里的环境不适合沟通，吃饭沟通比较符合中国文化；用感情沟通，很多公司，采用设举报箱的方式进行沟通，事实证明这种方式是低效的。而有些公司采用通过集体体育项目，比如组建篮球、足球等各种俱乐部，进行沟通却取得了不错的效果；以职级对等沟通为主；在沟通中，注意获得心理支持和选择有沟通能力的人。

3.与下级绩效沟通的注意事项

如果初步沟通不利，不要试图去劝导，因为这往往是人们面对不利的一种自我保护行为。劝导的结果只会进一步强化他的观点。最好的办法是尝试设计新的工作流程，用工作机制来求得平衡意见。

第三节 绩效辅导

不会指导下属的管理者不是有效的管理者，不愿指导下属的管理者不是合格的管理者。优秀的管理者需要针对不同的情况，积极研究如何指导下属，帮助下属提升绩效水平。从某种意义上说，绩效监控的过程也就是通过双向沟通进行绩效辅导的过程。

一、绩效辅导的内涵

绩效辅导是指管理者采取恰当的领导风格，在进行充分的绩效沟通的基础上，根据绩效计划，针对下属工作进展中存在的问题和潜在的障碍，激励和指导下属，以帮助其实现绩效目标，并确保其工作不偏离组织战略目标的持续过程，管理者作为绩效辅导的主导者和推动者，不仅需要对下属提出的各种要求做出积极回应，还要能够前瞻性地发现潜在问题并在问题出现之前将其解决。绩效辅导包含以下几个方面的内容。

第一，管理者提供帮助是绩效辅导的关键。绩效辅导的目的是通过帮助下属完成绩效目标，来实现部门和组织的绩效目标，进而实现组织战略目标。下属在执行绩效计划的过程中遇到困难或障碍需要帮助时，管理者需要及时提供各种必要的帮助和支持；在必要的时候，还应该为下属提供培训的机会，使其具备完成绩效计划所需的知识和技能。管理者不仅是在问题出现时进行辅导，更重要的是着眼于提升下属获取持续高绩效的能力。

第二，激励下属是绩效辅导的重要职能。绩效责任制是实现绩效目标的基本保障。绩效辅导不是管理者越俎代庖，绩效改进的主要责任者还是下属本人。因此，在绩效辅导中，管理者需要注重培养下属对绩效的主人翁意识和责任感，帮助其树立自信和提高工作的成就感，促进其为了实现绩效目标而不断自我超越，为承担更具挑战性的工作任务而不断提升知识、技能和对组织的承诺水平。

第三，领导风格对绩效效果有重要影响。管理实践中面对的实际情况是多种多样的，但是管理者的领导风格却相对稳定。绩效辅导由管理者具体执行，并且领导风格和管理者的特征对绩效辅导有较大影响。因此，在绩效管理实践中，需要注意管理者领导风格和绩效辅导之间的匹配。

第四，根据绩效计划的执行情况，及时与下属沟通是绩效辅导成功的基本保障。这要求管理者全面收集绩效计划执行的各种信息，做出正确的辅导决策。对绩效不佳的员工给予及时的辅导，甚至为其提供培训机会；对成功达成或超额完成预期目标的员工，则需要及时表扬，激励其为实现更高的绩效目标而不断努力。

二、绩效辅导的风格

毋庸置疑，大多数管理者都工作繁忙，但心理学家告诉我们，过度繁忙会极大地影响人们的认知过程。过于忙碌的人往往不愿意倾听，从而减少了与别人的沟通，这种情况很可能会导致绩效管理的最终失败。管理者应当重新审视他在组织中扮演的角色。只有管理者有效地领导员工，员工的绩效才有可能最大限度地提高。缺乏有效的领导，员工就很难将他们的活动与组织当前的需求有机结合起来。如果你是销售总监，发现手下的一位优秀的销售员业绩忽然开始下滑；再比如你是研发部经理，发现部门中的一位设计人员逐渐失去了灵感，同一项目组中的两个员工最近发生了不愉快，或者一个员工经常不遵守企业的规章制度，如经常迟到……你会采取怎样的方式控制事态或处理问题？这就涉及管理风格选择问题。当今的管理工作越来越要求管理者能够在适当的时候采取适当的管理风格。

（一）依据下属成熟度选择绩效辅导风格

管理者不可能也不需要随时对下属进行绩效辅导。管理者只需要在下属需要辅导时，及时提供辅导与支持即可。对管理者来说，准确判断下属在什么情况下需要绩效辅导就成了一个技术性问题。为了提高绩效辅导的有效性，管理者需要对不同的下属采取不同的方式，使绩效辅导更有针对性。

领导情境理论，又称作领导生命周期理论，为管理者做出正确的判断，选择正确的绩效辅导风格提供了理论指导。该理论将领导划分为任务行为和关系行为两个维度，并根据两个维度组合成指示、推销、参与和授权四种不同的领导风格。

S1 指示：高任务 — 低关系领导风格；

S2 推销：高任务 — 高关系领导风格；

S3 参与：低任务 — 高关系领导风格；

S4 授权：低任务 — 低关系领导风格。

该理论还比较重视下属的成熟度，这实际上隐含了一个假设：领导者的领导能力大小实际上取决于下属的接纳程度和能力水平的高低。而根据下属的成熟度，也就是下属完成任务的能力和意愿程度，可以将下属分成四种类型。

R1：下属既无能力又不愿意完成某项任务，这时是低度成熟阶段；

R2：下属缺乏完成某项任务的能力，但是愿意从事这项任务；

R3：下属有能力但不愿意从事某项任务；

R4：下属既有能力又愿意完成某项任务，这时是高度成熟阶段。

领导情境理论的核心就是将四种基本的领导风格与下属的四种成熟度相匹配，管理者根据下属的不同绩效表现做出适当回应并提供相应的帮助。随着下属成熟度的提高，领导者不但可以减少对工作任务的控制，而且可以减少关系行为。具体来讲，在 R1 阶段，采用给予下属明确指导的指示型风格；在 R2 阶段，领导者需要高任务 — 高关系的推销型风格；到了 R3 阶段，参与型风格的领导最有效；而当下属的成熟度到达 R4 阶段时，领导者无须再做太多的事情，只需授权即可。

（二）依据环境和下属的权变因素选择绩效辅导风格

管理者在帮助员工实现其绩效目标的过程中，需要充分考虑下属自身的特点和环境的限制因素，然后提供有针对性的绩效辅导。

如果领导者能够弥补下属或工作环境方面的不足，则会提升下属的工作绩效和满意度。有效的领导者通过明确指出实现工作目标的途径来帮助下属，并为下属消除在实现目标过程中出现的重大障碍，有效的领导是以能够激励下属达到组织目标以及下属在工作中得到的满足程度来衡量的。

路径 — 目标理论同时提出了两种权变因素作为领导者行为与业绩结果之间的中间变量。一种是下属控制范围之外的环境，包括任务结构、正式权力系统、工作群体等。另一种是下属个性特点中的一部分，如控制点、经验、能力、受教育程度。

路径——目标理论虽然受到中间变量过少的限制，但无论是理论本身还是由之推导出的观点，都得到了不同程度的验证，为领导者选择领导行为奠定了理论基础，这些管理的箴言也符合许多高效管理者的行为理念。

管理者在选择绩效辅导风格的时候，需要根据下属的全部因素和环境的全面因素两方面的管理情境，决定在指示型领导、支持型领导、参与型领导以及成就指向型领导等辅导风格中做出具体的选择，从而确保通过有效的绩效辅导来弥补下属的不足，更好地实现绩效目标。为了实现绩效目标，管理者需要及时、系统地找出并消除绩效障碍，同时，管理者角色也发生了改变，其基本角色不再是法官，在更多的情况下是伙伴、教练或者导师。

随着知识经济时代的到来，知识型的职业或由知识型员工担任的职位所占的比重不断增加。下属受教育程度的不断提高，学习能力的不断增强，物质生活水平的提高和需求层次的不断提升，导致下属更多地追求成就感，需要自我控制，因此在这些知识型的职位或由知识型员工担任的岗位上，管理者更应当采用一种合作、参与、授权的领导风格。

三、绩效辅导的实施

就具体工作而言，管理者并不见得比下属有更深入、更全面的了解，但是这并不妨碍其成为一名合格的辅导者。在绩效辅导的实施过程中，关键是建立一种绩效辅导机制，确保管理者能全面监控绩效计划执行的情况，及时发现下属存在的问题和困难，并提供必要的帮助。

优秀的管理者应该在以下三个方面发挥作用：第一，与下属建立一对一的密切联系，并向他们提供反馈，帮助下属制定能拓展其目标的任务，并在他们遇到困难时提供支持。第二，营造一种鼓励下属承担风险、勇于创新的氛围，使他们能够从过去的经验中学习。这包括让下属反思他们经历并从中获得经验，从别人身上学习，不断进行自我挑战，并寻找学习新知识的机会。第三，为下属搭建交流平台，使他们有机会与不同的人一起工作。把他们与能够帮助其发展的人联系在一起，为他们提供新的挑战性工作，以及接触某些人或情境的机遇，而这些人或情境是员工自己很难接触到的。

基于以上论述，我们对绩效辅导的具体流程就有了比较全面的认识，管理者要采取合适的监控方法，对下属绩效计划的执行情况进行监督，如果发现问题，就应该提供及时的绩效辅导，以协助下属解决存在的问题。管理者提供辅导与帮助有两种情况：一种情况是管理者只需要直接提供指导和协助就能解决问题；另一种情况是管理者不能提供直接的帮助，就需要为下属提供培训的机会，以帮助其达到绩效目标。绩效辅导的过程也是绩效收集的过程，绩效辅导工作结束的时候，对绩效信息汇总就获得了完整的绩效信息。在绩效监控的过程中，对顺利达成或超额完成绩效目标的下属，管理者则需要及时给予表扬与肯定，对其进行激励，并帮助其对内在潜力进行持续开发，为承担更艰巨的任务做好准备。另外，绩效辅导时机与辅助方式的选择对绩效辅导的效果有比较大的影响，管理者需要予以特别关注。

（一）绩效辅助的时机

为了对下属进行有效的指导，帮助下属发现问题、解决问题、更好地实现绩效目标，管理者必须掌握进行指导的时机。确保及时、有效地对下属进行指导。一般来说，在以下时间进行指导会获得较好的效果。①正在学习新技能。②正在从事某项任务，而你认为如果他们采取其他方法能够更加有效地完成任务时。③被安排参与一项大的或非同寻常的项目时。④面临新的职业发展机会时。⑤未能按照标准完成任务时。⑥弄不清工作的重要性时。⑦刚结束培训学习时。

对下属进行指导时，管理者需要获得关于下属绩效的信息。持续的监督有助于管理者获得反映下属所必需的信息。绩效辅助不是一种被动行为或一项临时性活动，而是通过使用一种（或几种）特定的方法收集所需数据，如关键事件记录法等，使管理者获得关于下属的足够信息，确保管理者的指导有的放矢。

（二）绩效辅助的方式

绩效辅助方式受管理者指导风格的影响非常大，而管理者的指导风格是一个从教学型指导者到学习型指导者的连续性过程。每个管理者都有一种天生的或者具有倾向性的指导风格，因此，管理者在进行绩效辅导实践的时候，需要将自己的指导风格与环境以及下属的情况进行匹配，具体问题具体分析，使自己对下属的指导更加有效。也就是说，虽然管理者的"自然"风格可能在这个连续区间内保持不变，但为了取得满意的指导效果，管理者必须采用权变观点，根据具体情况采用不同的风格来进行指导。

第四节 绩效信息的收集

信息的挑战是指要衡量绩效，企业主管要有一套诊断工具，包括基本信息、生产率信息、竞争优势信息以及与稀有资源有关的信息。在绩效监控阶段，管理者应该通过各种途径收集和记录绩效信息，为绩效监控提供信息支持，防止重大事故的发生，并为绩效评价做好信息准备。

一、绩效信息收集的意义

信息是合理决策的生命线，全面准确和客观公正的绩效信息是做出绩效管理相关决策的基础，绩效信息的质量在一定程度上决定了绩效管理的成败，在绩效监控过程中，管理者需要持续地收集和积累大量准确有效的绩效信息，为绩效管理的监控和评价工作提供翔实的信息基础，这也是绩效管理成功的基础和关键之一。作为一项长期的基础性工作，绩效信息收集的重要意义主要体现在以下三个方面。

（一）绩效信息是绩效监控决策的基础

通过对绩效计划执行过程中各种绩效信息的收集分析，可以发现绩效计划执行中存在的问题。这有利于管理者对绩效计划总体情况的通盘掌握，在下属需要帮助的时候提供及时有效的帮助和支持，更重要的是在重大绩效事故出现之前就做出正确的预判，从而避免重大绩效事故的发生。同时，也可以通过关键事件树立典型标杆，有利于员工在计划执行过程中的自我改进和调整。在员工需要绩效辅导时，能基于现有信息做出正确的辅导措施，以帮助员工达成绩效目标。

（二）绩效信息是绩效评价决策的依据

绩效评价的权威性、科学性和公平性是保障绩效管理系统有效性的重要方面。绩效评价需要建立在准确翔实的绩效信息基础上，同时避免评价的主观随意性或根据回忆来进行评价。因此，在绩效监控过程中，收集绩效信息，为绩效评价环节提供全面的信息基础，具有重要的意义和价值。

（三）绩效信息是绩效改进决策的依据和保障

通过对绩效信息的系统整理和全面分析，梳理和挖掘出绩效优秀的原因，并发现影响绩效提升的原因或导致绩效低下的各种问题，为组织绩效持续提升做信息资源保障。比如，可以对绩效优秀者和绩效一般者进行全面比较研究，特别是对绩效优异的关键事件和绩效低下的关键事件的对比分析，挖掘其深层次的原因，对成功经验及时推广，而对绩效低下者提供培训，对系统性问题则需要及时整改，以达到绩效持续改进的目的。

二、绩效信息收集的内容

任何信息的收集行为都需要占用组织的资源，而几乎所有组织的资源都是有限的，绩效信息收集的主要是与绩效目标达成密切相关的关键绩效信息，而不是对绩效信息的全面记录。绩效信息收集要求既重结果又重过程，要求对重要过程信息和结果信息进行全面完整的记录。收集绩效信息是一项非常重要的工作，但通常我们不可能将所有员工的绩效表现做出记录，因此我们必须有选择地收集。

（一）首先要确保所收集的信息与关键绩效指标密切相关

绩效信息一般分为关键事件、业绩信息和第三方信息三种类型。关键事件是指一些比较极端或比较有代表性的行为或具体事件。当这类事件发生时，要及时客观地做好记录，不应当加入任何主观的判断和修饰，记录的内容主要是全面描述事件，包括事件具体发生的时间、当时的情况、员工具体的行为以及最后的结果等，总之应尽可能客观具体地列出当时的重要的关键事件或结果信息。业绩信息是指完成绩效计划或工作任务时的各种业务记录，特别需要注意收集绩效突出和有绩效问题的相关信息。业绩信息收集的过程也是对绩效相关的数据、观察结果、沟通结果和决策情况等的记录过程，主要确定需要做什么、为谁做、什么时候做，从而帮助员工创造好的业绩。员工是绩效的主要责任者，让员工参与收集信息的同时也是使员工参与绩效管理过程的好方法。通过收集信息，员工不再将绩效管理看成监督和检查的工具，而是把绩效管理看成发现和解决问题的工具。第三方信息是指让客户等帮助收集的信息。内部记录的绩效信息不可能涉及绩效评价的方方面面，管理者也不可能了解员工的每个工作细节，比如，管理者不可能总是盯着电话是不是响了十几声之后才被接听，也不可能总是观察员工接听电话的内容和态度，所以有必要借助第三方来收集信息。

通常来说，收集绩效信息的内容主要包括：工作目标或任务完成情况的信息；来自客户的积极和消极的反馈信息；工作绩效突出的行为表现；绩效有问题的行为表现。

（二）记录什么

对绩效管理本身来说，你可能还要对下列情况做文档。

目标和标准达到／未达到的情况；

员工因工作或其他行为受到的表扬和批评情况；

证明工作绩效或其他行为受到表扬和批评情况；

证明工作绩效突出或低下所需要的具体证据；

对你和员工找到问题（或成绩）原因有帮助的其他数据；

你同员工就绩效问题进行谈话的记录，问题严重时还应该让员工签字；

关键事件数据。

三、绩效信息的来源

绩效信息收集应该实现制度化，对信息来源、信息汇总部门、信息使用和反馈部门等做出明确的规定。其中，信息汇总部门、信息使用和反馈部门都是静态的制度性规定，比如信息由人力资源部或绩效考核办公室汇总，向各部门及时进行绩效反馈，对绩效信息的使用和保密等按照组织的规定执行即可。但是对信息来源的规定则是动态发展的，管理者需要做出明确的规定，确保信息收集渠道的畅通和准确有效的绩效信息的获得。

目前，通常采用多渠道保障绩效信息的准确性和客观性。很多组织采用360度全方位收集绩效信息，要求高层管理者、部门管理者、一般员工、外部客户等参与绩效信息的收集。针对具体岗位，需要明确每种信息源在绩效评价中的权重，对于最重要的绩效信息应该保证其完整、全面和准确。下面对不同绩效信息来源进行简要说明。

（一）上级是绩效信息的主要来源

上级掌握的绩效信息比较全面，能够从宏观上和整体上看待下属的绩效表现，对绩效结果的判断也比较客观和全面。在任何类型的组织中，上级都是主要信息来源之一。但是，上级也不可能了解下属工作的所有信息，还有很多工作是上级没有办法经常观察的，比如营销人员、教师、医生等工作，上级就没有客户了解其绩效表现；另外，上级也是人，也有个人喜好和价值取向，在绩效信息收集过程中，完全可能存在偏见。因此，仅有上级信息来源还不够，必须保证绩效信息来源的多样性。

（二）同事、下级、本人也是绩效信息收集的重要来源

随着战略协同和团队工作在组织管理中的普及，同事作为绩效信息的来源在绩效信息系统中的重要性越来越受到重视，同级评价所占的权重也越来越大。在对管理人员的绩效进行评价时，下级成为重要的信息源。下级对管理人员进行评价的时候，必须采取完全匿名，并且保密性非常高的评价方法，否则很难收集到真实信息。在现代管理中，自我管理和自我评价也越来越受到重

视。虽然目前自我评价在绩效信息收集的实践中受到的重视程度仍然不高，但是评价者可以通过对比真实绩效水平和自我期望或自我评价的差距，做出积极主动的调整，对绩效目标的达成和绩效改革具有重要作用。

（三）外部客户是必要的信息来源

客户对一个组织的产品或服务的认可是该组织赖以生存的基础，也是其战略目标实现的决定性因素。外部客户信息对绩效改进有重要的意义，在绩效管理中需要更加重视对外部绩效信息的收集和使用。虽然从客户那里收集信息的成本非常高，但这是一个非常重要的过程。通常情况下，组织对客户信息的收集主要在与客户互动频繁的群体里进行，比如由采购人员、营销人员、售后服务人员、与客户直接接触的一线人员等负责从客户那里收集绩效信息。另外，对客户信息收集时机的把握也非常关键，比如很多服务性工作通常在员工提供服务结束时就需要立即收集，电信运营商和商业银行的满意度评价信息的收集通常都采用这种形式。

四、信息收集的方法

采用科学的收集方法获取准确、有效和全面的绩效信息，是做出科学的绩效管理决策的基础，对提升战略性绩效管理决策的决策质量有重要的意义。不同的绩效信息需要通过合适的绩效管理方法收集，管理者在设计信息收集渠道的时候需要选择最优的方法以保障信息收集工作的质量。目前主要的绩效信息收集方法有如下几种。

（一）工作记录法

对需要详细工作记录的工作进行监管的时候，就需要使用工作记录法收集相应的绩效信息。比如，对于财务、生产、销售、服务有关方面数量、质量、时限等指标，就需要使用工作记录法，规定相关人员填写原始记录单，并定期进行统计和汇总。工作记录法要求使用规范的信息收集表格，在允许的情况下，也可以使用电子表格或绩效信息系统进行收集，以便于信息的存储、统计、汇总和分析。

（二）观察法

观察法是管理者直接观察下属的工作表现。在各种渠道中，观察一般是最可靠的。观察是一种收集信息的特定方式，通常是由管理者亲眼所见、亲耳所闻，而不是从别人那里得知。管理者常常采用走动式管理，对工作现场进行不定时的考查，从而获取第一手绩效信息。

（三）抽查或检查法

这种办法常常与工作记录法配合使用，是为了核对相关绩效信息的真实性而采用的一种信息收集方式。管理者或专门的部门可以对绩效信息进行抽查或检查，确保原始信息的真实性。

（四）关键事件法

这种方法要求在绩效实施过程中，对特别突出或异常失误的关键事件进行记录，为管理者对突出业绩进行及时奖励的，对重大问题进行及时辅导或纠偏做准备，并为绩效评价和绩效改革进行基础信息收集。

（五）减分搜查法

按职位或岗位要求规定应遵守的项目，定出违反规定的减分，定期进行登记。

具体来讲，管理者在绩效信息收集过程中主要应该做好如下几个方面：①定期安排与下属的会面来评价他们的绩效。②对照事先建立的职位说明书或行动计划检查工作的进展，考查绩效是否达到了目标。③回顾在评价周期开始的时候形成的报告或者目标列表。④到各处巡视工作的进展情况，并与下属进行非正式的讨论。⑤从下属的同事那里获得关于下属绩效相关信息的反馈（正式或非正式的）。⑥检查工作的产出和结果，以检查其质量或者准确性。⑦要求下属做工作进展报告。⑧提出要求后，检查任务完成情况，或者看是否有需要帮助下属解决的问题。⑨分析工作结果、讨论改进方案、评价工作任务或绩效目标完成的情况。⑩关注顾客的投诉和满意度（内部或外部），以便评价、检查员工的绩效。

第四章 绩效考核指标

第一节 绩效考核指标的形成

随着我国经济进入新常态，产能过剩、人工和原材料成本上升，产品价格持续降低等矛盾日渐突出，企业之间的竞争异常激烈，加之一些新兴的发展中国家急剧崛起和发达国家为促进本国经济发展而实行的一系列鼓励政策，很多企业开始迁离我国，我国企业面临着"内忧外患"的困境。

因此，企业必须转型升级，变制造型企业为创新型企业，充分挖掘内部潜力，走内涵式发展道路。

企业发展的理论和实践表明，提高企业员工的积极性和满意度，已成为内涵式发展的关键举措。在构建绩效考核指标体系的基础上，实现企业员工绩效科学考核，提高企业人力资本管理水平，优化管理环境。以此激发员工工作积极性，提高员工满意度，最终落脚于企业战略目标和员工行为一致性。

绩效是人们在管理活动中最常用的概念之一，对这个概念可以从工作行为和工作结果两个角度进行理解。事实上，它们都有其合理之处，行为是产生绩效的直接原因，而组织成员对组织的贡献，则是通过其工作的结果来体现的。

绩效管理源于绩效评估，即通常所说的绩效考核。所谓绩效管理，是在特定的组织环境中，与特定的组织战略、目标相联系地对员工的绩效进行管理，以期实现组织目标的过程。

绩效考核是实现绩效管理的有效工具。它提供了一种将公司战略和目标相统一，并且能够连续贯彻执行的有效方法，通过绩效考核提高员工的个体绩效来促进组织绩效，从而确保企业总体战略和目标的实现。

绩效考核有多种用途，这些用途对企业和被评估的员工双方都有益。一般而言，这些用处可以体现在两方面——管理方面和发展方面。包括衡量个人优缺点、工作效果好坏、记录个人决策、确定个人工作、薪酬管理、决定晋升、调任或临时解雇、帮助工作目标实现、评价目标完成情况、确定法律要求、确定培训员工的需求并满足之、人力资源短期与长期规划、确定企业长期发展需要等。

第二节 绩效考核指标的设计

在现代经济社会中，企业的竞争最终是人力资源的竞争。人力资源如何优化利用与开发，真正调动员工的工作积极性与主动性，是现代企业人力资源管理的核心任务。只有对员工绩效做出公正的鉴定和评估，赏罚分明，才能充分调动人的积极性，为实现组织目标服务。因此，绩效考核成为企业管理的一项重要工作，绩效考核的制度化在企业中越来越受到重视。然而，由于绩效考核多因、多维、动态等特点及考核者的情感等因素，考核难以取得令人满意的效果。在上述诸多因素中，指标评价体系设定和权重选择的不科学是一个重要的原因。结合企业实际，研究绩效考核指标，合理设定指标的权重、建立科学的考核指标体系成为一个重要的课题。

一、绩效考核指标体系的设计基础

绩效考核是企业从经营目标出发，根据事实和职务工作要求，采用科学系统的原理和方法，检查和评定企业员工在一个既定的时期内，对职位所规定的职责的履行程度和对组织的实际贡献。

绩效考核的结果直接影响到薪酬调整、奖金发放及职务升迁等涉及员工个人诸多方面的切身利益，并以此作为企业人力资源管理活动的基本依据，切实保证员工的报酬、晋升、调动、职业技能开发、激励、辞退等工作的科学性。其最终目的是改善员工的工作表现，在实现企业经营目标的同时，提高员工的满意度和成就感，最终达到企业和个人发展的"双赢"。

有效的绩效考核必须改变过去员工盲目于考核内容，而被动接受管理考核结果的弱势地位，员工应被告知组织的绩效期望，并被鼓励朝期望目标努力，组织通过绩效考核获取实际绩效信息并进行衡量和评价。从激励员工和企业管理两个角度看，绩效考核指标体系的设计需要从指标的执行性方面、指标体系的科学性方面着手。进而言之，在绩效考核指标和指标体系设计中，各指标的权重是考评的灵魂，对考评过程和结果具有明确的导向作用。

（一）绩效考核指标设计的基本要求

评价活动是用有限的评价因子或评价项目，去刻画具有无限多样性的事物。在绩效考核过程中，对被考核对象的各个方面或各个要素要采用可以测定和评估的评价因子或评价项目，这种评价因子或评价项目就是绩效考核指标。绩效考核指标是对考评对象绩效的一种表征形式。单个的绩效指标反映的是考评对象某一方面的绩效状态，评价对象的绩效优劣，可以用评价指标的等级来体现。有了绩效考核指标，评价工作才更具有可操作性和条理性。促进员工持续改进是考评的核心与根本，因此，在设计单个考评指标时，应该使每个指标都是具体明确的，可执行的。

（二）绩效考核指标体系设计的基本要求

绩效考核的指标与指标体系之间，既有区别又有联系：多个不同层面和方面的绩效考核指标有机地组织在一起，就构成绩效评价的指标体系。在企业的绩效考核制度建设中，单个绩效评价指标设计的要求与整个指标体系设计的原则和要求时常被混为一谈。为此,有必要在论述单个绩效考核指标的基本要求基础上,进一步分析绩效考核指标体系的基本要求。

二、绩效考核指标体系设计及其理论基础

(一)绩效考核指标体系

绩效考核指标体系框架包括三部分内容:绩效考核指标、指标权重、指标评价标准。绩效考核指标是考核的关键要素,即对岗位实施考核的内容。指标权重是每项指标的相对重要性,每项指标对应一个权重。指标权重符合以下要求,即每项权重取值小于1,且所有指标的权重之和等于1。每个绩效指标对应一项评价标准,评价标准分为若干等级,对应不同的绩效完成情况。绩效完成越好,其评价等级越高。

(二)绩效考核指标体系设计的理论方法

目前,绩效考核指标设计的理论,主要有关键绩效指标、目标管理法和平衡计分卡。

关键绩效指标是对公司及组织运作过程中关键成功要素的提炼和归纳,具有以下特征:把公司战略与其价值定位、具体目标及具体目标的衡量指标连接起来,将员工的工作与部门目标、公司目标,层层分解,层层支持,使每一位员工的个人绩效与部门绩效,与公司的整体效益直接挂钩;保证员工的绩效与内外部客户的价值相连接,共同为实现客户的价值服务;员工绩效考核指标的设计是基于公司的发展战略与流程,并非岗位的功能。

目标管理法就是和员工共同制订一套便于衡量的工作目标,并以此作为绩效考核的指标并制定相应标准。包括以下几个方面:必须和每一位员工共同制订一套便于衡量的工作目标;定期与员工讨论目标完成情况;对目标进行考评。目标是期望的成果,是个人、部门或企业的努力方向,是组织或个人的发展及愿景。一个具有实际意义的目标,可以指引员工的实际工作,并在工作中发挥自身主动性。

平衡计分卡从顾客、内部流程、学习与发展和财务四个角度关注企业业绩。它改变了传统的单一基于财务指标的绩效评价体系,将企业的绩效考评扩为四个维度。平衡计分卡把企业战略放在中心地位,它根据企业的总体战略目标,按照四个维度将企业战略分解为共同的目标,并为之设立具体的绩效评价指标。

根据绩效考核指标设计所依据的理论,相应地,设计科学完善的绩效考核指标有三种方法:根据平衡计分卡,分析与被考评人员相关联的考核指标;结合本单位情况,根据关键绩效指标的方法,选取对员工业绩影响较大的几项关键性指标;根据企业战略目标进行分解进而得出部门及岗位目标,根据岗位目标的要求,设计选择针对关键性指标的考核要求并制定评价标准,同时,确定各指标的权重,进而形成完整的指标考核体系。

三、绩效考核指标体系设计

根据上述分析,绩效考核指标是在确定更关键指标的基础上,结合岗位目标进行设定的。由于关键指标要在平衡计分卡的基础上提炼出来,考核指标也围绕着四个维度设立,再综合岗位目

标要求，具体设定各个考核指标和相应的考核标准与权重，进而形成系统全面绩效考核指标体系。

（一）考核指标的确定

1. 财务指标

指从财务的角度出发，确定岗位对于企业营业收入、成本支出等方面的目标，以此来实现企业的整体目标。包括销售额、利润额、应收账款周转率、坏账率、预算控制、销售增长率、成本控制率等。

2. 顾客导向指标

从企业顾客（包括内部顾客和外部顾客）的角度出发，确定企业内每个部门或岗位在对顾客服务方面的目标，以此来为企业维持老顾客、赢得更多新顾客，并保持企业内部工作的顺利开展。包括市场占有率、顾客盈利能力、客户流失率、新客户开拓、顾客满意度、服务时效性、客户关系和客户知识等。

3. 内部流程指标

从企业内部流程的角度出发，按照企业的作业方式和步骤，具体设定每个部门和岗位的工作目标。包括内部协作、工作效率、流程控制、质量控制等。

4. 学习与发展指标

从企业和员工发展的角度出发，强调投资对未来的重要性，并以此为基准，确定每个部门和岗位的工作目标，比如员工的生产率、员工满意度、员工人均收入、员工流失率、员工能力培养、员工提案、员工培训等。

结合岗位的目标管理，根据公司战略及部门规划、本公司业务发展策略，以及队伍状况选择关键性指标，并设定相应的考核目标。

（二）指标权重的设定

指标权重是一个相对的概念，是某一指标在整体评价指标中的相对重要程度。在评价过程中，指标权重表示被评价对象不同方面的重要程度的定量分配，对各评价因子在总体评价中的作用进行区别对待。

事实上，没有重点的评价就不算是客观的评价，每个人的工作性质和所处的层次不同，其工作的重点也不同。因此，相对岗位所进行的岗位评价，必须针对不同内容对目标贡献的重要程度做出估计，即权重的确定。

1. 权重设定的原则

（1）系统优化原则

在评价指标体系中，每个指标对系统都有它的作用和贡献，对系统而言，都有它的重要性。所以，在确定它们的权重时，要处理好各评价指标之间的关系，合理分配它们的权重。应当遵循系统优化原则，把整体最优化作为出发点和追求的目标。

（2）评价者的主观意图与客观现实相结合原则

评价指标权重反映了评价者和组织对人员工作的引导意图和价值观念，带有一定的主观性，必须同时考虑现实情况，把引导意图与现实情况结合起来。

（3）民主与集中相结合的决策原则

权重是人们对评价指标重要性的认识，是定性判断的量化，往往受个人主观因素的影响。不同的人对同一件事情都有各自的看法，而且经常是不相同的，其中有合理的成分，也有受个人价值观、能力和态度影响造成的偏见。这就需要实行群体决策原则，集中相关人员意见互相补充，形成统一方案。

2.权重设定的方法

先确定一级指标的相对权重，再确定一级指标所包含的二级指标的相对权重。相对权重可采用两两比较法。设定权重的过程为：将所有目标用英文字母表示并分别列示于横轴与纵轴，然后配对比较，将较重要的英文字母填入空格中，最后统计每一字母的得分，进而得到每一字母即每一个目标项目的权重，并确定目标的排序。

为了避免其中一个目标，即重要性最差的目标，经配对比较法后确定的权重为0。在拟定的各目标之外，人为添加一个目标，并规定任何一个目标与之比较都优于它。这样，就可以保证之前所设定的任何目标在采用配对比较法确定权重时，都有一席之地，即保证所有目标的权重大于0。我们应该根据岗位特点确定其一级指标和二级指标的权重。

（三）评价标准体系的设计

评价标准的设立方法主要是结合已经设立的关键考核指标，与员工共同制定达到正常绩效的标准，根据正常绩效标准确定低于绩效的标准和高于绩效的标准。考核指标和评价标准具有统一性，对于可量化的评价指标，相应的各级评价标准也必须量化。

绩效考评的项目最好能用数据表示，但是，对于属于现象或态度的某些考核内容，就无法用量化的指标进行客观的衡量和比较。因此，在某些情况下，考核标准应当根据情况适当改变。由定量的考核调整为定性的考核。随着组织的规模和成长阶段的不同，以及外部环境的变化，考评标准也要进行适当的调整。如果因新方法的引用，或因新设备的添置，或因其他工作要素发生的变化，考评标准也应随之而有所变化。无论是绩效指标、权重还是评价标准，都不是一成不变的，要根据公司战略的变化定期进行动态维护。这样，才能保证整个考核体系的有效性和科学性。

第三节 平衡计分卡及其应用

一、平衡计分卡理论综述

根据对绩效管理的一般定义，绩效管理是企业管理者通过一定的方法和制度，确保企业及其子系统部门、流程、工作团队和员工个人的绩效成果能够与企业的战略目标保持一致，并促进企业战略目标实现的过程。绩效管理是把对组织的管理和对员工的管理结合在一起的一种体系，通过把每一个员工或管理者的工作与集体的整体使命联系在一起，强化了一个公司或组织的整体经营目标。

绩效管理是管理者与员工之间在目标与如何实现目标上所达成共识的过程，以及增强员工成功地达到目标的管理方法，促进员工取得优异绩效的管理过程，从而实现员工和企业同步发展。绩效考核是绩效管理的一个不可或缺的组成部分，通过绩效考核，可以为企业的绩效管理的改善提供资料，帮助企业不断提高绩效管理的水平和有效性，使绩效管理真正帮助管理者改善管理水平，帮助员工提高绩效能力，帮助企业获得理想的绩效水平。

（一）平衡计分卡起源

平衡计分卡（BSC）是一种从财务、客户、学习与成长及内部运营四个角度，将企业的最高战略逐层分解为可落实的具体目标和可考核的指标的绩效管理与评价方法。其核心思想是以财务为核心，结合客户、内部运营、学习与成长三个维度进行绩效评价，促使企业战略落地。

（二）平衡计分卡的特点

平衡计分卡方法从财务、客户、学习与成长及内部运营四个角度，对企业进行绩效管理，打破了传统把财务作为唯一指标的考核方法，做到了多个方面的平衡。

1.外部考核和内部考核的平衡

传统的绩效考核，仅局限于企业内部的员工。而在平衡计分卡中，将绩效考核的范畴延伸到外部的客户和股东，极大地平衡了企业内部和外部的利益。

2.成果和成果执行动因的平衡

平衡计分卡以利润、收入等可考核的指标为目标，以学习与成长为成果执行的动因，寻求成果与成果执行动因之间的平衡。

3.短期目标和长期目标的平衡

战略是输入，财务是输出，平衡计分卡不仅关注短期的输入与输出，更关注长期的输入与输出，寻求短期与长期之间的输入与输出的平衡。

4.财务指标和非财务指标的平衡

财务指标可以反映企业的运营状况，是考核的关键指标。但是，对于非财务影响因素产生的增值，企业很少考核。即使有，也只是定性的说明，缺乏量化的考核，缺乏科学性、系统性和全面性。因此，需要平衡财务和非财务指标。

（三）平衡计分卡的基本结构

平衡计分卡基本结构由四个要素构成。维度：表明了组织战略的主要方向，包含四个：财务、客户、内部运营和学习与成长。战略目标：平衡计分卡的战略目标是指，从企业最高战略出发，将企业最高战略进行分解，按照既定原则，经过一系列分解，最终细化到关键战略目标。指标与指标值：指标是从企业关键战略目标基础上分解出来的，是绩效考核最小的载体。指标值是对指标的具体量化。行动计划：行动计划是指平衡计分卡中指标完成的具体执行方案。

（四）平衡计分卡四个维度及其关系

平衡计分卡包含四个维度：财务、客户、内部运营、学习与成长。

1. 财务维度

财务反映的是企业的经营状况，盈利水平直接反映企业的战略是否正确，或者战略的实施与执行是否到位。但是，有些长期战略很难在短期内出现盈利，因此，这就导致了财务指标的局限性。财务指标考核的主要内容是增加收入、降低成本、提高生产效率等。

2. 客户维度

客户决定了企业的生存与发展，对产品与服务的意见决定了企业经营的成败。客户最关心的五个方面：时间、质量、性能、服务和成本。企业必须重点从这五个方面思考目标客户的价值取向，树立清晰的目标。然后，将这些目标转化为产品和服务等客户方面的指标。

3. 内部运营维度

内部运营是指企业内部业务运营状况，是企业形成核心竞争力的核心过程，是绩效考核的关键模块。设计内部运营维度指标，通常从日常运营流程、创新改进流程、管理支持流程三个方向分析设计。

4. 学习与成长维度

学习与成长是企业成功实施完成财务指标、客户指标、内部运营指标的前提，是企业生存与发展的基础条件。面对当今的全球化竞争，企业仅仅依靠先进的技术，已无法确保其能够在未来的竞争中获得胜利，只有通过不断地学习，不断地成长，不断地创新，提供更好的服务，才能满足客户不断变化的需求，才能创造更大的价值，才能在未来的竞争中取胜。从长期来看，学习与成长是企业生存与发展的根本。

平衡计分卡四个维度之间不是相互孤立的，而是相互支持、相互依赖的，财务是企业的最终战略目标，为实现财务账面目标，企业必须以客户需求为取向。为实现客户目标，企业必须持续改进内部运营流程。内部运营流程改进的实现必须依靠企业管理者和员工的持续学习与成长。因此，平衡计分卡四个维度之间的关系是相互联系、相互支持、不可分割的统一整体。

二、平衡计分卡产生的背景

人类的发展已经进入了信息时代。在信息时代，顾客需求多样化，讨价还价能力越来越强。市场对产品质量、性能要求更高，产品的寿命周期越来越短，产品更新换代，加速生产由大批量生产转向多品种小批量的生产模式，企业同时还面临着降低成本的巨大压力。此外，全球经济一体化，使得企业将面临国际对手的竞争压力，战略联盟的不断出现，也使得竞争层次更加升级。

不能衡量就不能管理。在新的环境下，对于企业如何制定有效的绩效评价体系，如何通过效绩评价体系，把组织和人员的行为和企业战略目标联系起来，并得到有效的实施，提出了新的挑战。

三、平衡计分卡的优越性

平衡计分卡是一个战略执行的有效工具，我们从绩效管理的角度，对平衡计分卡进行解读，分析了以平衡计分卡作为核心来完成战略管理的四个重要过程。

（一）确定公司的使命愿景、战略并予以实施

以平衡计分卡为导向，确定公司的使命愿景，也就是从平衡计分卡的四个方面来考虑公司的使命愿景。比如从客户的角度考虑，公司的管理层需要决定为哪些客户群体服务，以及在哪个细分的市场领域进行竞争，等等。从财务的角度考虑，公司在未来要获得什么样的收益。从内部流程的角度出发，在决定了公司的竞争领域以及收益目标之后，就要选择内部业务流程和相应的衡量方法，从学习和成长方面考虑，对公司的使命愿景要进行反复的思考和讨论，进行相应的修正以达成共识。战略制定方面，也需要从这四个方面进行考虑，使公司的战略趋向于合理，使公司健康成长。

（二）对公司的使命愿景及战略进行宣传和必要的衔接

公司的战略确定后，要对战略进行宣传和解释，使公司的各级组织及全体员工明确公司战略。这样，有利于每一级组织和每一位员工的行动与公司的战略保持一致，发挥战略协同作用。同时，在每一个人明确了自己应该采取的行动后，便于平衡计分卡的分解制定。平衡计分卡是一个层级的概念，首先，需要制定的是公司的平衡计分卡。其次，在这个基础上，进一步分解制定部门的平衡计分卡和个人的平衡计分卡。在制定了相应的平衡计分卡后，就可以较容易地对部门和员工的业绩进行考核，而后把考核的结果和奖惩联系起来，做到奖罚分明。

（三）制订实施计划，确定目标

在公司的战略确定后，要找出战略实施的关键成功因素，然后再找出关键的绩效指标。据此，可以进一步制订公司的年度计划。公司的年度目标是按照平衡计分卡的思想，从公司的战略分解下来的，这就保证了公司的年度计划和战略规划的一致性，且保证了战略规划的可操作性。年度计划制订后，就可根据年度计划来制订下一年的预算，分配企业的资源，保证公司战略的实现。

（四）战略的评估与控制

每一年，公司要根据经营的结果，从平衡计分卡的四个方面，评估公司战略的效果，对战略执行进行反馈。根据战略实施中存在的问题，重新进行战略分析，共同制订新的假设，也就是制定新的战略制订的前提条件，开始新一轮的战略管理工作。从以上四个方面的分析不难看出，平衡计分卡涵盖了战略管理的整个过程，是一种全新的战略性的绩效管理工具。

实践表明，平衡计分卡是一种能基于战略、体现知识经济时代特征、更好地促进企业长远发展的业绩评价方法，具有很大的优越性。

首先，有利于加强企业的战略管理能力。在知识经济时代，企业的经营环境更加动荡多变，加强企业战略管理，变得越来越重要。确定了正确的发展战略之后，在实际工作中能否顺利地达到战略目标，关键在于对战略实施的有效管理。平衡计分卡把业绩评价工作纳入战略管理的全过

程，通过建立与整体战略密切相关的业绩评价体系，把企业的战略目标转化成可操作的具体执行目标，使企业的长远目标与近期目标紧密结合，并努力使企业的战略目标渗透到整个企业的架构中，成为人们关注的焦点与核心，实现企业行为与战略目标的一致与协调。

其次，能促进经营者追求企业的长期利益和长远发展。知识经济时代，决定企业竞争胜负的关键因素大多是非财务指标。平衡计分卡注重非财务指标的运用，如根据客观需要选择顾客满意度、员工满意度、市场占有率、产品质量、营销网络、团队精神等，作为业绩评价指标。同时还将财务指标与非财务指标有机结合，综合评价企业长期发展能力。这有利于把企业现实的业绩与长远发展和长期获利能力联系在一起，增强企业的整体竞争能力和发展后劲，有效避免为了追求短期业绩而出现的短期行为。

再次，有利于增强企业的应变能力。知识经济时代，管理方法要适应不断变化的内外环境，提高企业的适应能力。平衡计分卡就是一种动态的业绩评价方法，它不仅评价过去，而且更强调未来，是一种具有前瞻性的动态评价方法，因此，更符合新时代要求。

最后，有利于提高企业的创新能力。知识经济时代，经济发展的核心特征是不断创新，创新能力是企业核心竞争力的主要内容。平衡计分卡将学习成长纳入业绩评价体系，鼓励经营者在追求短期利益的同时，充分考虑企业的长远发展。为了促使企业获得长期成功，经营者必须不断提高企业的产品创新、服务创新、市场创新及管理创新能力，以更好地满足现实的与潜在的消费需求。创新的过程是创造企业未来价值，提高未来财务绩效的过程。平衡计分卡对传统业绩评价体系的创新，有助于增强企业的核心竞争力，提高企业的价值。

四、平衡计分卡实施策略及关键点

认识一个管理工具或管理方法，最重要的是要了解它的思想。平衡计分卡反映了这样两种思想：第一，只有量化的指标才是可以考核的，必须将要考核的指标进行量化；第二，要从财务、客户、内部业务流程和学习与成长四个方面来考核和实现组织的远景战略。

（一）平衡计分卡是战略性的绩效管理工具

国外的一些成功实施平衡计分卡的公司，都是先从公司的使命愿景出发，通过分析，确定企业应该采取的战略，然后利用平衡计分卡，找出战略实施的关键成功因素，从四个方面来确定关键的绩效指标，然后再将这些指标逐步分解到每一个部门，每一位员工。平衡计分卡不是对公司原有考核指标体系的简单继承，它的考核指标都是从企业战略分解下来的，是战略转化为行动的结果，对未来而不是对过去进行管理。

（二）公司的高层管理者担负实施平衡计分卡首要职责

一种新的管理工具和管理方法的使用，在公司内部肯定会遇到很大的阻力。所以，新的管理方法的推行应该是"一把手工程"。将平衡计分卡交给人力资源部门来做，肯定会从部门的职能出发，单纯为了考核而考核。并且在实施的过程中，别的部门会抱怨又给他们增加了新的工作，员工会抱怨人力资源部门可能又要想办法整他们了，很容易产生抵触的情绪。这些抱怨和阻碍同时也暴露了一个问题，只靠行政力量来推行平衡计分卡，是行不通的。因此，公司的高层管理者担负实施平衡计分卡首要职责，通过在全公司良好的沟通和系统的培训，从而达到自上到下重视的目的，以促进考核方案的实施。

绩效管理过程通常从计划与设定目标开始。公司战略是公司未来的目标及为达到目标应采取的几项行动，而绩效管理中的目标，则是将公司战略分解到部门、员工，分解为他们各自的几项关键任务。计划与设定目标的成果就是，与员工一起商定与战略相关的、极少数几条关键的绩效指标。计划与设定目标是绩效管理最为重要的环节。平衡计分卡为我们设计绩效考核提供了一个化战略为行动的工具。综观当今的绩效考核理论，常用的有关键绩效考核、360度考核、目标管理法，每种考核理论各有千秋，每个企业均可根据自己的实际情况，去选择适合自身的绩效考核工具及方法。

第四节 KPI 及其应用

在企业发展的初级阶段，管理不发达，企业基本上是靠经验管理的，大锅饭、平均主义盛行，几乎没有正式的考核，有的只是对特殊贡献者进行特殊的奖励，对犯下重大过失者予以惩罚，以非常有限的赏罚为调剂或者缺乏理性管理的基础，人情化管理色彩较为浓郁，考核多凭主观感觉，缺乏标准，考核结果和收入分配大多都是老板说了算。但随着社会的进步和经验的总结，各级管理者逐步认识到，这种粗线条的、主观的、无指标的管理模式已经大大地制约和阻碍了企业的发展，没有一个有效的绩效管理体系，已经无法保证正常经营活动的顺利进行，更无法保证战略目标的最终实现。在此情境之下，绩效考核、绩效指标也就应运而生了。

随着绩效考核的科学化和精细化，在考核的时候，使得管理者的工作量增加了成千上万倍，但人的时间、精力是有限的，不可能面面俱到，而且往往会顾此失彼。而KPI，正是抓住那些关键的因素、过程、结果等关键绩效指标，即通过被评价者主要绩效的定量化或行为化的标准体系进行考核，从而使真正对企业有贡献的行为受到鼓励，使绩效考核公平、公正，有据可依，真正实现企业业绩的提高。

KPI考核指标选取的都是最为关键的指标，相较于之前的全面绩效考核来说，采用的指标少，利于员工的理解与把握，从而能够很好地发挥目标导向功能，也有利于最大限度地减少绩效管理的成本，增强企业的核心竞争力。考核指标基于公司和部门实际不断变化，从而具有良好的动态性。因此，有效地克服传统绩效考核的缺陷，将关键绩效考核纳入企业整体战略管理过程，并反映于企业整体战略管理的全过程之中，更加重视创新考核指标，从而更好地适应现代企业管理的要求。

一、我国 KPI 的引入和发展

21世纪是经济全球化、信息化和高科技化的世纪，企业的经营环境发生了前所未有的变化，企业的经营管理理念和方法，正在进行着一场深刻的革命，绩效考核的理论与方法，也在经历着一次重大的变革。在全球竞争加剧的情况下，企业要得到发展，必须保持和发展企业的核心竞争能力等，要做到最好地满足现在和未来的客户需求，以获取更好的竞争位置。随着改革开放的深入和市场经济的发展，大量外资企业在国内的发展，使得我国的经济与世界经济逐渐接轨，国内的大部分企业纷纷学习借鉴国外先进的企业管理模式，引入和使用 KPI 成为企业发展的巨大动力。

在我国，一个运用 KPI 进行组织业绩评价的典型案例，是中华人民共和国财政部颁布的我国企业业绩评价指标体系。这套评价指标体系吸收借鉴了国外业绩评价理论与方法的新成果，采用多层次评价指标，增加了非财务评价指标。具体来说，该体系分别从企业资本效益状况、资产经营状况、偿债能力状况和发展能力状况四个方面入手，包括基本指标、修正指标和专家评议指标三个层面，初步体现了财务指标与非财务指标相结合，对企业的经营业绩进行了全面、综合的评价。

回顾中国国有企业的改革实践，我国国有企业的绩效管理发展历程大致可分为四个阶段。第一阶段，是"平均主义思想下的赏罚调剂"阶段。只有为企业做出特殊贡献，才有特别奖励，谁犯了重大过失给谁惩罚，是以有限的赏罚作为调剂。第二阶段，是"主观评价"阶段。打破平均主义思想，依据员工的能力与贡献确定报酬，但是，企业缺乏理性管理基础，考核凭主观感觉，缺乏标准，考核结果和收入分配都是领导说了算。第三阶段，是"德能勤绩评价"阶段。考核不仅包括工作的结果，还包括工作中的能力、态度、出勤率，但考核指标庞杂、没有明确的标准、考核重点不突出、不能真正反映员工的业绩。第四阶段，是"量化考核与目标考核"阶段。即运用 KPI 进行员工业绩考核。目前，我国大多数国有企业采用的考核绩效的方法属于第四阶段。

量化考核与目标考核相结合的绩效管理方法，主要是用事先承诺的标准来考核企业员工实际完成的绩效，以达到改善企业绩效的目的。尽管这种考核方法能将考核要素具体化、客观化、量化，但是，我国企业在实践过程中，注重量化与目标考核，往往是整个企业只关注短期行为，而忽略了一些关键、实质性的问题。比如说，企业是否正在执行战略计划、员工是否清楚企业未来的战略发展方向、企业部门与部门之间的关系是否协调、是否存在个体绩效、部门绩效与企业整体绩效之间相互脱节的问题等。这些问题的存在往往会导致企业的可持续发展能力受到限制，企业的战略无法实施，或者实施的结果没有预想的成功。

近年来，随着国外先进管理理论和管理工具在中国的传播，以及跨国公司在华机构的商业实践，一部分民营企业和创新意识比较强的国有企业，开始系统化地运用现代绩效管理和 KPI 的管理体制，KPI 考核引来了一个属于自己的时代。

二、KPI 设计与应用理论综述

关键绩效指标，即 KPI 是一种重要的绩效考核工具，它突出了对企业战略目标的实现起到直接控制作用的关键性领域、岗位职责、过程、因素、方法等的考核，抓住了重点、关键。它结合了目标管理和量化考核的思想，通过对目标层层分解的方法，使得各级目标包括团队目标和个人目标不会偏离组织战略目标，可以很好地衡量团队绩效，以及团队中个体的贡献，起到很好的价值评价和行为导向的作用。

（一）KPI 的定义与缘起

关键绩效指标是，通过对组织内部某一流程的输入端、输出端的关键参数进行设置、取样、计算、分析，衡量流程绩效的一种目标式量化管理指标，是把企业的战略目标分解为可运作的远景目标的工具，是企业绩效管理系统的基础。关键业绩指标（KPI）是目前人力资源管理领域中比较流行的一个词语，也是近几年来才兴起的一种确定考核项目的方法，是旨在制定员工的考核项目时，不是把他们所有的工作内容事无巨细地全部都列为考核内容，而是选取一些关键的、与组织目标的实现关系比较紧密的工作内容作为考核项目，从而使员工的工作更有重点和方法，也更能发挥绩效考核对组织目标实现的促进作用。关键绩效指标不仅特指绩效考评指标体系中那些居于核心或中心地位的考评指标，而且也代表了绩效管理的实践活动中所派生出来的一种新的管理模式和管理方法。

（二）KPI 的特征

根据专家的观点，对 KPI 的特征总结为以下四个主要方面。

第一，KPI 指标内容的关键性。KPI 的指标重点关注企业发展过程中关键的过程、行为、因素、结果，直接反映了企业的战略目标，把企业既定的奋斗目标作为绩效考核和管理的起点。通过绩效考核指标体系，使企业的战略目标转化为阶段性的、具体的、可操作的，并为大多数人所理解的目标，使绩效考核指标体系融入战略管理的全过程，真正体现为企业战略管理服务的思想。

第二，KPI 指标数量的可操作性。在一个企业中，对于一个具体的岗位或一个具体的员工来说，他的任务指标一般有五至七个，所以，员工的精力能够有效地集中到关键的、重点的工作上，有利于提高工作效率，有利于目标的实现。

第三，KPI 指标内容的动态性。KPI 考核指标的设立是根据部门实际情况、管理水平而不断变化的。当某一项工作经过努力达到很好效果并没有上升空间时，它将不再作为 KPI 考核的重点或是不再对它进行考核，要将考核重点转入到其他相对薄弱、有上升空间的指标。同时，企业应根据经营环境的变化适时地对各个部门的准备内容做出相应的调整。

第四，KPI 对企业经营管理过程监控的有效性。KPI 指标不仅有财务指标，而且有过程性目标。而这些过程性目标，例如，与客户的满意程度相联系的指标内容，能够及时、客观地监控、反映企业发展过程中出现的问题，及时地给企业提出"预警"信号，促使企业对其相应的工作做出适当的调整，使企业的各项工作得以顺利实施，有利于战略目标的实现。另外，KPI 绩效考核还具有以下优势：目标明确、有利于公司战略目标的实现，提出了客户价值理念有利于组织利益与个人利益达成一致。

（三）KPI 的作用与意义

1. 在绩效管理中的作用

第一，以组织的发展规划目标计划来确定部门、个人的绩效指标。第二，关注主要绩效目标的运作过程。第三，及时发现需要改进的领域，并反馈给相应部门、个人。第四，KPI 的输出是绩效评价的标杆。

2. 建立战略导向的 KPI 体系的意义

第一，使 KPI 体系不仅成为激励约束企业员工行为的一种新型的机制，同时，还要发挥 KPI 体系战略导向的牵引作用。第二，通过企业战略目标的层层分解，将员工的个人行为与部门的目标相结合，使 KPI 体系有效地诠释与传播企业的总体发展战略，成为实施企业战略规划的重要工具。第三，转变传统的以控制为中心的管理理念。第四，强调对员工的激励，最大限度地激发员工的斗志，调动全员的积极性、主动性和创造性。

总的来说，善用 KPI 考核的企业，将有助于企业自身组织结构集成化，提高企业的效率，精简不必要的机构、不必要的流程和不必要的系统，使高层领导清晰地了解对创造价值最关键的经营操作情况，能有效反映关键业绩驱动因素的变化程度，使管理者及时诊断经营中的问题，并采取措施区分定性、定量两大指标，有力推动公司战略的执行对关键、重点经营行为的反应，使管理者集中精力于对业绩有最大驱动力的经营方面。由于高层领导决定并被考核者认同，为业绩管理和上下级的交流沟通提供了一个客观基础。

三、KPI 指标体系的设计与应用策略

（一）指标体系的设计原则

从绩效考核模式本身的特性来看，KPI 考核能够将企业战略发展内化为企业及员工的具体行动，适应企业重视管理的策略需要，绩效评价体系应当包括哪些关键的指标，这一问题非常重要。换句话说就是，挑选关键绩效指标是非常重要的一件事情。如果挑选了过多的指标，往往会造成评价结果混乱，因为无法突出重点。如果挑选的指标过少，往往会遗漏某些关键指标，使整个绩效评价失去意义。目前，很多人力资源管理专家都比较认同根据"二八原则"和"SMART"原则，来确定 KPI 的指标体系。

1. "二八原则"

在实际操作过程中，又运用了最短的木板决定盛水量的"木桶原理"，针对最薄弱的工作环节来设立考核指标。这种集中测量"少而精"的关键行为的方法精简了不必要的绩效管理机构和管理流程，缓解了绩效管理的复杂性与绩效管理资源的稀缺性之间的矛盾，以有限的管理资源来实现最大化的绩效管理效益。这样就抓住了属于关键或瓶颈的较少部分绩效因素，抓住了重点，就足以统揽全局，所谓"牵牛鼻子"。明确了关键绩效因素，在此基础之上结合组织目标和岗位应负责任就可分析归纳出组织的关键绩效指标和职位的关键绩效指标，据此便可以对组织目标和职位目标的实现程度进行科学有效的测评。关键绩效指标要求个人、部门与企业目标之间保持一

致。要求传递市场压力，使工作聚集，责任到位，成果明确。当企业、部门乃至职位确定了明晰的关键绩效指标体系层级后，企业总的发展目标或阶段性目标在企业的各层级的分解，以及各层级的绩效输出对企业总目标的贡献也就清晰，从而在企业的各个层级形成一个绩效层层贡献的目标导向。

2.SMART 原则

关键绩效指标的设定要遵循 SMART 原则。SMART 是五个英文单词的缩写，其具体含义如下：S（Specific）是明确具体的，即各关键业绩指标要明确描述出员工与上级在每一工作职责下所需完成的行动方案；M（Measurable）是可衡量的，意思是指各关键绩效指标应尽可能地量化，要有定量数据。比如，数量、质量、时间等，从而可以客观地衡量；A（Attainable）是可达成或可实现的，包含两方面的含义。一是任务量适度、合理，并且是在上下级之间协商一致同意的前提下，在员工可控制的范围之内下达的任务目标。二是必须是"要经过一定努力"才可实现，而不能仅仅是以前目标的重复；R（Relevant）是关键职责的相关性，也有两层含义。一是上级目标必须在下级目标之前制定，上下级目标保持一致性，避免目标重复或断层。二是员工的 KPI 目标需与所在团队尤其是与个人的主要工作职责相联系。T（Time-bound）是有时间限制的，没有时限要求的目标，几乎跟没有制定目标没什么区别。

（二）KPI 的应用

1.KPI 在操作中的难点

在 KPI 指标的选取过程中，如何根据 SMART 原则调整指标内容，是较为复杂的，需要具有一定的经验。在 KPI 指标目标值的设定过程中，如何选取目标值的具体数值，也是一项非常难以处理的工作。虽然总体而言，在实践过程中采用的目标值是相对合理的，但是，在实际操作中发现有个别指标很难达到理想状态。这往往与生产经营环境的变化有关，在设定目标值过程中应引起充分注意。

此外，运用 KPI 进行绩效管理，最重要的是，让员工明白企业对他的要求是什么，以及他将如何开展工作和改进工作，他的工作报酬会是什么样的。上级主管回答这些问题的前提是他清楚地了解企业对他的要求是什么，对所在部门的要求是什么。说到底，也就是了解部门的 KPI 是什么。同时，主管也要了解员工的素质，以便有针对性地分配工作与制定目标。这一点对主管能力的要求是较高的，不能充分掌握部下素质情况并做出合理安排的主管很难保证部下 KPI 的完成，从而也造成自己负责的 KPI 指标失控。这与传统的绩效管理模式下的情况有很大出入，往往在传统情况下，部下绩效的完成度并没有在 KPI 管理方式下对上级主管的影响这么大。

最后，KPI 理念和方法在员工中的培训是一个很大的问题，必须下大功夫，使全体员工理解 KPI 的基本理念和方法，对具体涉及进行 KPI 指标选择、目标值设定、合理性检查等工作的员工，则有更高的要求。这是一个比较漫长的过程，但要想达到 KPI 管理的本来意图，就必须不断对员工灌输这样的理念，同时加以练习，促使他们掌握基本的工具和方法，渐渐抛弃掉原来根深蒂固的绩效管理理念。这是一项长期而艰巨的工作。

2.KPI 与传统绩效管理的冲突

KPI 的绩效管理模式注重企业总体绩效的实现，以战略管理和价值管理为导向，这保证了企业在宏观上战略目标和价值增量的实现。但是，对员工个人而言，传统的绩效管理更多地关心员工本人在特征性事件、行为方式或者工作结果等方面的成绩，因而两者之间存在较大的差距，产生了思想认识和工作习惯上的冲突。以员工为核心的绩效管理，采用面向价值评价的绩效考核，强调的重点是公正与公平，因为它和员工的利益直接挂钩。这种考核要求主管的评价要比较准确，而且对同类人员的考核要严格把握同一尺度，这对于行政服务人员、一线生产人员比较好操作。这种职位的价值创造周期比较短，很快就可以体现出他们的行动结果，而且标准也比较明确，工作的重复性也较强。但对于职位内容变动较大，或价值创造周期较长的职位来说，这种评价就比较难操作。可以尝试将二者统一起来，就是在日常的考核中，强调绩效的持续改进，而在需要进行价值评价的时候，由人力资源部门制定全企业统一的评价标准尺度。这样，一方面，评价的结果会比较公平；另一方面，员工的绩效改进也可以达到较高水平，员工可以凭借自己出色的工作表现获得较高的报酬与认可。但是，无论评价员工的绩效改进情况，还是其绩效结果，都是基础性依据，它提供评价的方向、数据及事实依据。

第五节 目标管理法及其应用

一、目标管理理论概述

目标管理拥有非常明显的特征。

（一）运用行为科学

目标管理，在不断尝试对管理重点的转移，争取从寻找团队的弱点，转化到对绩效的分析上，进而区别人的潜能和能力。有关学者始终坚信，要达到这种转移，最初要做的是：下属目标，符合上级要求。

（二）目标管理核心思想

目标管理核心思想主要是让所有的管理人员，可以从某些细节问题（流程、制度）等，进一步引起对组织目标的关注。德鲁克关注行为的结果，并非对行为实施控制，这本身已经有所突破了，因为他将管理的重点，从工作充分转移到生产率的层面上。目标管理，就是把客观的需要，转化成为个人的小目标，然后经过自我控制、调节来取得一定的成就。考核目标，不是强迫职工去实现，而是驱使职工自觉地去做，这是一种策略。他们采取行动，其实并非有人要求他们必须这样做，而是出于自觉的意识，觉得自己要这样做，像一个自由人般有主体意识。

（三）强调高、中，以及基层各个不同层次的管理员

在各自岗位上的不同职责。目标管理的中心项目，就是每个经理人的目标，必须按照他们为

单位所做出的成功付出来界定。目标管理表示任何经理人，都要严谨完成对上级的目标工作内容，亲自承担应该承受的责任。

（四）目标管理更多地来自理论

第一个理论，是由德鲁克和奥迪奥恩提出并完善的；而第二个理论，也就是组织发展理论，则是由麦克雷戈提出的，特别关注对于管理的定性论说，还提到发展提升人的主观能动性作用。

二、目标管理法的特征

目标管理法作为一种方法，有着广泛的使用价值。但是，它不是万能的，不能取代企业的专项管理。因此，在实践中必须根据企业的实际情况灵活运用。从理论研究角度来看，它也存在一定缺陷。

以下将从目标管理法与传统的企业目标设定法比较入手，揭示目标管理法的特点，并对目标管理法的优缺点进行分析。

要深入了解目标管理法，首先要研究目标，掌握目标的特征和分类及目标设定的原则。所谓目标，即做事情的努力方向或对未来的预期，它既是企业发展的要求，也是引导员工行为的指示灯。小到个人，大到企业、国家，都是因为有了目标，才给人员和单位的发展注入了活力，合理的目标可以起到激发个人潜力、促进个人和组织发展的作用。

在认识了目标概念的基础上，我们再来看目标管理法。目标管理法首先是管理计划的一部分，它强调了企业内部计划管理的重要性。因为计划管理，既是管理过程的起点，又是管理过程的最终目标。其次，目标管理法本身也是以目标为核心、能改善组织业绩和提高个人潜能的一种管理制度，同时，具有很强的可操作性。从根本上看，它表现出以下显著特点。

第一，它是一种指导组织开展日常工作的科学的方法论，强调用组织总目标联系组织内各部门和员工，用目标统一大家的思想，通过组织目标的实现促进组织的协调、快速发展。

第二，它把组织发展与个人成长结合在一起，在目标设定上，还充分考虑了人的因素，因此，对组织成员有很强的激励作用。当前的企业管理中有一个倾向，那就是一旦企业目标或部门目标没有实现，上级领导就认为是人的原因，用调整领导班子的方式，来推动企业工作的开展。在这中间，他们忽视了一个问题，即目标未实现，是否与期初目标定得太高或目标实现过程中的环境发生了变化有关系，因为目标的制定是基于一定的市场环境和企业内部结构。当环境发生了变化或内部人员、机构做出了调整，必然会对目标的实现构成影响。而目标管理法在设定目标时，就考虑了人的能力和事情的复杂程度，在执行中两者紧密结合，因此，具有客观性，促成目标的实现。

第三，它既侧重于对组织目标实现结果的考核、评价，也重视对目标实现过程的控制，尤其是对影响组织目标实现的关键问题进行了分析，具有很强的可操作性。对目标管理法实施中的许多细节问题做了研究，如实施目标管理法应具备的基本条件、目标设定应注意的问题、目标跟踪和修订时机、目标管理法的检验标准等，解决了过程控制中的理论问题，推广起来，更加有效。

正因为目标管理法具有上述明显的特征，因此，越来越受到政府和企业领导人的关注。多年的企业管理实践证明：实施目标管理法，改变传统的企业目标设定方法，一定能够起到提高企业或部门的业绩、转变员工工作态度、提高员工个人能力、促进双向沟通、提高企业的凝聚力等作用。因此，目标管理法无论在我国政府部门还是国有企业中，都具有良好的应用和推广价值，关键是操作程序要切实可行，不能生搬硬套别人的经验。

三、目标管理法的操作程序

在了解了目标管理法特征的基础上，本章将采用目标管理法的规范操作与企业实际做法比较的方法，来建立目标管理法的实际操作程序，突出目标管理法实施过程中，应引起注意的几个关键问题的分析。

（一）目标管理法的筹划与推行

要有效推行目标管理法，必须首先对该方法的运用进行筹划，从整体上考虑，企业为什么要实行目标管理法、要解决哪些问题及目标管理法的执行步骤等问题。一般来说，目标管理法在过程上主要分为三个重要阶段，即计划、执行、考核。计划阶段即设定目标过程，是目标管理法的初始阶段，同时也是非常重要的阶段。该阶段强调企业员工的全员参与，其目的是让员工真正领会目标，以获得员工的支持和理解，从而保证目标管理的有效实施。执行阶段，主要解决如何完成目标问题，即寻求达成目标的手段与方法。为了实现组织的最终目标，组织领导人必须对执行阶段的关键环节进行控制。比如，规定工作程序、明确办事原则、加强监督制约等，同时，指定专门人员，对目标执行阶段实施控制。考虑到该过程要靠大家完成，因此，受主观影响较大。尤其是遇到部门目标与组织目标发生冲突时，必须由组织最高领导人出面协调解决，从保证组织整体目标考虑，适当调整部门目标或修改组织目标，以确保组织目标的有效实现。考核阶段，主要是对目标管理法的实施结果进行最终检查和评价，为目标管理法的持续改进打下基础。

同时，在筹划过程中，要清楚地知道目标管理法的成功使用必须具备的几个前提条件，即企业管理基础工作要满足目标管理法的要求。

（二）目标的种类与目标设定

从不同角度来看，可以对目标进行多种分类。比如，从企业管理职能上划分有技术发展目标、生产发展目标、效益目标、市场目标等。从管理层次上划分有企业目标、部门目标和个人目标等，从宏观管理上划分有企业发展目标和社会责任目标，从时间上划分有短期目标和长远目标等。

不论依照怎样的标准去分解，企业的核心目标都是相同的。因此，在企业发展的不同阶段，应从企业实际出发，对企业目标进行设定，目标设定的前提条件是：要充分考虑企业自身的发展状况（人、财、物等资源的利用情况），分析企业所面临的外部环境（包括竞争对手的情况），对环境的发展变化做出预测，并对企业可能达到的目标进行测算。

（三）目标体系的建立

按照企业的管理层次划分，目标体系一般包括三层，即企业目标 — 部门目标 — 岗位（个人）目标。其中，企业目标是关键，它是决定企业市场地位的基础。对内，要设置技术、经营、财务、供应、生产等主要目标；对外，要设置税收、资产保值增值率、社会稳定等目标。企业目标之间有相互关联作用，如经营目标要以生产能力为基础，不能任意超越能力地去抢市场。财务目标的实现以生产过程的成本控制为基础，产品质量好、返修率低，就会促成好的企业效益。良好的供应目标可以为生产目标的实现提供可靠的保障。同时，也为财务目标的完成打下基础。在对企业目标之间的关系透彻了解的前提下，还要做到对关键目标进行重点控制。比如，市场占有目标、产品创新目标、管理创新目标等，因为它们是企业发展的决定因素。在目标体系的第二层次，是部门目标。它既是对企业目标的分解、细化，也是实现企业目标的关键环节。分解得当，会有效促进企业目标的实现。分解不当，会阻碍企业目标的实现，造成企业管理的混乱。要构建好这一层次目标，必须把握好几个要点。

首先，正确处理分权和集权的关系。应根据企业规模和产品特点，组建适合企业自身发展的组织结构，彻底清除旧体制下残余的人浮于事的部门，使得企业内各部门任务饱满、职责分明，并保持相互间的联系渠道畅通。有些目标可以分解到部门去考核，有些必须由高层去控制。比如，市场战略、产品换代等，只能由企业领导亲自去抓。

其次，找出人与事的恰当结合点。应根据员工的能力大小，安排他们的工作，尤其在部门目标设置上，也要考虑人的因素。不同能力的人由于所接受的教育和经历不同，他们认识处理问题的出发点，也不尽相同。因此，他们对目标的理解也有差异。一种解决方法是因人而异设定目标，这样做，有时会影响企业目标的完成。另一种解决方法是，对员工进行目标强化培训，统一他们的认识，同时对目标设立和执行的各阶段实施监控，防止部门目标偏离企业目标。

最后，对主要部门的目标进行重点评审。在企业中，与生产经营紧密相关的部门都是主要部门，包括技术部门、营销部门、生产部门，他们在企业发展中，担当着重要角色。如果这些部门的目标与企业目标出现差异，往往会影响企业目标的最终实现。因此，在对主要部门的目标评审时，企业领导必须亲自参加，一方面，表示重视，另一方面，可以把握方向。处在目标体系最下层的是岗位目标，从企业领导到普通员工，所有岗位都必须围绕企业目标、部门目标建立岗位目标。当岗位目标与企业目标、部门目标发生冲突时，要坚持低层目标服从高层目标的原则，处理部门目标与企业目标的关系，也要遵循这个原则。只有这样，才能全面保证企业目标的实现。用系统论的观点来说，就是局部要服从整体，个人要服从组织，局部最优不代表整体最优。有时，企业为了保全整体利益，必须牺牲某些局部利益、修改下层目标，其目的就是实现企业的主要目标、丢车保帅。按照系统论的观点来看，企业是一个由许多分系统通过有机联系而构成的大系统，系统优化不是对系统中的所有环节都进行优化处理，应根据企业实际情况优先选择那些对企业目标实现起关键作用的环节进行改进、优化，以确保企业主要目标的实现。因为企业发展财力有限，不可能投入大量资金对企业活动的所有环节进行理想化改造，如果那样做，就会影响企业主要目标的实现。

（四）目标管理法的执行

从整体上来看，目标管理法的推行，以企业高层管理者为起点。首先由高层管理者制定整个企业的大目标和部门实施目标，然后各部门按照管理层次和权限，分别设定各自的目标。从程序上看，目标管理法的过程一般包括了认识目标、确定目标、设法达成目标及目标的考核与奖惩四个阶段，每个阶段都有许多具体工作要做。比如，在认识目标阶段，企业高层管理者必须首先决定企业的发展方向，即企业有哪些可以开发的潜力、企业的核心竞争力是什么、企业在未来五年和十年应该达到怎样的境界等。同时，还要确认当前的生产、经营、服务、人员等是否合适，如何针对市场的变化做出改变。还要对组织所面临的内外部环境进行深刻的分析，通过对比发现自身的竞争优势和劣势，确定组织的发展方向。

在此基础上，提出切实可行的奋斗目标。在设法达成目标阶段，即目标管理法实施阶段，要对过程做好监控，以便及时发现目标实施中的偏差并进行分析改进，必要时做出调整。在这个阶段，要做大量的沟通和协调工作，如高层管理者与部门经理之间的沟通和协调、部门经理与员工之间的交流，以此加深员工对目标的认识和理解。有时，为了组织整体目标的实现，还必须舍弃一些子目标、牺牲局部利益。因此，这个过程非常重要，需要做大量艰苦卓绝的工作，同时还要有卓越的胆识和前瞻的眼光。

要有效实施目标管理法，必须采取恰当的方法。比如，如何执行目标、检查目标、目标管理法的标准化要求等。有时，需借助一些管理工具来完成目标管理法的许多工作，比如目标卡、目标任务书等。对于专项目标，可采用目标卡进行管理。在目标执行上，应把握住几个关键环节，从管理程序上完善。

另外，在目标执行过程中，各级主管要给下属提供必要的支持和指导，以便及时调整工作方向，确保企业目标的实现。同时，要加强沟通、统一认识。尤其是当目标执行过程中出现问题时，要及时采取会谈、个别谈话等形式了解真实情况，正确判断形势，采取必要的措施扭转局面。如果有些目标因为过多授权形成失控，已经影响到企业整体目标的完成，此刻就要及时收权，防止个别目标的任意发展。

（五）目标管理法的结果考核与跟踪

目标管理法能否落到实处，还在于日常检查和推动，考核是检验目标管理法执行结果的重要环节，包括过程考核和最终考核。

过程考核主要是发现执行过程的偏差，以便及时采取措施予以纠正，其作用不言而喻。最终考核是对目标管理法执行结果的认定，主要工作是总结和奖惩。该阶段工作一般由组织领导人委托专人负责，领导人在关键阶段也可亲自检查，以保证考核结果的客观性和真实性。

目标管理法一旦推行，就要经常跟踪。跟踪的主要目的在于及时发现目标执行过程的偏差，以考核为手段的过程跟踪，可以激发员工的责任意识，同时，提供了上下级之间的定期联系机会，为目标管理法的更加有效实施奠定了基础。跟踪不是监视，不能造成员工之间的误解。

因此，在实施目标管理法跟踪时，应把握几个原则，任何跟踪行为必须紧密围绕这几个原则进行。一般来说，要处理好过程跟踪，应该坚持确保目标原则、效率原则、关键因素原则、例外原则、责任与行动原则。其中，确保目标原则是根本，它要求任何跟踪检查必须围绕企业整体目标去开展，切不可盲目扩大范围、脱离主题。同时，跟踪过程要建立标准、要讲求效率，要切实起到推动目标管理深入开展的作用。因为标准带有客观性、科学性，容易被员工从内心里接受，同时，也不容易让上下级之间、员工之间产生误解。如果不带标准去监督，往往就会因人而异、引发员工和企业的矛盾，有时甚至还会在员工中产生抵触情绪，影响跟踪工作的开展。讲求效率，就是要求跟踪工作要讲时效、有时间观念，必须限定在一定时间内完成，否则，将会影响目标管理下一阶段工作的开展。

第六节 EVA 技术及其应用

一、EVA 的概念

经济增加值（EVA）是度量企业业绩的指标，是指企业在现有资产上取得的收益与资本成本之间的差额，也就是税后净利润减去经营资本成本（包括债务成本和资本成本）后的余额。余额为正表明企业创造了价值。反之，则表示企业发生价值损失。如果差额为零，说明企业利润只能满足投资者和债权人的预期收益。因而，EVA 本质就是从企业创造股东财富这一终极目标出发，全面而真实地反映企业经济价值。

EVA 在企业价值管理体系中占据重要位置，它不仅能全面衡量企业经营者是否充分发挥资本的潜在价值为股东带来利益，同时也考查企业绩效是否达到了经营目标。因此，EVA 值的高低可以用来表示企业经营状况的好坏。

二、EVA 的原理

EVA 评价法是一种评估企业经营状况的财务手段，它所考虑的要素是税后营业净利润和资金投入总成本，该方法重点关注股东价值和资本成本。从税后净营业利润中减去资本总成本（债务资本成本和股权资本成本的总和）后的余额，就是企业的经济利润。EVA 评价法在传统会计利润的基础上，充分考虑了企业各项资本的总成本，正确地评估公司为股东创造出的价值。EVA 全面准确地衡量出企业真实的盈利或经济增加值情况，它的绩效管理与绩效考核研究客观地反映出资本增加所产生的经济效益。通过资本成本的核算和会计扭曲的消除，在税后利润中扣除为增加企业效益而必需的资本要素支出，所得到的经济增加值被认为是最公正合理的经济利润。因此，经济增加值成了一些世界著名跨国公司的最佳利器，是管理者权衡利弊做出正确选择的指向标。该指标用于衡量企业高层的业绩和公司盈利水平，已受到了全世界三百余家知名企业的青睐。

三、引入 EVA 评价方法的意义

（一）弥补财务评价模式的不足

目前我国许多企业采用财务模式，而财务评价模式本身存在缺陷。首先，以会计净利润为基础计算的传统财务指标均没有考虑资本成本因素，成本的计算不完全，表面上利润大于零，似乎公司价值增加了，事实上可能并非如此。EVA评价方法的主要特点是引入了资本成本的理念，它考虑了债务融资和股本融资的总体规模与结构比例，在计算中扣除了所有资本的机会成本。其次，财务指标具有很强的短期性，易导致经理行为的短期化。EVA在实施过程中会将经理转变为准所有者，要求经理承担与股东同样的风险，与股东具有相同的所有者理念。经理在做出决策时，就会更多地去考虑股东的利益和整体的利益，从而避免经理短期化行为的出现。最后，传统财务指标的计算以会计报表信息为基础，而会计报表本身就存在部分失真。企业的会计信息失真，固然有种种原因，但长期以来以单纯财务指标评价企业经营业绩起了一定的推波助澜作用。根据会计准则编制的财务报表对公司真实情况的反映存在部分失真。但EVA作为一种利润指标，并不受会计惯例的约束，它在计算之前对会计信息进行了必要的调整。

（二）EVA有利于对真实业绩的评价

目前，资本经营粗放、效率低下，仍是我国企业经营的一个主要问题，其中一个很重要的原因就是，利润概念在反映企业经济效益和促进企业提高经济效益时，忽略了权益资本成本。利润增加并不等于企业价值的增值，因为这些利润的增加是有成本的。成本在没有结算之前，相当于负债，企业价值是不包括负债的，那么，我们在计算企业价值时，就应该减去这部分负债，减去这部分成本。问题是增加的利润是否能偿付这部分成本，若不能，那么，企业仍将负债，不能算是价值的增加。传统利润效益指标对企业真实业绩失去了测度能力，但EVA评价方法考虑了资本成本，可以对企业真实业绩做出很好的评价。

（三）EVA有利于完善我国的公司治理结构

近年来，我国现代企业制度逐步建立和完善，很多企业法人治理结构的组织形式已经建立，但败德的行为仍然普遍存在，其中主要原因在于，企业运行机制没有根本改变。EVA业绩评价机制将EVA的改善与员工的绩效挂钩，设立了独特的激励系统——"奖金账户"，即奖金计划，从而使经营者和所有者的关系在一定程度上达到了协调，管理者以股东的心态去经营管理，像股东那样思维和行动，不是从自身的立场出发只考虑自身的利益，而是更加注重资本的有效利用，以及现金流量的增加。从某种意义上说，EVA并不是在解决内部人控制的现象，而是通过协调两者利益，并尽可能达到两者利益的一致，来避免内部人控制所导致的负面影响。

（四）EVA使股东权益得到了保护

我国上市公司长期存在的主要问题之一，是投资者的利益得不到真正的保护。往往是上市公司一旦完成融资后，在资金的使用上存在着很大的随意性，把资金看成是免费的资源。究其根源，是公司治理结构存在问题，以及我国上市公司缺乏对企业经理人员基于企业价值管理的业绩评价方法和激励机制。EVA则对这两点都有所改善。

四、EVA指标在我国运用过程中存在的问题

（一）EVA评价方法容易导致投资项目短期化

EVA评价方法虽然对经理短期化行为起了一定的抵制作用，但是，并不代表着它能规避一切短期化行为。如果企业仅仅采用 EVA 评价方法进行业绩评价，有可能会促使经营者为了提高 EVA，而优先考虑能快速提高 EVA 的风险低的短期投资项目，其最典型的活动是立刻使成本降低，或快速出售过剩设备。这样的活动并不会影响企业的利益，甚至会使企业利益增加。但是，与风险高的新产品开发相比，这些活动过于短期化，不大考虑未来的利益，很不利于企业的长期发展。仅仅以 EVA 作为业绩评价指标，考核经营者所导致的投资项目短期化，是 EVA 评价体系的最大缺陷。我国企业的经营者多数偏重眼前利益，很少为未来打算，如果缺少一个督促其进取的指标，就很有可能使其故步自封。

（二）EVA 评价方法对非财务指标重视不够

非财务指标看似不重要，一般起次要作用，但是，它和财务指标存在着因果关系，最终将作用于财务指标。财务指标只能告诉人们采取行动后所取得的结果，而只有作为财务指标驱动力的非财务指标，才能真正告诉人们如何取得预期的财务结果。

根据 EVA 评价理论，EVA 对经营战略的指导性体现在：一方面，增加那些已经投资于经营中的资产收益，在收益大于成本的情况下追加资本投资、扩大经营。另一方面，停止投资那些收益低于成本的项目，并从那些项目中抽回资金。EVA 仅能揭示影响经营业绩的财务动因，显然对非财务动因重视不够，无法提供诸如产品、人力资本、创新等方面的信息，而这些恰恰是促使企业成长的非常重要的内在因素。

（三）EVA 指标在我国运用的技术问题

我国企业在应用 EVA 时，还面临技术上的问题，即如何计算 EVA。EVA 的计算分为两部分：一是税后净营业利润的计算，二是现有资产经济价值的机会成本的计算。然而计算 EVA 并不是简单地用税后净营业利润减去现有资产经济价值的机会成本。

主要的问题在于资本总额的计算。资本总额是指投资者投入公司用于经营的所有资本的账面价值。它既包括债务资本，又包括股本资本。其中，债务资本是指所有计息负债，如短期和长期借款，而像应付账款、应付工资这样的短期免息负债，则不包括在内。我国上市公司的负债主要是银行贷款，因此可以用银行贷款利率作为单位债务资本成本。股本资本是指全部的所有者权益，它的测算比较困难，通常采用资本资产定价（CAPM）模型来计算。但 CAPM 模型的有效性，是建立在有效市场假设的基础上的，而有关研究结果表明，我国的资本市场并非有效市场，因此，计算出来的股权成本有可能会有偏差，而且对于非上市公司，CAPM 模型并不适用。

（四）彻底分权的问题

企业为了提高其市场竞争力、提升业绩水平，通常会采用分权化管理。总部每年通过与各经营单位负责人协调，达成预算，并且衡量各经营单位的业绩水平。这也是 EVA 评价方法的实施前提，即企业实行彻底的分权，经理拥有投资决策权。但是，当前我国实行分权化决策的企业，大多数没有实行真正的分权，而是将权利留在企业的最高管理层，没有实现权利和义务的对等。这不利于 EVA 发挥其功效。

五、完善 EVA 评价方法的对策

（一）与平衡计分卡结合使用

首先，平衡计分卡相对于 EVA 评价方法有一些优点，主要就是平衡记分卡采用非财务指标。

一般而言，平衡计分卡的非财务指标主要有：第一，顾客角度。顾客满意度、顾客忠诚度、客户留住率等。第二，内部经营管理。收支平衡时间（BET）、制造周期效能（MCE）等。第三，学习与成长。雇员满意度、雇员忠诚度等。其次，平衡计分卡可以将公司的目标和战略有机结合，使得销售额得以长期增长，它不仅能够明确操控销售额成长的方向，而且在理论上还提供了销售额增长的可视图形，将作为目标的顾客明确化、可视化，制定出基于顾客关系的内部管理流程，使企业员工和系统，在进行项目投资时，均以增大销售额为目的成为可能，对 EVA 评价方法中投资项目短期化的缺陷有所改善。由此可见，平衡计分卡与 EVA 评价方法结合使用，是一种长期有效的方法，对企业持续创造价值起重要作用。

（二）正推法

EVA 评价方法需要调整多种项目的繁杂性，使 EVA 在我国应用的技术难题始终得不到解决，影响 EVA 在我国的发展。正推法是从利润表中的"主营业务收入"出发，逐项调整利润表各个项目，将不符合 EVA 评价方法的计算口径的数据剔除，将需要补充的数据增加，最后计算"税后净营业利润"。

1. 坏账准备的调整

坏账准备是指，为可能收不回的应收账款计提的准备金。这笔准备金在未来有可能使用，也有可能不使用。它的计提，一方面，减少了相应的资产项目，另一方面，形成当期费用冲减利润。也就是说，如果使用了坏账准备，则利润受到了冲减，不能真实反映出利润。如果未使用，资产也已随之减少了。那么，无论是计算税后净利润，还是计算资产总额，都要对它进行调整。在计算税后净利润时，应加上坏账准备的当期变化额。在计算资本总额时，应将坏账准备的期末余额加入其中。

2. 研发费用的调整

现行会计制度中，企业必须在研发费用发生的当年，将所计提费用（一般记为"管理费用"）一次性予以核销。这种处理否认了研发费用对企业未来发展的重要意义，而把它与一般的管理费用等同起来。在 EVA 体系中，研发费用被视为企业的一项长期投资，应在几年内对其进行摊销，所以，在计算税后净营业利润时，应该用其分期摊销额冲减利润。

3. 商誉摊销额的调整

商誉作为无形资产列示在资产负债表上，在一定的期间内摊销。在一定的期间内摊销不利于那些效益好或有发展潜力的公司的收购，例如高科技公司，因为这样的公司，它的市场价值远高于它的净资产，利润的降低是会计处理的问题，并不是管理者经营失误造成的。其结果会使管理者在评估购并项目的时候，首先考虑的是购并后会计净利润的多少，而不是此购并行为是否会创

造出高于资本成本的权益，为股东创造更大的价值。在 EVA 体系下，商誉之所以产生，主要是与被收购公司的产品品牌、声誉、市场地位等相关联的，这些都是近似永久性的无形资产，不分期摊销。由于会计上已经对商誉进行了摊销，在调整时就把本期商誉的摊销额加回税后净利润的计算中，而把以往的累计摊销金额加入资本总额中。

（三）B—SM 模型

针对我国企业计算股权成本时所出现的问题，我们仍然可以采用 CAPM 模型。对于上市公司，可以通过 CAPM 模型，估算本公司所处行业的平均 P 值进而计算权益资本成本；对于非上市公司，可以在上市公司的基础上，做适当的风险加成，得到权益资本成本。

根据最新研究，在确定股权成本时，可以考虑采用布莱克－斯科尔斯模型（B—SM），克服了 CAPM 的一些局限性。它是一个非线性的模型。更为重要的是，它假设股票价格遵循几何 Wiener 过程，即布朗运动，这和实际生活中弱势有效市场股票价格的"随机游走"有一定的相似性，可能更适合我国使用。但采用这个模型的实际效果，还需在实践中进一步检验。

（四）拓展 EVA 奖金计划

只对 EVA 的增加值提供奖励；不设临界值和上限；按照计划目标设奖；设立奖金库。它是把 EVA 增加值的一定比例作为奖励回报给经营者，并且多年发放一次；如果某年的 EVA 下降，则从以前储存下来的奖金中扣除，甚至全部取消。经营者的奖金只有在 EVA 不断提高的条件下，才能取得，这样把经营者的利益最大化目标与股东财富最大化目标结合起来，迫使经营者不得不承担起自己的责任，同时，他也被赋予了一定的权利。另一方面，奖金计划有利于强化团队合作，因为经营者不论是从企业利益，还是从自身利益的角度出发，都会加强与其下级之间的交流，倾听他们的想法与建议，从而消除级与级之间的相互不信赖，共同努力寻求实施 EVA 最大化的策略，进而减缓由于分权不彻底而引起的负面影响。

（五）加强 EVA 评价方法理论研究

EVA 评价方法在我国运用现状不佳，很大一部分原因是理论研究不够。EVA 评价方法和计算中的诸多难题，如资本成本、股权成本的精确计算等都需要进一步研究，尤其是如何将 EVA 理论与实践结合更值得研究。

（六）完善资本市场

我国资本市场无效性和公司治理结构失效，均是 EVA 评价方法发展过程中的阻力。EVA 评价方法的有效使用需要成熟的资本市场和竞争环境。我国只有进一步完善资本市场，EVA 才能更好地发挥功效。同时，EVA 也将促进我国在市场理念和管理理念上与国际接轨。

第五章 绩效考核的方法与实施

第一节 绝对考核法

所谓绝对考核法，是指按事先规定的考核标准，通常是职务职能标准、工作标准，或按工作要求制定的标准，进行考核评议的一种考核方法。绝对考核法主要包括量表考核法、评语法、等级择一法、减点评价法、正负评价法、综合评分法等。

一、量表考核法

量表考核法是绩效评定中最为古老而又最流行的方法。这种方法要求评定者对被评人在一系列与工作相关的特征上做出程度评定（打分）。与工作相关的特征有很多，不可能全部都考核，企业所考核的这些特征是需要对员工重点加以考核的内容，如各种工作能力、上下级关系处理、客户关系等，而且对于不同的考核对象所考核的内容也不尽相同。

考核量表的形式有多种，这种方法很容易理解，而且评定者能很快地完成评定。其不足在于评定者的偏见会影响评定结果；同时这种评定方法有趋中的倾向，评定者一般倾向于给出中间等级的评定，回避极端等级。另外，不同的评定者对各因素（如做决策、与下属的关系）的解释会不同。

二、评语法

评语法是一种传统的考核方式。在评语法中，评定者可能需要对被评价者行为的长处和短处进行评判描述。一般来说，评定者可以对被评价者的绩效从各方面进行定性描述，通常没有固定的格式要求。

在我国，许多机关和企事业单位考核员工时经常使用评语法。评语法是对员工在一定时期内（通常为半年或一年）的工作绩效进行评述，评述形式有自我评价、上级评价和群众评议。由于这种评定方式比较灵活方便，所以在应用中很受欢迎，也确实对于干部职工改进工作绩效、加强民主监督起到了积极的作用。这种方法的一个显著特点是评定者可以对被评价者的绩效进行比较全面而深入的评价，并且可以对被评价者当前的工作行为和潜力给出富有实用价值的意见和建议。但是，由于评语没有固定的格式要求，使用这种方法评出的员工绩效也就很难进行横向比较，即使是同一个评定者所评定的不同人之间也很难去比较。

由于评语法的上述局限，有人在此基础上提出一种可称为"结构描述法"的绩效评定方法。这种方法继承了"评语法"的特点，但同时又针对其不足之处进行修正，主要是在评定中加入一个个"小标题"，使评定时能按一定的绩效内容进行，这样的评定结果就具有了一定的可比性。

三、等级择一法

所谓等级择一法，就是赋予评价各档次以相应的等级内涵，例如，可以将员工的工作成绩划分为五个不同的等级，分别赋予内涵：A 级工作成绩非常出色，从未出现过任何差错；B 级工作成绩优秀，几乎不出差错；C 级工作成绩没有达到标准，略有差错；D 级工作成绩较差，差错较多；E 级工作成绩特别差，经常出错。再如工作态度：A 级工作热情极高，责任心极强；B 级工作热情较高，责任心较强；C 级责任心一般，但很难说是认真负责的；D 级有时表现不负责任；E 级缺乏工作热情，凡事不负责任。根据这些规定的"等级内涵"，做出单项选择。

四、减点评价法

所谓减点评价法，就是以减分方式进行考核评价的方法。其步骤是首先确定考核要素或考核项目，再确定该要素的标准得分，最后根据是否达到标准以及达到标准的程度进行减分。如果完全达到标准，则减 0 分；完全没有达到标准，则把标准分全部减去。

五、正负评价法

正负评价法的原理与减点评价法一样，只是评分方式不同，即采用正、负值进行评价。

六、综合评分法

综合评分法是将考核因素综合分配给一定的分值，使每一个考核因素都有一个评价尺度，然后根据被考核者的实际情况和表现在各项考核因素上评分，最后汇总得出总分。这种考核方法使考核因素尽可能量化，减少人为因素引起的考核标准不统一的问题。而且，量化后的考核可以借助计算机来进行统计、汇总和分析，这样可以大大提高考核的效率和质量。

第二节 相对考核法

相对考核法是一种传统的考核方法，也是人们最习惯运用的方法。这类方法的最大优点是简便，因此往往有主观随意的倾向。为了克服主观偏见，可将其做一些技术上的处理，使之更能够运用于企业员工考核中，并与绝对考核法相结合，使之相辅相成，使员工考核工作更为完备。相对考核法主要包括排序法、配对比较法、强制正态分布法、人物比较法、行为锚定等级评价法、事实记录法、民意测验法、行为观察评价法等。

一、排序法

排序法是指企业对部门内的员工进行排序。这是绝对考核法，即按工作标准进行考核的辅助性手段；或作为一种调整手段，即帮助考核者进行调整，作为调整部门内考核结果达到平衡的手段。

排序法有两种评定方式：一种是"要素排列"，即评定者把被评定者先按照各种要素从高到低排列出来，然后再汇总在一起，从而得出全体员工的整体排序；另一种是"交替排列"，此法要求评定者首先将所有被评定者列在一张纸上，然后从这个名单中选择出最好的人和最差的人，接着再选出第二个最好的人和第二个最差的人，按此方法继续，直至把整个名单排选完毕。由于从一批人中区分出最好的和最差的相对比较容易，所以在应用中"交替排列"方式更受人们的欢迎。

排序法是最为简单的绩效评定方法之一，经常被用来评定总体绩效。这种方法的明显优点表现为其简单性以及它强求评定者区分不同水平的绩效；不足之处主要是当被评人数比较多的时候（超过 20 人），要准确地把他们按等级排列不仅费时费力，而且效果也不一定好。同时，当许多雇员的绩效水平差距较小时，人为地把他们的绩效按等级排列反而会引起新的误差。另外，排序法不能反映不同等级人员之间的差距大小，跨部门、跨企业的绩效评定就更没有可比性。

二、配对比较法

这种方法要求评定者把所有的被评价者两两进行比较，最后把被评价者按绩效高低排列起来。这种方法使得评定者更容易操作，特别是当被评价者数量较多的时候也能比较可靠地排出相对等级。具体做法是先将被评价者的姓名都写在事先准备的一张一张的卡片上，以便每个人与其他所有的人进行一一比较，评定者每次只需比较出每对被评价者中绩效更高的那一个即可。最后，只要把每个被评价者在每对比较中绩效更高的次数加起来，就可作为最终排序的基本参数依据。

三、强制正态分布法

强制正态分布法也称为"强制分布法""硬性分配法"，该方法是根据正态分布原理，即俗称的"中间大、两头小"的分布规律，预先确定评价等级以及各等级在总数中所占的百分比，然后按照被考核者绩效的优劣程度将其列入其中某一等级。强制正态分布法要求评价者按事先定好的比例把许多被评价者分成不同的等级。比如，你可能把被评价者的绩效分成：低绩效者占 10%、低于平均者占 20%、平均绩效者占 40%、高于平均者占 20%、高绩效者占 10%。这种方法常用于绝对考核之后的调整，即调整出优、良、中、差的分布。

（一）强制正态分布法的理论基础

员工的绩效是呈正态分布的，这种方法的特点是两端的人少，中间水平的人多。实践证明，人的许多心理特点都基本符合正态分布规律。上述比例分布正是根据正态分布估算出来的。应用正态分布法的一种操作方法是，把每一位被评员工的姓名写在一张张独立的卡片上，然后针对每一位被评者的特质（如工作态度、工作质量、积极性和创造性等），把每一位员工的卡片放入适合的类别中。这种评定方法需要有一定数量的被评价者，以保证在每类中都有一定数量的人，并占有相应的比例，否则要是人数太少，这种方法就不适用了。

（二）强制正态分布法的步骤

为了克服强制正态分布法的缺陷，同时也将员工的个人激励与集体激励很好地结合起来，可以使用团体考评制度以改进硬性分配的效果。实施这种考评方法的基本步骤如下：第一步，确定A、B、C、D和E各个评定等级的奖金分配的点数，各个等级之间点数的差别应该具有充分的激励效果。第二步，由每个部门的每个员工根据业绩考核的标准，对自己以外的所有其他员工进行百分制的评分。第三步，对称地去掉若干个最高分和最低分，求出每个员工的平均分。第四步，将部门中所有员工的平均分加总，再除以部门的员工人数，计算出部门所有员工的业绩考评平均分。第五步，用每位员工的平均分除以部门的平均分，就可以得到一个标准化的考评得分。那些标准分为1（或接近）的员工应得到中等的考评，那些标准分明显大于1的员工应得到良甚至优的考评，而那些标准分明显低于1的员工应得到及格甚至不及格的考评。在某些企业中，为了强化管理人员的权威，可以将员工团体考评结果与管理人员的考评结果的加权平均值作为员工最终的考评结果。但是需要注意的是，管理人员的权重不应该过大。各个考评等级之间的数值界限可以由管理人员根据过去员工业绩考核结果的离散程度来确定。这种计算标准分的方法可以合理地确定被考核的员工的业绩考评结果的分布形式。第六步，根据每位员工的考评等级所对应的奖金分配点数，计算部门的奖金总点数。

然后结合可以分配的奖金总额，计算每个奖金点数对应的金额，并得出每位员工应该得到的奖金数额。其中，各个部门的奖金分配总额是根据各个部门的主要管理人员进行相互考评的结果来确定的。

为了鼓励每位员工力图客观准确地考评自己的同事，对同事的考评排列次序与最终结果的排列次序最接近的若干名员工应该得到提升考评等级等形式的奖励。另外，员工的考评结果不应在考评当期公开，同时，奖金发放也应秘密支付，以保证员工的情绪。但是各个部门的考评结果应该是公开的，以促进部门之间的良性竞争。

（三）强制正态分布法的优缺点

1.强制正态分布法的优点

第一，避免出现考核标准过分宽松的情况发生。

第二，避免出现考核标准过分严格的情况发生。

第三，避免出现考核结果全部趋中倾向的现象。

2.强制正态分布法的缺点

第一，如果员工的业绩水平事实上不遵从所设定分布样式，那么按照考评者的设想对员工进行硬性区别容易引起员工不满。

第二，只能把员工分为有限的几种类别，难以具体比较员工差别，也不能在诊断工作问题时提供准确可靠的信息。

第三，个别组织为了应对强制正态分布法，想出的办法就是"轮流坐庄"策略，这样不能体现强制正态分布法的真正用意。

四、人物比较法

人物比较法就是根据考核要求，从员工中选择具体人物来作为标准，再以该员工的工作表现和工作能力为基准，对其他员工进行考核评议。

人物比较法有两种形式：一种是综合人物比较法。具体做法是从上一期考核结果中寻找一位考核者最为熟悉，并且综合评价得分居中的被考核者，作为考核评价的基准人物，将这位基准人物与其他员工作比较，如果被考核者与这位基准人物一样或近似，则评价档次为"C"；略好于或略差于基准人物则分别为"B"和"D"；大大好于或大大差于基准人物，则分别为"A"或"E"。

另一种是分析人物比较法，即在对被考核者进行要素考核时，选出一位基准人物，以他的表现，如工作态度、工作能力、计划能力、协调能力和指导能力等作为标准，分别对其他被考核者进行逐项要素考核。评价档次的确定同上。

五、行为锚定等级评价法

行为锚定等级评价法（BARS）实质上是把量表评定法与关键事件法结合起来使用。其目的主要是，通过建立与不同绩效水平相联系的行为锚定来对绩效维度加以具体的界定。比如，宾馆的客房服务员每天打扫客房都必须按一定程序和行为规范进行，被子怎么叠，桌子怎么擦，卫生间如何保洁都规定得清清楚楚，绩效评价的标准也是明确不变的。只要完成了这些工作内容和程序就算达到绩效标准，少一道程序或有一项工作达不到要求，就要扣分或受到相应处罚。在麦当劳、肯德基这样一些连锁企业中，对员工行为绩效的评价也常常采取这种方法。

它为每一职务的各考核要素都设计出一个评分量表，并有一些典型的行为描述性说明词与量表上的一定刻度（评分标准）相对应和联系（即所谓锚定），供操作中对被考核者实际表现评分时做参考依据。这些典型说明词数量毕竟有限（一般不会多于10条），不可能包括千变万化的员工实际表现，一般很难做到被考核者的实际表现恰好与说明词所描述的完全吻合。但有了量表上的这些典型行为锚定点，考核者在评分时便有了分寸感。这些代表从最劣到最佳典型绩效、有具体行为描述的锚定说明词，不但使被考核者能较深刻而信服地了解自身的现状，还可找到具体的改进目标。

行为锚定等级评价法是一种比较费时费力的方法，而且，对于不同的考核对象必须采取不同的行为锚定评分表。这就给这种方法的应用增加了一些困难。

BARS通常是由公司领导、考核者及被考核者的代表、人力资源管理人员（有时还有外聘专家）共同民主制定。在设计行为锚定等级评价法之前，首先必须搜集大量的代表工作中的优秀和无效绩效的关键事件。然后再将这些关键事件划分为不同的绩效水平，那些被专家们认为能够清楚地代表某一特定绩效水平的关键事件将会被作为指导评价者的行为事例。管理者的任务就是根据每一个绩效维度来分别考查雇员的绩效，然后以行为锚定为指导来确定在每一绩效维度中的哪些关键事例是与雇员的情况最为相符的。这种评价就成为雇员在这一绩效维度上的得分。

行为锚定等级评价法既存在优点也存在缺点。优点是它可以通过提供一种精确、完整的绩效维度定义来提高评价者信度。缺点是它在信息回忆方面存在偏见，也就是说，那些与行为锚定最为近似的行为是最容易被回忆起来的。

六、事实记录法

事实记录法主要用于观察记录考核的事实依据。由于企业中考核观察期和考核实施期不同，所以在考核实施时，为避免单纯以近期发生的事实，或凭主观推测为依据进行考核评价，管理者有必要把整个考核观察期中发生的有关事实依据及时记录下来。事实记录法具体又包括能力记录法、态度记录法、成绩记录法、指导记录法和关键事件记录法。

（一）能力记录法

这是指由考核者对被考核者在日常工作中表现出来的工作能力使用"工作能力记录卡"进行观察和记录。在记录过程中，把工作能力的优势和不足区分开来。

（二）态度记录法

这是指由考核者用"工作态度记录卡"记录被考核者在日常工作中所表现出来的有关工作态度的事实，借此作为工作态度考核的事实依据。考核者观察记录的事实必须是与职务工作有关的，并能反映考核要素和考核要点的要求。

（三）成绩记录法

这是指由考核者用"工作成绩记录卡"观察并记录被考核者工作过程和工作结果的事实。表中"难易度"是指职务工作的难易度，在填表时只需填写A、B、C、D、E等字母即可。"熟练程度"分为三个层次，在填表时用小写字母a、b、c表示。

（四）指导记录法

这是指考核者把在何时何地对什么行为进行何种指导，用"指导记录卡"记录下来，用于开发员工的能力。

（五）关键事件记录法

1. 关键事件记录法的概念

所谓关键事件记录法，就是通过观察记录被考核者在工作中极为成功或极为失败的事件，来考查被考核者工作绩效的一种方法。关键事件记录法需要对每一位待考核的员工做一本"关键事件记录卡"，由考核者（通常是被考核者直接上级）随时记录。由此可见，用于考核员工的关键事件是在高的工作绩效和低的工作绩效之间造成差别的工作行为。由于考核人把每个被考核对象在完成这些事件时的行为记录在案，这些记录就作为绩效评定时的一个以工作行为为基础的出发点。当然，不同评价对象的关键事件可能不能直接比较，所以事先应由人力资源管理专家准备一些标准化的关键事件。

需要注意的是，所记录的事件有些是好事，如某员工"耐心地倾听一位顾客的意见，回答了这个顾客的所有疑惑问题，然后给这个顾客退了货。他在处理整个事件过程中对顾客表现得非常有礼貌和热心，使顾客满意而归，问题得到比较圆满的解决"。对于工作过程中的失败事件也要做详细记录，所记录的事件必须是较突出的、与工作绩效直接相关的事，而不是一般的、琐碎的、生活细节方面的事。所记载的也应是具体的事件与行为，不是对某种品质的批判。

关键事件记录法要求管理者将每一位雇员在工作中所表现出来的代表有效绩效与无效绩效的具体事例记录下来。然而，许多管理者都拒绝每天或每周对其下属员工的行为进行记录。并且，要对不同雇员进行比较通常也是很困难的，因为每一个事件对于每一位雇员来说都是特定的。

2. 关键事件记录法的优缺点

关键事件记录法的优点：针对性强，不易受主观因素的影响。此考核方法是对事件的记录，只是对具体员工素材的积累。根据这些事实，经过归纳、整理和总结可以得出可信的考评结果；从中可以看到被考评员工的长处和不足，如将此信息反馈给员工，因为有事实支持而易使被考评员工接受，有利于以后继续发扬优点，改正缺点，从中得到提高。

关键事件记录法的缺点：基层管理者工作量大，在考评过程中不能带有主观意识，但在实际过程中往往难以做到，实际过程中可以通过员工自己的周报、月报等的记录来做到。这种方法国内外许多大公司如海尔已普遍采用。

3. 关键事件记录法的 STAR 法

所谓 STAR 法，是由四个英文单词的第一个字母表示的一种方法；由于 STAR 英文翻译后是星星的意思，所以又叫"星星法"。星星就像一个十字形，分成四个角，记录的一个事件也要从四个方面来写。

S：situation，情境。这件事情发生时的情境是怎么样的。

T：target，目标。他为什么要做这件事。

A：action，行动。他当时采取什么行动。

R：result，结果。他采取这个行动获得了什么结果。

连起这四个角就叫 STAR。

4. 运用关键事件记录法的步骤

首先要识别岗位关键事件。运用关键事件分析法进行工作分析，其重点是对岗位关键事件的识别，这对调查人员提出了非常高的要求，一般非本行业、对专业技术了解不深的调查人员很难在很短时间内识别该岗位的关键事件是什么，如果在识别关键事件时出现偏差，将对调查的整个结果带来巨大的影响。

识别关键事件后，调查人员应记录以下方面的相关信息和资料：导致该关键事件发生的前提条件；导致该事件发生的直接和间接原因；关键事件的发生过程和背景；员工在关键事件中的行为表现；关键事件发生后的结果；员工控制和把握关键事件的能力如何。

将上述各项信息资料详细记录后，可以对这些信息资料做出分类，并归纳总结出该岗位的主要特征、具体控制要求和员工的工作表现情况。

采用关键事件记录法，应注意关键事件要具有岗位代表性。关键事件的数量不能强求，识别清楚后是多少就是多少。关键事件的表述要求言简意赅、清晰准确。对关键事件的调查次数不宜太少。

七、民意测验法

民意测验法有些类似360度绩效考核法，曾经大量运用于各国家事业部门，该法是把考核的内容分为若干项，制成考核表，每项后面空出五格：优、良、中、及格、差，然后将考核表格发至相当范围，首先由被考核者汇报工作，做出自我考核，然后由参加考评的人填好考核表，最后算出每个被考核者得分平均数，借以确定被考核者工作的档次。民意测验的参加范围，一般是被考核者的同事和直属下级，以及与其发生工作联系的其他人员。

此法的优点是群众性和民众性较好，缺点是主要从下而上地考查管理人员，缺乏由上而下地考查，由于群众素质的局限，会在掌握考核标准上带来偏差或非科学因素。在企业，此法一般作为绩效考核的辅助参考手段。

八、行为观察评价法

行为观察评价法与行为锚定等级评价法一样，也是从关键事件中发展而来的一种绩效评估方法。但是行为观察评价法与行为锚定等级评价法在两个基本方面有所不同：第一点不同是，行为观察评价法并不剔除那些不能代表有效绩效和无效绩效的大量非关键行为，相反，它采用了这些事件中的许多行为来更为具体地界定构成有效成绩（或者会被认为是无效绩效）的所有必要行为。比如说，行为观察评价法可能不仅仅利用四种行为来界定在某一特定绩效维度上所划分出来的四种不同绩效水平，而是利用15种行为。第二点不同是，行为观察评价法并不是评价哪一种行为更好地反映了雇员的绩效，而是要求管理者对雇员在评价期内表现出的每一种行为进行评价。最后再将所得的评价结果进行平均之后得出总体的绩效评价等级。

行为观察评价法的主要缺点在于：所需要的信息可能会超出大多数管理者所能够加工或记忆的信息量。一个行为观察评价体系可能会涉及80种或80种以上的行为，而管理者还必须记住每一位雇员在6个月或12个月这样长期的评价期间所表现出的每一种行为发生频率。对于一位雇员的绩效评价来说，这种工作已经够烦琐的了，更何况管理者通常要对10个或10个以上雇员进行评价。

一项对行为观察评价法、行为锚定等级评价法和民意测验法所进行的对比发现，管理者和雇员都认为行为观察评价法在以下几个方面的优点是非常突出的：能够将高绩效者和低绩效者区分开来，能够维持客观性，便于提供反馈，确定培训需求，在管理者及其下属雇员中容易被使用。

行为观察评价法一般适用于评估那些难以同工作结果直接挂钩或缺少度量标准的工作，如服务性工作或机关管理工作。它的优点是员工可以清晰地知道组织对他的期望和行为标准，并且可以与组织的战略和价值观体系联系在一起，具有明确的导向作用。它的主要缺点在于：一是选择的行为评价标准常常是有限的，但影响绩效的因素可能很多。因此，要做到选择的行为作为评价标准是有效的，并且构成评价标准的行为是可以确认出来的。但在现实中，这种最好的行为可能并不存在或者有相当大的争议。二是行为观察评价法虽然可以与组织的战略重点联系在一起，但必须经常修正。绩效评估系统却要求保持稳定，以免员工无所适从。因此，行为观察评价法可能最为适合不太复杂的工作（对于这些工作来说，达到结果的最好方法是比较清楚的），而不太适合那些比较复杂的工作（对于这些工作而言，取得成功的途径和行为都是多种多样的）。

第三节 绩效考核的实施

一、员工考核的一般程序

（一）制订员工考核计划以及相应的考核办法及考核标准

首先由人力资源部门根据本企业不同部门的实际情况，制定一个科学合理的员工考核办法（包括考核量表的设计、标准的核定等）。考核标准以及考核办法制定得好坏将直接影响员工考核的最终实施效果。

（二）考核者训练

员工考核应该公正地进行，因此必须对考核者加以训练。其直接目的是使考核者对员工考核计划和实施过程能正确理解并在全企业范围内采用统一的评价标准。

（三）员工自我考核

员工根据考核办法，按照考核表的要求，以本人的实绩与行为事实为依据对本人逐项进行"自我评估"。

（四）直接主管考核

直接主管收到员工的考核表后，以员工的实绩与行为事实为依据，按照考核表的要求，对员工逐项评分并写评语。

（五）综合考核

由业务部门或职能部门进行综合考核打分，考核结果由直接主管告知属下员工。

（六）考核面谈

由直接主管与员工面谈并提出改进意见。如员工本人不同意主管考核意见，可向上一级主管提出申诉并由上一级主管做出最终考核。员工应理解和服从考核结果。

（七）考核结果的归档

直接主管将属下的考核结果（员工考核表以及考核分数汇总表）送交人力资源部门存档，人力资源部对考核结果做出分类统计分析，报主管总经理签核，以备以后人事决策时使用。

二、绩效考核主体的选择

在员工考核工作中，谁来考核绩效或者说谁是评价者是很重要的。这会直接影响到考核的结果以及员工对考核工作的认可程度。

绩效考核主体是指对员工的绩效进行考核的人员。企业常见的做法是采用"谁下达命令谁考核的原则"。具体来说，业务主管给员工下达指标，同时要考核员工的完成结果。但是，被考核者的考核内容是由一系列考核指标组成的，主体对不同考核指标并不能做到完全了解，如被考核者的沟通协调能力、协作性等，这些考核指标只有被考核者的同级知道得最清楚；如被考核者培育下属的能力等，这些考核指标只有被考核者的下级才最了解。所以，只让主体来对所有指标进行单独评价，那么评价的结果就很值得怀疑了。

为了保证绩效考核的客观公正，应当根据考核指标的性质来选择考核的分主体（分主体主要向考核主体反馈被考核者的绩效信息）。所选择的分主体应当是对考核指标最为了解的，如"协作性"由同事进行信息反馈，"培养下属的能力"由下级进行信息反馈，"服务的及时性"由客户进行信息反馈等。不同的指标又由不同的分主体来进行反馈，让考核主体对每一个指标都比较了解，然后对这些指标做出综合考核，加上人力资源部门的监督，在很大程度上会消除考核的片面性。一般来说，企业在考核过程中可以选择五种评价者来对考核对象进行考核。

（一）直接上级主管

由被考核者的直接上级领导来对下属进行员工考核。目前企业在考核中多数员工考核是采用由直接上级来负责。由于工作的关系，直接主管与下属接触的机会最多，因而最熟悉每个员工的工作绩效。而且，作为上级领导，他会从企业的整体目标考查每一个下属员工的绩效。由于上级负责工资、提升和处罚等方面的人事决策，因此也就最有可能将有效的工作绩效与所采取的人事行动联系起来。

需要指出的是，尽管在许多情况下直接上级是最好的考核人，但在上级很少直接观察下属的绩效的情况下，这种方式并不一定好。比如在教学工作的考核中，即便是教研室主任也不可能对每一位教师的教学工作做到全面掌握，因为他无法直接观察每一位教师的教学工作。

（二）同事

同事之间的相互考核在三种场合下经常使用：提名优秀职员、考核工作等级以及工作业绩排序。许多研究和实践都表明，由于在同一工作环境条件下，同事之间能有较多机会相互了解，这种考核法有较高的可靠性和有效性。但这种考核法仍然存在一定的问题，因为同事之间的友好程度以及他们对员工考核工作和考核结果的看法对整个考核过程会产生消极的或积极的影响。当人们知道同事给自己做了很差的评价时，将会影响到整个群体内部的人际关系，进而会对群体内部的和谐性、群体的满意度、群体的凝聚力以及以后的工作绩效产生不良影响。当然，在实践中一般都是将同事的考核和上级考核结合起来综合考虑。

（三）直接下级

当被评人（通常为管理者）有下级时，可以让直接下级对管理者进行考核。因为下级对上级管理者的授权、计划、组织和沟通等方面的能力都有切身体会。在一名管理者有许多下属的企业中，这种方法用得比较多。最为典型的是在学校中，让学生对教师的教学效果进行评价。需要注意的是，如果要使下级的评价真实、可靠，并有一定的作用，必须要有足够的信任和开放程度。

国外的研究和实践表明，对于中层干部，下级对其工作绩效的考核与直接对他的考核之间有较好的一致性。

（四）自我考核

让每一个员工对自己的工作绩效进行考核有一定的积极意义。当人们有机会参加员工考核时，尤其是参加与个人切身利益密切相关的员工考核时，可以提高对个人的激励作用，也有利于个人在今后工作中的总结提高。当然，自我考核也存在一些问题，诸如容易更多地宽容自己和夸大绩效、回避缺点或不足、不同人的自我考核差异较小等。要提高自我评价的客观性，考核之前应该对员工做动员，一方面要使员工端正态度，另一方面要使员工明白自我考核应侧重于将自己的工作行为和结果与规定的工作要求、标准相比较，不要过分强调个人的技能与能力。

（五）客户评价

在那些要求与公众有许多交往的工作中，评价可由工作者的服务对象来进行。虽然客户不能完全了解工作目标和标准，但是他们能提供非常有用的信息。有时客户能将一个企业作为一个整体进行评价。不同的客户从不同的方面做出的评价可使企业了解不少情况，知道自己在公众中的形象。客户也可以对与之交往甚多的个人做评价。这样的信息可用于人事决策，也可以用于人事研究，还可以作为自我发展计划的基础。

在员工考核中，除了选择合适的方法外，考核者因素是个很重要的方面。实际上，每一种员工考核方法都有其长处，也有其短处。主要的问题常常不在于方法本身，而在于怎么使用它们和谁来使用它们。没有经过训练的员工考核者或者素质较低的员工考核者会严重影响员工考核方法的效果，所以，从一定程度上来讲，要形成有效的员工考核系统，考核者比考核方法更为重要。

考核指标中的主观指标会受到考核者个人因素的影响，不同的考核者在进行员工考核时可能会产生不同性质的偏差。比如：客户的考核往往不够全面、准确；自我考核容易夸大优点；同事的考核可能又会受到同事之间人际关系的影响。因此，在实际考核中要注意两个问题：首先，要根据员工考核的目的来选择适宜的方法，假如考核的目的是提高企业服务对象的满意度，那么客户考核显然是必要的；假如考核的目的是选拔人员，那么上级考核显然是不可缺的。其次，尽可能采用不同的考核者，多角度地对绩效进行考核，以减少由于某一类考核者考核所带来的偏差。

三、考核对象

（一）考核对象的分类

通常公司的绩效管理系统适用于全体员工，包括管理层和普通员工。

管理层的特点是，对公司生产经营结果负有决策责任，并具有较为综合的影响力。对应这样的特点，对管理人员的考核，应采用量化成分较多、约束力较强、独立性较高、以最终结果为导向的绩效考核方式。

普通员工的特点是，工作基本由上级安排和设定，依赖性较强，工作内容单纯，对生产经营结果只有单一的、小范围的影响。对应这样的特点，对普通员工的考核，应采用量化成分少、需要上下级随时充分沟通、主要以工作过程为导向的绩效考核方式。

管理层的工作职责又可分为生产经营直接管理职责和生产经营间接管理职责两大类。生产经营直接管理是指直接参与生产经营活动,做出的决策对企业效益与各项生产经营指标有直接影响。生产经营间接管理是指不直接参与生产经营活动,但从事诸如各项管理程序的政策制定、监督执行、协调管理及信息沟通等工作,其决策对企业效益与各项生产经营指标有间接影响。

（二）不属于考核对象的员工类型

被考核者原则上应是在考核期内在册的全体正式员工。从广义上说,考核对象是指企业所需考核的所有在职员工,但在具体考核过程中下列人员则不属于被考核对象:劳动合同规定的试用期未满的员工;在本单位连续工作时间不到一个考核期的员工;由于各种原因（如长期病休）而长期缺勤的员工以及因特殊原因不能参加考核或无法进行考核的员工。

四、绩效考核周期的确定

对员工进行考核的时间并没有统一的标准。典型的考核周期是季度、半年或一年,也可在一项特殊任务或项目完工之后进行。考核周期不宜太短,否则不但会白白浪费精力和时间,还给员工带来过多的不必要的干扰,造成心理负担。但周期过长,反馈太迟,不利于改进员工的绩效,并会使得大家感觉考核作用不大,可有可无,从而使考核流于形式。一般说来,半年考核一次较为适宜,把两个半年考核评分的平均值作为全年得分,并据此实行奖惩。当然,最好还是保持连续考查,注重记录关键事件,再结合定期考评。一般来讲,确定考核周期需要从以下四个方面考虑。

（一）所在行业的特征

产品生产周期长短不同,对考核周期也会产生影响。例如,生产和销售周期短的行业,一般一个月内就有好几批成品生产出来或销售出去,这样可以以月度为周期进行考核;而某些生产大型设备的行业,或者以提供项目服务为产品的企业,服务周期一般都比较长,其生产周期往往是跨月度、跨季度,甚至是跨年度的。因此,对于此类企业的考核周期,如果为月度显然是不合理的,其考核周期应该加长。

（二）职务职能类型

对中高层管理人员的考核周期,实际上就是对整个企业或部门经营与管理状况全面评估的过程。这种战略实施和改进计划的过程,不是可以通过短期就能取得成果的,其考核周期应适当放长,一般为半年或一年。

对于销售人员的考核最容易量化,因为其考核指标通常以销售额、回款率、市场占有率、客户满意度等硬指标衡量。因此,对销售人员的考核,应根据实际情况尽可能缩短,一般为月度或季度。

对于生产系统的基层员工,出于强调质量和交货期的重要性,强调的是短期的激励,因此一般应采用短的考核周期,同时加强薪酬管理,缩短发放的时间,以此来强化激励的效果;如果生产周期比较长,则可以延长考核周期,按照生产批次周期来进行考核。

对研发人员的考核指标，一般以任务完成率和项目效果评估，因此一般采用考核周期迁就研发指标周期的做法，即以研发的各个关键节点作为考核的周期，年底再根据各个关键节点和项目完成情况进行综合考评。另外，对研发人员的考核最忌讳急功近利，因为研发人员需要的是一个宽松、稳定的环境，而不应增加太多的管制。

行政与职能人员是考核工作的难点。针对行政人员工作的特点，重点应该考核工作的过程行为而非工作的结果，考核周期应该适当缩短，并采用随时监控的方式，记录业绩状况，该类人员的考核以月度考核为主。

（三）考核指标类型

对于业绩考核，一般采用关键业绩指标进行评估，能力和态度指标是支撑关键业绩指标得以实现的保证。工作业绩是工作产生的结果，如数量指标、质量指标、完成率、控制率等。因此，业绩类指标考核周期应该适当缩短，以使其将注意力集中于短期业绩指标。工作能力评估着眼于未来，但这些指标的改变往往不是短期内可以提高的。因此，对于能力指标的评估周期应该加长，一般以年度或半年度作为考核的周期。态度指标的考核周期应该缩短，因为工作态度往往直接影响到工作的产出，也就是业绩指标。因此，将态度指标考核周期缩短，有利于引导员工关注工作的态度与作风问题，从而确保业绩指标的实现。

（四）绩效管理实施时间

考核周期设置不宜过长也不宜过短。如果考核周期过长，一方面会带来严重的"近因效应"，从而给考核带来误差；另一方面会使员工失去对绩效考核的关注，最终影响考核的效果。如果考核周期太短，又会导致考核成本的加大，最直接的影响是各部门的工作量加大，同时由于工作内容可能跨越考核周期，导致许多工作表现无法进行评估。

五、绩效考核的实施步骤

第一，人力资源部负责编制考核实施方案，设计考核工具，拟订考核计划，对各级考核者进行培训，并提出处理考核结果的应对措施，以供绩效考核委员会决策。

第二，各级主管组织员工撰写述职报告并进行自评。

第三，所有员工对本人在考核期间内的工作业绩及行为表现（工作态度、工作能力）进行总结，核心是对照企业对自己的职责和目标要求进行自我评价。

第四，部门主管根据受评人日常工作目标完成程度、管理日志记录、考勤记录、统计资料、个人述职等，在对受评人各方面表现充分了解的基础上，负责进行客观、公正的考核评价，并指出对受评人的期望或工作建议，交给部门上级主管审核。如果一个员工有双重直接主管，由其主要业务直接主管负责协调另一业务直接主管对其进行考核。各级主管负责抽查间接下属的考核过程和结果。

第五，主管负责与下属进行绩效面谈。当直接主管和员工就绩效考核初步结果谈话结束后，员工可以保留自己的意见，但必须在考核表上签字。员工若对自己的考核结果有疑问，有权向上级主管或考核委员会进行反映或申诉。对于派出外地工作的员工，反馈面谈由该员工所在地的直接主管代为进行。

第六，人力资源部负责收集、汇总所有考核结果，编制考核结果一览表，报公司考核委员会审核。

第七，考核委员会听取各部门的分别汇报，对重点结果进行讨论和平衡，纠正考核中的偏差，确定最后的评价结果。

第八，人力资源部负责整理最终考核结果，进行结果兑现，分类建立员工绩效考核档案。

第九，各部门主管就绩效考核的最终结果与下属面谈沟通，对受评人的工作表现达成一致意见，肯定受评人的优点所在，同时指出有待改进的问题和方向，双方共同制订可行的绩效改进计划和个人发展计划，提高个人及组织绩效。

第十，人力资源部对本次绩效考核成效进行总结分析，并对以后的绩效考核提出新的改进意见和方案，规划新的人力资源发展计划。

第六章 绩效考核结果的运用

第一节 绩效改进

为企业和员工带来期望的结果和利益，否则绩效管理活动的开展将困难重重。大量数据表明，绩效考核流于形式的一个重要原因是考核结果没有系统运用。显然，绩效管理是否成功，关键看绩效考核结果如何运用。很多企业绩效管理最终失败，主要原因就是考核结果与员工个人利益没有关系，导致员工根本不重视绩效考核。因此，绩效考核应该与员工的利益紧密相关，绩效考核的结果要运用到人力资源管理的其他职能中，从而真正发挥绩效管理的作用，保证绩效管理目的的实现。

绩效考核结果的运用包括两个层次的内容：一是作为人事决策的依据，管理者可以直接根据绩效考核的结果对相关员工做出奖惩与人事调整决策；二是对绩效考核的结果进行分析，为员工的绩效改进、培训、职业生涯规划提供指引，为企业进行绩效分析提供依据。

绩效管理的直接目标是改善和提高员工的绩效。所谓绩效改进，是指确认工作绩效的不足和差距，查明问题的根源，并据此制订改进计划和策略，不断提高竞争优势的过程，即指采取一系列行动提高员工的能力和绩效。在管理实践中，一般认为绩效改进就是引导员工的绩效朝着管理者所期望的方向发展。对于符合组织目标的绩效或行为，管理者应鼓励其继续保持并发扬光大；对于与组织目标不一致的行为或绩效，管理者应当给予负强化，去除不正确行为，促进所期望的行为出现。

一、绩效改进的指导思想

绩效改进是有目的、有方向的管理过程，主管人员应把握以下指导思想。

第一，绩效改进是绩效考核的延续，所以绩效改进的出发点应当是在考核的基础上帮助员工进一步改善工作绩效，不能将这两个环节的工作割裂开来考虑。由于绩效标准是客观的，只有找到标准绩效与个体实际绩效之间的差距，才能明确绩效改进的需求。

第二，绩效改进只有融入各部门的日常管理工作之中，才有其存在价值。绩效改进不是主管人员的附加工作，不是组织在特殊情况下追加给主管人员的特殊任务，它应该成为主管人员日常工作的一部分，主管人员不应该把它当成一种负担，而应该把它看作是一项日常的管理任务来对待。当然，这种自然融入的达成，一方面有赖于优秀的企业文化对主管人员和员工的理念灌输，使他们真正认可绩效改进的意义和价值；另一方面有赖于部门内双向沟通的制度化、规范化，这是做好绩效改进的制度基础。

第三，帮助下属改进绩效，提升能力与完成管理任务一样，都是主管人员义不容辞的责任。主管人员不应该以"没有时间和精力""绩效改进效果不明显"等理由加以推脱。

主管人员对绩效管理有一个普遍的误解，常常认为它是"事后"讨论，其目的仅仅是抓住那些犯过的错误和绩效低下问题。这实际上不是绩效管理的核心。绩效管理并不是以反光镜的形式找员工的不足。它是为了防止问题发生，找出通向成功的障碍，从而提高下属的业绩和能力，以免日后付出更大的代价。所以，主管人员应该勇于承担绩效改进的责任。

二、绩效改进的基本原则

在制定绩效改进计划之前，主管和员工应该对一些问题达成共识，把握住四个基本原则。

第一，平等合作原则：主管和员工在分析绩效状况、制定绩效改进计划时是一种绩效伙伴关系，他们共同为了提高员工绩效、帮助本部门实现目标而制订计划。

第二，参与原则：只有员工才真正了解自己的工作状况，因而在制定绩效改进计划时主管应该更多听取员工的意见，鼓励员工积极参与。

第三，指导性原则：在绩效改进阶段，主管的主要职责是以组织和部门的目标为基础，结合员工个人实际情况，给员工绩效的改进提出中肯的建议，指导员工改进工作态度、行为，并提供必要的资源和支持。

第四，面向未来原则：绩效改进的目标着眼于未来，所以在制订与实施计划时要有长远的、战略性的眼光，把员工个人的发展与企业的发展紧密结合起来。

三、绩效改进的步骤

绩效改进并非一朝一夕可以完成，需要循序渐进，遵循一定的规律。虽然在实践中绩效改进的形式多种多样，但其过程大致上可以分为以下几个步骤。

（一）绩效诊断与分析

绩效诊断与分析是绩效改进的第一步，也是绩效改进最基本的环节，主要包括以下几个关键步骤。

1. 分析考核结果，找出员工绩效不良的关键点

首先，管理者与员工平等沟通，深入探讨和分析员工的绩效考核结果，回顾员工在绩效周期内的表现，找出员工绩效中存在的问题，使员工认识到自己在工作中哪些方面做得好，哪些方面做得不够好，目前的差距有哪些。

其次，员工与主管人员双方共同分析员工绩效方面存在差距的原因，找出员工在工作能力、方法或工作习惯、态度等方面有待改进的地方。双方在充分沟通的基础上，针对存在的问题和有

待改进的地方，选取员工目前最为迫切需要改进且易改进的方面，制订合理的绩效改进计划，并确保其能够有效实施，如个性化的培训等。

最后，在下一阶段的绩效辅导过程中，管理者要落实已经制订的绩效改进计划，尽可能为员工的绩效改进计划的实施提供知识、技能等方面的帮助和政策、资源方面的支持。

在分析绩效差距的过程中可以采用以下几种方法。

目标比较法：管理者将考核期内员工的实际工作表现与绩效计划的目标进行对比，从而通过对比寻求工作绩效的差距和不足的方法。这是一种常见的绩效改进方法，具有简单易行，说服力强的特点。但该方法对绩效计划和日常绩效监督与记录要求较高。

历史比较法：这是将考评期内员工的实际业绩与上一期的工作业绩进行比较，衡量和比较其进步或差距的方法。这种方法虽然能找出员工的绩效变化规律，但由于脱离具体绩效计划，无法说明员工是否达成既定目标。

横向比较法：在各部门、单位间，或各员工间进行横向比较。这种方法能够让员工清楚自己在组织中的位置，从而为树立标杆、改善绩效提供指引。但需要注意的是：人与人的比较可能会恶化人际关系，引发不良竞争。

绩效问题的责任人可以定义为不良绩效员工。企业可以针对发现的关键绩效问题，考虑现有资源和绩效责任主体（不良绩效员工），综合考虑各种因素大致确定绩效改进的方向和重点，为绩效改进方案的制订做好准备。

2. 组建绩效改进部门

条件允许的企业可以组建专门的绩效改进部门来具体负责绩效改进工作。部门的人员结构、数量、组建方式由绩效改进的需求确定。如果绩效问题比较严重，对部门的人员数量、结构、运作要求会更高。绩效改进部门是在传统的培训部门的基础上发展过来的，但两者在名称、使命、提供的服务、部门内部人员的角色、部门的实际组织结构以及部门的职责及衡量标准等方面有所不同。一般而言，大多数企业都没有必要专门组建绩效改进部门，而是由人力资源部门会同员工的主管来完成，特别是员工的直接上级应作为承担绩效改进责任的主要人员，这是因为帮助下属绩效改进是管理者日常工作的一部分，与完成管理任务一样都是管理者义不容辞的责任。

3. 选择绩效改进的方法

波多里奇卓越绩效标准、六西格玛管理、ISO质量认证体系和标杆超越等作为改进企业绩效的标准化方法，在西方国家的实践中已经取得巨大的成功，现已逐渐被我国所采用。在选择具体的绩效改进方法的时候，企业要根据实际需要和环境的实际要求，合理选择一个或者几个方法。

（1）波多里奇卓越绩效标准

美国波多里奇国家质量奖在全球的影响很大。波多里奇国家质量奖评奖标准是组织自我考核、评奖及评审组向申请组织反馈评定结果的基础。该标准在增强美国的竞争力方面有很重要的作用：有助于提高组织绩效的运作、能力和结果；促进交流并分享全美所有组织中的最佳运作方法；是了解并控制组织的行为、指导策划和培训的工具。

该标准的设计是为了帮助组织使用绩效管理一致性的方法从而达到以下结果：向顾客、相关方传递不断改进的价值观，致力于组织的持续成功；改进组织的整体效率和能力；促进组织和个人的不断学习。

波多里奇卓越绩效标准通过识别和跟踪所有重要的组织经营结果，关注整个组织全面管理框架下的卓越绩效，从而保证顾客、产品或服务、财务、人力资源和组织的有效性。从这方面来看，波多里奇卓越绩效标准的作用已不仅仅限于绩效改进的工具。

（2）六西格玛管理

目前世界各国许多大企业竞相推出六西格玛管理，在绩效改进和效益提高等方面取得了巨大的成功，形成了企业管理的新潮流。但是，六西格玛管理在今天已不仅仅是指产品质量管理和绩效改进工具，而是一整套系统的企业管理理论与实践方法。在企业整个业务流程和所有环节上，六西格玛管理都要求致力于运用科学方法提高效率，减少失误，从而使得整个流程达到总体最优状态，并使整个流程中每百万个产品的缺陷率小于 3.4，这对企业来说是一个很高的目标，而对顾客来说则高度符合他们的要求。

六西格玛管理的重点集中在测量产品质量和改进流程管理两方面，进而推动流程改进和节约成本。六西格玛管理的基本思路是，以数据为基础，通过数据揭示问题，并把揭示的问题引入统计概念中去，再运用统计方法提出解决问题的方案。其核心是建立输入变量和输出变量之间的数学模型，通过对输入变量的分析和优化，改善输出变量的特性。

（3）ISO 质量认证体系

ISO 质量认证体系是一个产品（服务）符合性模式，目的是在市场环境中保证公正，从而集中弥补质量体系的缺陷，消除产品（服务）的不符合性。ISO 质量体系提供了信息及工序控制机制用来更有效地管理企业。ISO 质量体系可以控制质量成本，减少浪费和提高生产率。顾客将对来自有质量体系认证的企业的产品更感兴趣，行之有效的质量体系也能改进产品质量，这两个因素将提高企业及其产品在开放市场的中的竞争力。

（4）标杆超越

标杆超越法是由美国施乐公司于 20 世纪 70 年代末首创的，它是通过对比和分析先进企业的行为方式，对本企业的产品、服务、过程等关键因素进行改革和变革，使之成为同行业最佳的系统性过程。标杆超越可分解为以下几个主要内容。

第一，标杆超越中的标杆是指有利于实践，但不一定是最佳实践或最优标准。

企业采用标杆超越法中的标杆树立目的是改善企业自身的产品、服务、经营管理、运作方式，找出企业自身与标杆存在的差距，创造性地改进和优化企业实践，达到增强竞争力的目的，从而帮助企业实现其战略目标，而不是让企业和员工感到自卑、丧失信心，甚至绝望。所以标杆的选取很是重要，尤其当它应用于薪酬和考核体系中更应慎重，它犹如一把"双刃剑"，既可刺伤竞争对手，也可刺伤企业自己。

第二，标杆超越中的标杆有很大的选择余地，企业可在广阔的全球视野寻找其基准点。

企业往往可借助"战略目标逆向分解法"和"目标管理法"进行层层分解，并通过各种调研手段，寻找有助于企业实现战略目标的标杆或标杆值，为此，要突破职能分工界限和企业的性质与行业局限，重视实践经验，强调具体的环节、界面和工作流程。同时也可以对多种候选标杆进行有效的分析和筛选，并根据战略需要进行相应的动态调整。

第三，该方法是一种直接的、片段式的、渐进的管理方法。

基于企业业务、工作流程和工作环节的可解剖性、可分解性和可细化性，企业既可以寻找整体最佳实践作为标杆来比较，也可以仅仅发掘优秀"片段"作为标杆值来比较，以利于某一标准指标值的公平合理性和科学性。除此之外，企业可根据总体战略需要，分阶段、分步骤地确立相应的标杆企业或标杆值，循序渐进地改善企业的关键绩效水平。

第四，该方法尤其应注重不断比较和衡量。

标杆超越的过程自始至终贯穿着比较和衡量。在比较和衡量过程中，必然伴随着"新秩序的建立、旧秩序的改变"，为此，企业需要强有力的培训和指导，并建立相应的机制来辅助超越标杆。

（二）选择和实施绩效改进方案

1.采取改进措施的原则

企业明确了绩效差距，找到了产生差距的原因，选择了合理的改进方法，并不意味着问题就能很容易解决。绩效的多因性告诉我们，绩效问题往往有多重原因。这意味着需要几种改进措施同时进行。事实上，几种改进方法结合在一起常常会有更好的效果。但不管采取哪些改进措施，以下原则不可违背。

及时性原则：时机是很重要的，发现员工的绩效问题应及早指出，及时制订改进计划。

客观原则：主管应彻底、客观地调查产生绩效问题的原因，不可主观臆断。

以正式的文件明确下来。

2.选取待改进方面的原则

虽然每个员工需要改进的方面都有很多，但并不意味着所有的方面都必须改进。在实践中，我们需要根据一定的原则来判断哪些需要改进，哪些暂时不必改进。选取待改进方面的原则如下。

（1）重新审视绩效考核结果

主管的考核是否都合乎事实？主管所发现的员工优缺点是否准确？也许主管没有真正察觉员工的缺点，也许主管认为的缺点事实上却是员工的优点。

（2）从员工愿意改进之处着手

绩效不佳的员工往往存在很多需要改进的方面，但并不是每个方面或问题都是员工愿意改进的。为提高绩效改进的效果，主管需要了解员工的意愿，从其愿意改进之处着手制订改进计划，这可有效激发员工改进工作的动机。

（3）从易出成效的方面开始改进

绩效改进既要立足长远，关注员工的长期发展，又要重视短期效果，争取能在短时间内见到改进的效果。立竿见影的经验总使人较有成就感，也有助于再继续其他方面的改进。

（4）投入—产出比最优原则

绩效改进不是盲目地投入，而是要综合考虑投入产出比，根据改进绩效所需投入的时间、精力和金钱，选择最合适的方面进行改进。

3.选取绩效改进方面的符合条件

绩效改进往往意味着员工要改变其习惯的思想和行为方式，如果操作不当会引起员工的不满或抵触。为了使绩效改进能实现，选取绩效改进方面时必须符合四个要点。

（1）改进的意愿

从哪方面改进，应适当尊重员工的个人意愿。员工只有具备自己想改变的愿望，才会有动力将不足之处改善彻底。

（2）必备的知识和技术

绩效改进需要足够的知识和技术支撑。凡是要求员工改进的方面，主管必须保证员工知道要做什么，并知道应如何去做。因此，选择绩效改进的方面，要看员工的知识和技术储备。

（3）鼓励改进的氛围

员工必须在一种鼓励他改进绩效的环境里工作。如果在改进过程中员工经常受到打击或嘲笑，则改进很可能失败。造就这种鼓励改进工作氛围，最重要的因素就是主管。员工可能因畏惧失败而不敢尝试改变，这时，需要由主管去协助他们，帮他们建立信心。

（4）奖励

如果员工知道行为改变后会获得奖赏，那么他较易去改变行为。奖励的方式可分为物质和精神两方面：物质方面包括加薪、奖金或其他福利；精神方面则包括自我的满足、表扬、加重责任、更多的自由与授权。

（三）变革管理

绩效改进方案成功的关键是对变革过程的管理。改进意味着组织和个人的某些改变，而改变会遇到阻力。阻力或是来源于利益冲突，或是来源于旧的观念和行为习惯，还有的是来源于不安全感等。在设计改进方案时就需要考虑到其执行过程中可能遇到的障碍，并先行想好对策。一般而言，领导者的支持、充分的宣传和沟通、严密的步骤是保证改进成功的重要因素。

（四）绩效改进结果评估

结果评估就是对绩效改进结果进行考核，以确定其是否实现了缩小绩效差距的目标。评估结果将反馈回组织观察和分析过程之中，从而开始新的循环过程。在进行评估时还应该综合考虑一些限制因素，比如个人能力、性格、态度、动机、价值观以及周围的工作环境和压力等，这些因素都会影响绩效改进效果。

绩效改进效果评估可以参照结果评估的四个维度。

维度1：反应。工作场所的各类成员对改进活动以及活动对他们影响的反应结果如何？客户和供应商的反应怎样？

维度2：学习或能力。实施后，员工了解或掌握了哪些以前不会的知识或技能？

维度3：转变。改进活动对工作方式是否产生了所希望的影响？工作中是否开始运用新的技能、工具、程序？

维度4：结果。改进活动对绩效差距的影响是什么？差距的缩小与经营行为具有正向相关关系吗？

四、绩效改进计划的制订

绩效改进计划（IDP），是指根据员工有待发展提高的方面所制订的一定时期内有关工作能力和工作绩效提高的系统计划。

（一）绩效改进计划的要求

1. 切合实际

为了使绩效改进计划确实能够执行，在制定绩效改进计划的时候应本着几条原则：容易改进的优先列入计划，不易改进的列入长期计划，不急于改进的暂不列入计划。也就是说，容易改进的先改，不易改进的后改，循序渐进，从易到难，以免使员工产生抵触心理。

2. 计划要有时间性

计划的拟订与实施必须要有时间的约束，可以制定一个具体的时间表，注明每一阶段要改进哪一项绩效。有了时间表，员工行为就有了时间对照标准，也可以避免计划流于形式。

3. 计划内容要具体

企业什么时候该做什么事必须说清楚，具体、看得见、摸得着、抓得住才行，切不可提出一些空泛的目标，比如"争取在两年内，使我们公司产品质量有一定的提高"这样的目标就太过于抽象，员工不清楚"有一定的提高"是个什么概念。如果把这个目标改为"争取在两年内，使我公司平均废次品率由原来的35%下降到8%"，这样的目标具体可操作，员工才有一个指导方向。目标也不能不切实际地拔高。比如上例中，如果目标改为"争取在两年内，使我公司废次品率由原来的35%下降为0"，这显然是不可能的，员工对这样的目标自然提不起热情，因为谁也不会对不可能发生的事情感兴趣。

4. 计划要获得认同

绩效改进计划必须得到双方的一致认可才有效，才能确保计划的实现。绩效改进者要感觉到这是他自己的事，而不是上级强加给自己的任务。为了得到员工的认可，主管人员必须通过种种宣传手段使员工明白绩效改进工作的目的和意义，消除员工的疑惑和顾虑，争取员工的支持。

5. 绩效改进指导

现代考核技术中，应把在工作中培养下属视为改进工作绩效的重点来抓。同时为了检查绩效改进工作效果，主管人员应分阶段对员工进行考查，在考查中发现问题要及时做出反馈，指导绩效改进工作朝预定目标方向发展。

（二）绩效改进计划的内容

员工绩效改进计划通常包括以下几方面的内容。

1.绩效表现中存在的不足和有待改进的项目

通常是指在工作的能力、方法、习惯等方面有待提高的方面。这些有待发展的项目可能是现在水平不足的项目，也可能是现在水平尚可但工作有更高要求的项目。一个人需要改善和提高的项目可能很多，但不可能在短短的半年或一年时间内全面得到改善和提高，所以在员工绩效改进计划中应选择那些最为迫切需要改进且易改进的项目。关于绩效改进项目的选取，除了要遵循前文中选取待改进方面的原则以外，还要考虑绩效改进的难易程度和轻重缓急。

2.改进这些项目的原因

选择某些有待改进的项目列入员工绩效改进计划中一定是有原因的。其原因通常是由于这方面的水平比较低，而工作任务完成或员工未来发展又需要其在这方面表现出较高的水平。在绩效改进计划制定过程中，主管一定要和员工就此进行沟通，使员工了解改进的必要性。

3.绩效改进的具体目标

绩效改进计划根据目前的绩效水平和期望达到的水平制定明确清晰的目标，因此在制订员工绩效改进计划时主管要指出需要员工改进和提高项目的目前表现水平是怎样的，期望达到的水平又是怎样的，并列出两者的具体差距，从而为员工的绩效改进指明方向。主要目标项包括业绩目标、能力提升目标和价值观改进目标等。各项目标要设定目标值、衡量标准和考核权重等。目标的确定必须有时限的要求，否则这一目标就没有实际意义。同样在员工绩效改进计划中，要确定经过多长时间才能将有待发展项目的绩效从目前水平提升到期望水平。

4.绩效改进的措施

将某种有待发展的项目从目前水平提高到期望水平可能有多种方式，如自我学习、理论培训、研讨会、他人帮助改进等。对一个项目进行改进可以采用一种方式，也可多种方式同时实施。具体采用何种方式，需要综合考虑企业和员工的能力、意愿。

绩效改进的方面确定后，主管和员工应以文件的形式将相关内容记录下来。绩效计划改进表就是一种常见的方式。

第二节 绩效考核结果与培训

员工培训是指企业有计划地开展提升员工的学习与工作相关能力的活动。在传统意义上，培训侧重于近期目标，重心放在提高员工当前工作的绩效，从而开发员工的技术性技巧，以使他们掌握基本的工作知识、方法、步骤。

一、培训需求分析的内容

在培训过程中，关键的环节是培训需求分析，即在规划与设计每一项培训活动之前，由培训部门、主管人员、工作人员等采用各种方法与技术，对各种组织及其成员的知识、技能、能力等方面进行系统的鉴别与分析，以确定是否需要培训以及培训什么活动或过程。培训需求分析既是培训活动的起点，也为培训指明了方向。

（一）培训需求分析的层次

1. 组织分析

组织分析主要基于企业的长期发展战略，根据对环境、组织目标和资源等的分析，结合组织现有的人力资源状况，确立企业未来的发展重点，辨别由此带来的组织的发展和变化以及这种变化对员工素质提出的新的要求。从培训角度对组织的分析可以从三个方面进行，即组织环境分析、组织目标分析和组织资源分析。

2. 任务分析

任务分析明确地说明每一项工作的任务要求、能力要求和对人员的素质要求。任务分析的目的在于了解与绩效问题有关工作的详细内容、标准，以及达成工作所应具备的知识和技能。任务分析的结果也是将来设计和编制相关培训课程的重要资料来源。任务分析需要富有工作经验的员工积极参与，以提供完整的工作信息与资料。

3. 人员分析

人员分析是确定个体员工是否需要培训、哪些人需要培训以及他们需要什么样的培训，据此确定所需要的培训努力或特定的培训项目。在需求分析阶段，培训设计者已经完成了组织分析，理解了培训系统如何适应组织以及促进因素和阻碍因素是什么，而且工作分析中的任务分析也确定了需要做的重要任务是什么，完成这些任务所需要的技能是什么。

在人员分析过程中，重点是根据现有员工目前的状况，考核与理想状态的差距，这个差距就是培训的内容。进一步说，人员分析主要是通过分析工作人员个体现有状况与应有状况之间的差距，来确定谁需要和应该接受培训以及培训的内容。人员分析的重点是考核工作人员实际工作绩效以及工作能力。其中包括下列数项。

（1）个人考核绩效记录

其主要包括员工的工作能力、平时表现（请假、怠工、抱怨）、意外事件、参加培训的记录、离（调）职访谈记录等。

（2）员工的自我考核

自我考核是以员工的工作清单为基础，由员工针对每一单元的工作成就、相关知识和相关技能真实地进行自我评量。

（3）知识技能测验

以实际操作或笔试的方式测验工作人员真实的工作表现。

（4）工作态度考核

员工对工作的态度不仅影响其知识技能的学习和发挥，还影响其与同事间的人际关系，影响其与顾客或客户的关系，这些又直接影响其工作表现。因此，运用定向测验或态度量表，有助于了解员工的工作态度。

员工个人层次分析也称微观层面的培训需求分析，主要是解决当前的组织绩效问题，与绩效考核结果联系最密切。

（二）基于考核结果的培训需求分析

绩效考核结果是企业确定员工培训需求的重要依据。基于考核结果的培训需求分析能够使培训与员工的绩效改进紧密结合，提高培训的有效性，进而有利于企业目标实现。

基于考核结果的培训需求分析的基本做法是考查员工在工作行为或工作绩效方面是否与既定标准存在差异。管理人员可以从员工的安全生产记录、缺勤率、工作态度、同事的意见或投诉、员工申诉案件、工作绩效考核结果等多个方面，综合了解员工的行为、态度及工作绩效与绩效目标之间的差异。如分析结果表明，员工确实有差异存在，就说明有进行培训之必要。

在使用基于考核结果的培训需求分析时，有两个方面需要考虑。

1. 绩效差异的重要性

事实上，并不是所有的绩效差异都需要立即得到改进。在绩效改进一节中，我们已经知道管理者可从绩效改进的难易程度和急缓程度两个维度权衡绩效改进的必要性。在培训需要分析过程中，员工的绩效差异是否需要通过培训来消除，首要的判定标准是对组织的影响。也就是说，只有绩效和行为差异对组织有负面不良影响时，这些绩效和行为才值得重视，管理人员也才可以考虑对员工的培训。绩效层面的重要性自然要根据组织的目标和发展方向而定。当绩效差异影响到组织目标的实现与组织的未来发展时，就必须分析影响绩效的原因和根源。一般来说，员工绩效不佳的原因可以从以下方面分析：员工是否欠缺适当的知识技能？是否存在环境上的限制或制约？是否缺乏适当的激励或动机？是否员工的身心健康状况不佳？管理者通过以上分析，确认是否有进行培训的必要。

2. 培训员工是不是最佳的途径

当绩效和行为差异是因为个人知识和技能不足、员工行为表现不好、主管不积极参与员工培训所引起，对员工或主管的培训便可能是最好的方法。因为培训不仅能提高员工的技术和增加员工的知识，而且能够引导员工的行为规范。但是，培训是否为解决问题的有效途径，还应把培训成本和绩效差异所造成的损失加以比较，如果不经过这种比较，将会导致培训边际效用的减少，使最终效用受到影响。

当出现下面情形时，则说明培训已经非常必要了：一是新员工加入；二是员工职位调整；三是顾客抱怨；四是发生生产事故；五是产品生产质量降低；六是产品销售量下降；七是企业内部损耗升高；八是员工思想波动、士气低落；九是员工工作效率下降。

二、基于绩效咨询模型的员工培训需求分析

传统的培训需求分析做法是管理者与员工一起找出培训与非培训因素，并直接给出培训方案或环境改善建议方案。绩效咨询模型原本是为绩效咨询顾问开发的，用来改进对组织绩效问题的思考。用绩效咨询模型进行员工培训需求分析的最大优势是：通过实现业务目标与理想岗位绩效行为的因果联系，员工培训需求被严格地置于"企业整体战略—部门业务目标—员工个人绩效"的架构中，并得到系统评估。

基于绩效咨询模型界定员工培训需求的核心过程，首先是发掘出公司为实现业务目标而必须要做到的事情——理想岗位绩效，然后是构建绩效模型，就是公司为实现当前和未来战略目标而必须表现出来的绩效行为描述的总和。在此基础上，通过科学的评估手段分析员工现实岗位绩效与绩效模型（理想岗位绩效）的差距，再根据差距分析模型原理确认可能存在的培训需求。通过培训使员工的岗位绩效行为尽可能接近理想状态，从而促进业务目标实现。其具体步骤如下。

（一）确认业务目标

在进行任务分析与人员分析前，必须先对企业的战略目标进行详尽分析，归纳出该企业的核心业务、未来几年的主营方向及未来几年主要业务目标。

（二）构建绩效模型

1.模型描述手段选择

岗位绩效模型有两种描述手段，一种是描述实现运营成果的最佳绩效实践的绩效语言描述，另一种是从技能、知识及态度的角度来说明实现运营成果的预期的胜任特征描述。这两种描述手段各有长处，比较而言，绩效语言描述更适宜用于提供入职指导，更倾向于评估具体工作的岗位；相反，胜任特征描述更符合人力资源管理的长远发展，更适合用于分析管理职位。

从个体层面上研究胜任特征有三种思路：一是与工作相关的胜任特征，它包括任务胜任特征、结果胜任特征和产出胜任特征，此外还包括有关人的特征的胜任特征（如知识、技能、态度、价值观、取向和承诺等）。二是良好绩效者的特征所构成的胜任特征。三是特征集合构成的胜任特征（如领导、解决问题和决策等）。最常用的是第一种思路中的任务胜任特征和第二种思路。

2.模型的信息来源

在人力资源管理较规范的情况下，岗位绩效模型的信息可直接通过访问杰出任职者和其直接上级来获取。对我国企业而言，收集岗位绩效模型还必须拓宽信息来源渠道，以确保信息的全面性和准确性。除了通过企业调研与集团高层、中层经理访谈外，还可深入研读部门职责与岗位职责，有选择地观察各员工的工作行为。同时，还应广泛查阅学术界关于现代企业经营管理者素质的研究论述，作为有益的信息来源补充。

（三）确认培训需求

1.选取评估现有技能水平的方法

绩效咨询模型的假设是：存在能满足业务目标的理想绩效行为，即要实现业务目标，行为者

的绩效必须要在工作中显现出来。因此，如果行为者的现有技能水平与理想绩效行为存在差距，则可判断可能存在培训需求。评估现有技能水平的方法主要有访谈、问卷调查、直接观察、审读文献等。考虑到叙述性的信息在判断绩效差距时难以分析及业务往来文件不易获取，可主要以问卷调查为主，以观察为辅收集反映各中层经理现有技能水平的信息。

2. 问卷调查

问卷调查是指企业利用绩效模型设计问卷的调查项目，然后分别用五个等级来考核能力的重要性与现有技能水平。循环评估模型及大多数学者设计的任务分析调查问卷主要是关注各项任务的执行频率、重要性及难度三方面。显而易见，这种问卷的设计思路是"必须学习什么"，而不是"必须做什么"。实际上，只要员工完成任务与理想绩效存在"差距"，就有可能存在培训需求，而任务执行频率及难度最多只是强化或弱化这种培训需求。

第三节 绩效考核结果与人事决策

一、绩效考核结果与人员招聘

绩效管理活动贯穿于人力资源管理工作的所有环节，人员招聘工作的直接目的是满足岗位用人需求，但本质上也是促进企业绩效目标的实现。招聘是否成功，直接决定一名员工在企业中能否有良好的绩效，反过来，绩效考核结果也可以作为考核招聘成功与否、指导下一步招聘工作的依据。通过分析员工的绩效考核结果，人力资源管理人员对各职位的优秀人才所应具备的优秀品质与绩效特征会有更加深入的理解，为招聘甄选提供十分有价值的参考。新招聘的员工是否适合所在的职位，就要看其工作一段时间之后的绩效结果，这可以从招聘后一段时间内的工作绩效表现出来，如果绩效考核结果比较满意，就说明招聘比较成功；反之，则需要对各个环节进行检查。因此，许多组织都把绩效考核结果与招聘决策有机联系起来。通过这样一个过程，企业不仅可以尽量避免因所招聘人员的不适合而带来的损失，而且会在很大程度上不断提高招聘的有效性，降低招聘成本。

二、绩效考核结果与职位调整

绩效考核的结果经常被用来作为员工职位调整的依据。当员工工作表现突出，绩效考核结果良好，就可以让其承担更多的责任或者对其提升；当员工在某方面的绩效考核结果不尽如人意，很可能是目前所从事的职务不适合他，可以通过降职或调动职务的调整方式，使该员工从事更合适的工作。如果员工经过多次的考核和职务调整，都无法达到绩效标准，则可以考虑将其解雇。

企业如果在职位晋升中应用绩效考核结果，还应结合对员工胜任力的评估。因为员工在目前的职位上绩效优秀，这并不代表他一定能胜任更高的职位，还必须看他在新职位上的潜力如何。

三、绩效考核结果与员工解雇

如果是员工个人不努力工作、消极怠工，企业可以采取淘汰的方式；如果是员工所具备的素质和能力与现有的岗位任职资格不匹配，则可以考虑进行岗位轮换，以观后效。

目前，很多企业普遍采用"末位淘汰"制度。但在采取末位淘汰时，有很多问题需要引起注意。比如，淘汰的标准如何制定？淘汰的比例如何确定？是否有相应的企业文化基础？有的企业在实施末位淘汰时，淘汰标准过于简单，年末对员工进行一次360度考核，然后根据得分高低把员工进行排序，得分在最后某一比例内的员工则遭到淘汰。在此需要思考的是：企业到底应该淘汰什么样的员工。显然是应该淘汰不称职的员工，不称职的员工就是不能达到工作标准的员工。但在实际操作中，很多企业在实施末位淘汰时是把人与人进行比较，而不是把人和工作标准进行比较，这显然会产生不公平。在企业内部，由于员工职位不同，导致的任职资格不同，所承担的任务不同，衡量的标准就很难统一。

解雇员工是一件非常困难的事情，建立一种标准化的、系统性的惩戒以及解雇方法对于所有组织来说很有必要，在此，我们介绍一些发达国家员工解雇的管理方法。

（一）系统的惩戒

在大多数情况下，企业一般不应当在员工首次出现过失时就予以辞退，而应当给员工改正错误的机会。只有在系统的惩戒计划执行完毕之后才辞退员工。系统的惩戒计划一般采取按照员工犯错次数或错误严重程度逐级惩罚的方式。需要注意的是，所有的惩戒措施一定要在事先详细说明并有文档记载。

（二）建设性争议解决法

在大多数情况下，企业不希望通过法律途径来解决双方冲突。因此在惩戒过程中，为了保证公平，减少分歧，防止冲突发生，员工或企业都希望引入外部的第三方力量，采用建设性争议解决技术来解决冲突。

建设性争议解决办法主要包括四个阶段。

第一阶段：开放式协商政策。冲突双方（比如主管人员与下属员工）力争通过协商达成争议解决办法。如果协商未果，则进入第二阶段。

第二阶段：听证。由组织中与争议双方处于同一等级的代表组成听证小组，听取双方对于争议的看法，并帮助当事双方达成解决冲突的办法。如果未能达成一致，则进入第三阶段。

第三阶段：第三方调解。由来自组织外部的中立的第三方听取案件汇报，并试图通过非约束性的程序来帮助冲突双方达成解决冲突的办法。如果调解未果，则进入第四阶段。

第四阶段：仲裁。由来自组织外部的专业仲裁人员听取案件汇报，并通过单方面发布解决争议的办法或者提出惩罚条件来解决冲突，这种争议中的大多数仲裁员都是经验丰富的劳动问题方面的律师或者是退休的法官。

（三）员工援助计划

员工援助计划的种类多种多样，但大多数这类计划都具有相同的性质。首先，这些计划通常以雇主发布的正式文件（如员工手册）的形式确认下来。其次，公司对管理人员（有时还包括工会代表）

进行培训,教会他们如何让那些他们怀疑存在问题的员工去接受这种服务。同时,公司也会对员工进行培训,使他们在必要的时候知道如何利用这一服务体系。最后,对该计划的成本和收益进行考核(用雇员返回工作岗位的比例等积极性结果指标来进行衡量),典型的做法是每年评估一次。监督管理人员或者员工可以利用这种服务使自己所面临的各种问题得到专业化的解决。

（四）重新谋职咨询

员工被解雇后,可能情绪会非常激动,并感到不知所措,严重的会导致暴力冲突或者提起诉讼,因此国外一些公司会提供重新谋职咨询。这种服务主要是力图帮助被解雇的员工顺利完成从一种工作到另一种工作的转移。有些企业在内部有专业的咨询人员来负责此项工作。而在另外一些公司中则是利用外部的咨询机构以向公司收费的方式来个案性地帮助员工谋取新的工作。不过无论采取何种形式,重新谋职咨询的目的都在于帮助公司的前员工来正确对待因失去工作而产生的心理问题,同时帮助他们找到新的工作。

第四节 绩效考核结果与员工职业发展

职业发展规划是根据员工发展状况所编制的、在一定时期内完成的有关工作绩效和工作能力改进与提高的系统规划。在编制职业发展规划的过程中,直接主管要为员工提供实现规划所需的各种资源和帮助。职业发展规划包括:有待发展的项目,发展这些项目的原因、目的和期望达到的水平,发展这些项目的方式。

一、绩效管理对员工职业发展的作用

从员工的角度看,绩效管理无疑为其职业发展提供了有益的参考。一个好的绩效考核体系能提供两类重要信息。

（一）提示员工的一般能力信息

了解其学习和发展的潜能,能力较强者成为公司宝贵的投资对象。

（二）提示员工的特殊技能信息

了解其具备的特殊素质,较优者胜任公司的特定职位。

通过绩效促进和绩效评估,促使员工提升任职胜任力,提高工作绩效。与此同时,引导员工规划职业生涯发展。

员工职业发展有外在职业发展和内在职业发展两种。前者是以员工工作内容的确定和变化、工资待遇、职务职位的变动为标志,后者是以员工对职业的内在需求、兴趣爱好和专长等为特征。内在职业发展主要是以美国麻省理工学院教授施恩的职业锚为理论基础。职业锚的内容主要如下。

技术／职能型:这种职业倾向的人追求在技术／职能领域的成长、技能的不断提高及应用这种技术／职能的机会。他们喜欢面对专业领域的挑战,通常不喜欢从事一般的管理工作,因为这意味他们不得不放弃在技术／职能领域的成就。

管理／能力型：这种职业倾向的人追求并致力于工作晋升，倾心于全面管理，独立负责一个部分，可以跨部门整合其他人的努力成果。他们想承担总体责任，并将公司的成功与否看成自己的工作。具体的技术／职能工作仅被看作是通向更高、更全面管理层的必经之路。

自主／独立型：这种职业倾向的人希望自由安排自己的工作方式、工作习惯和生活方式，追求能施展个人能力的工作环境，最大限度地摆脱组织的限制和制约。他们宁愿放弃提升或工作发展机会，也不愿意放弃自由与独立。

安全／稳定型：这种职业倾向的人追求工作中的安全与稳定感。他们因能够预测到稳定的将来而感到放松。他们关心职业的稳定性和工作的保障性。在熟悉的环境中维持一个安全可靠的工作，向往组织的可靠性。

创业型：这种职业倾向的人希望用自己的能力去创建属于自己的公司或属于自己的产品（或服务），而且愿意去冒风险，并克服面临的障碍。他们想向世界证明公司是他们靠自己的努力创建的。他们可能正在别人的公司工作，但同时他们在学习并寻找机会。一旦时机成熟了，他们会走出去创立自己的事业。

生活型：这种职业倾向的人希望将生活的各个主要方面融为一体，平衡个人、家庭和职业的需要，因此，这种人需要一个能够提供"足够弹性"的工作环境来实现这一目标。生活型的人甚至可以牺牲职业有关方面，如放弃职位晋升来换取三者的平衡。他们的成功观比职业成功更广泛。相比于具体的工作环境、工作内容，生活型的人更关注自己如何生活、在哪里居住、如何处理家事及怎样自我提升等。

服务型：这种职业倾向的人追求他们认可的核心价值，希望用自己的知识、技巧帮助别人。他们追寻这种机会，这意味着即使变换公司，他们也不会接受不允许他们实现这种价值的变动或工作提升。

纯挑战型：这种职业倾向的人喜欢解决高难度的问题，战胜强硬的对手等。对他们而言，参加工作或职业的原因是工作允许他们去战胜困难，他们需要新奇、变化和困难，如果事情非常容易，则感到厌烦或缺乏耐心。

不论外在职业发展还是内在职业发展，归根到底都是以满足需求为目标的工作经历和内心体验。外在职业发展强调一种外在需求，内在职业发展则强调一种内在需求，两者相辅相成。只有将外在诱因与内在动机相结合，同时以内在职业发展倾向为本，才能更好地为员工计划职业生涯发展。因此，管理者在引导员工进行职业发展规划时，需要引导员工反思：以工作业绩和收入等提升为标志的外在职业生涯发展的同时，是否以潜能开发、价值观和工作动机激发为根本因素的内在职业生涯也取得长足发展。

二、绩效问题在职业发展规划中的体现

在绩效讨论中，有关员工职业计划和员工个体开发计划的主题，既是绩效评估的延伸和应用，也是下一周期绩效目标制定的一个依据。

管理者在与员工讨论职业发展规划时，需要注意整合员工的期望与组织的需要。如果员工善于进行职业规划，则往往会取得长期的成功。在管理者与员工的讨论中，双方应明确以下几个问题。

第一，为了提高当前工作绩效，明确员工有哪些需要。

第二，明确员工需要做什么才能履行其他岗位的职责。

第三，确定员工对公司的潜在贡献或价值。

第四，在员工期望与组织需求之间尽可能保持一致或匹配。

第五节 基于绩效的薪酬

期望理论认为，当员工经过个人的努力取得了一定的绩效后，组织应当根据绩效的结果给予相应的奖励，这样他们才会有继续工作的动机，当然这些奖励要能够满足员工的需要才行。此外，强化理论也指出，当员工的工作结果或行为符合企业的要求时，应当给予正强化，以激励这种结果或行为；当工作结果或行为不符合企业的要求时，应当给予惩罚，以减少这种结果或行为的发生。因此，企业应当根据员工绩效考核的结果给予他们相应的奖励或惩罚。基于绩效的薪酬体系就是这种奖惩的主要体现。

一、绩效薪酬概述

近年来，大量的企业采用了以员工绩效为基础的薪酬体系。这有利于引导员工将关注重点放在企业发展和经济效益的变动上，促进员工与企业的利益目标趋向一致。

（一）绩效薪酬的概念

绩效薪酬又称浮动薪酬、可变薪酬，是指员工的薪酬随着个人、团队或者组织的绩效变化而变化的一种薪酬计划。它是建立在对团队、员工进行绩效评估的基础上，关注的重点是上述行为过程和工作结果的"产出"，如销售量、产量、质量、利润额及团队工作效果等。

可从以下两个角度去理解绩效薪酬：第一，绩效薪酬是对已完成的超额、超标准的绩效进行奖励而形成的绩效奖励计划。也就是说，此时的绩效奖励是岗位工资和技能工资等工资体系的一个组成部分。在这种视角下，绩效薪酬还不能称之为独立完整的薪酬体系，而是对其他工资体系的不足进行补充和完善。第二，绩效薪酬是对预定的绩效目标进行激励，形成以绩效为基础的激励性薪酬，包括基础性业绩工资和奖励性业绩工资。这时的绩效薪酬被看作独立完整的薪酬体系，整个薪酬体系的各个组成部分是建立在完善的绩效管理基础上的。本节将对这两种绩效薪酬体系加以介绍，这样有助于对绩效薪酬有不同要求的组织根据实际情况有选择地加以实施利用。

还可以从广义和狭义上理解绩效薪酬。从广义上看，绩效薪酬是个人、团队或公司的业绩与薪酬的明确联系，薪酬依据个人、团队和企业业绩的变化而变化具有灵活性；从狭义上看，绩效薪酬是员工个人的行为和业绩与薪酬的联系，薪酬根据员工的行为表现和业绩进行相应的变化。

传统的岗位薪酬是通过对岗位的描述与分析，以岗位相对价值的确定为基础的，它是以工作任务为导向的，可以解决薪酬的同工同酬问题，即内部岗位价值的公平性问题。技能薪酬体系则是针对岗位工资无视人力资本差异的弊病，以岗位任职资格为基础，通过对员工不同技能的合理衡量，并按技能的差异进行付酬，从而解决了人力资本价值的公平性问题。但岗位的价值和技能的价值并不必然转化为市场价值，其中涉及员工的努力、团队建设、组织结构、公司内外环境等多种因素，就是说岗位薪酬与技能薪酬都不能很好地解决工资与绩效的联系问题，即薪酬并不能随个人、团队和组织的绩效而变化，从而使薪酬体系起不到绩效导向作用，即影响员工的行为导向和组织目标的实现。绩效薪酬不仅有助于员工提高绩效，而且有助于强化员工的归属感和团队意识。在企业管理实践中，通过对绩效薪酬长短期及比例的设定，可以达到对员工进行不同激励的目的。

（二）绩效薪酬的特点

1. 激励导向性

绩效薪酬的设计是以企业期望的员工行为与结果为导向，促使员工将个人努力投入实现组织目标的活动中去，达成目标的员工将得到预期的奖励，有助于吸引和保留成就导向型的员工。在各种薪酬形式中，绩效薪酬的激励作用最强、最直接，它将个人的收入同其本人的工作绩效直接挂钩，让公司不断提升员工的工作能力、工作方法，提高员工绩效，同时又不增加企业的固定成本。

2. 较强的公平性

绩效薪酬是根据员工的绩效进行支付的，薪酬是与可量化的业绩挂钩，可以消除报酬的内部不公平性。与其他薪酬形式相比，绩效薪酬能更明确体现出"多劳多得"的薪酬支付准则，因而公平性更强。当然，绩效薪酬的公平性来自准确有效的绩效考核，这是绩效薪酬激励的基础，也是实施绩效薪酬的难点和重点。

3. 较强的灵活性

由于绩效薪酬的支付基础是企业、团队或员工的绩效，而绩效具有动态性特征，因而绩效薪酬比其他薪酬形式具有更强的灵活性。绩效薪酬的灵活性体现在以下几个方面：第一，绩效指标的设置可以根据企业不同的发展周期、企业薪酬战略、企业在某阶段的效益状况，以及企业生产、技术变革等多维因素和员工技能与水平状况进行不同的组合调整。第二，绩效薪酬的变化幅度比较大，受到的制约因素相对较少，有多种形式，可以灵活使用。第三，绩效薪酬的支付周期也具有灵活性，可以根据企业需要安排，常见的支付周期可以按小时、日、月、季、年来计算。

4. 较强的主观性

绩效薪酬以绩效考核结果为依据，因而受主观因素的影响比较大，不论是绩效考评的管理者，还是绩效薪酬的获得者，在实际操作过程中都会有很多的主观认识、理解和考核，从而影响绩效考核的客观性，也给绩效薪酬带来一定的主观性。

（三）绩效薪酬的优点和缺点

1.优点

从个人层面看，绩效薪酬将奖励与员工绩效紧密结合起来，使得企业的薪酬支付更具客观性和公平性。

从组织层面看，将绩效与薪酬相结合能够有效提高生产率，并使得薪酬更具市场竞争性，同时，由于它将人工成本区分为可变和固定两部分，所以有利于减轻组织的成本压力。

2.缺点

第一，在绩效标准不公平的情况下，很难做到科学和准确。绩效薪酬体系的设计与管理要求有一个严密、精确的绩效考核系统。但是在实际运作中，绩效考核很难做到科学和准确，往往流于形式。

第二，过分强调个人绩效回报，对企业的团队合作精神产生不利影响。在组织实现一定的绩效目标时，其绩效奖金总额通常是一个固定的数值，员工所能分享的份额不仅取决于个人绩效，而且取决于其绩效在组织中的相对水平。因此，绩效薪酬制度这种对自我为中心的个人努力进行奖励的做法，往往会造成在需要员工进行团队合作的时候却出现了员工之间的过度竞争，从而影响了组织整体目标的实现。

第三，刺激高绩效员工与实际收入相背离的现象，难以确定提高绩效所需要的薪酬水平，努力与绩效相联系的标准往往无法实现。绩效薪酬制度是以努力与绩效相联系、绩效与薪酬相联系为假设前提的，但在现实情况下，这一假设前提往往无法成立，主要原因是员工很难控制自己的绩效水平。

第四，破坏心理契约，诱发多种矛盾。绩效奖励计划实际上是一种工作加速器，有时员工收入的增加会导致企业出台更为苛刻的产出标准，这样既会破坏组织和与员工之间的心理契约，增加管理层和员工之间产生摩擦的机会，也会造成优秀员工和普通员工之间的摩擦。

二、实施绩效薪酬应遵循的原则

（一）尽量准确考核员工的绩效

如果没有公平合理、准确完善的绩效考核系统，绩效薪酬奖励就成了无源之水、无本之木。企业不仅要明确所要实现的目标是什么、什么样的员工行为有利于这种成果的实现，同时还要明确企业应如何衡量、监督和管理这些成果。

目前从理论上看，国内外还没有完全搞清楚影响绩效的全部因素，更谈不上完全搞清楚这些因素的作用机制。在这种情况下，企业只能够按照 SMART 原则，把可以测评清楚的绩效影响因素作为构建绩效薪酬的基础，模糊不清的因素则只能放弃，完全准确考核员工绩效难度很大。为保证绩效薪酬的公平性，管理者在设置考核指标的时候，应尽量客观公正，并取得员工的认同。

（二）建立绩效考核与薪酬之间的密切联系

期望理论认为，个人的努力程度取决于绩效目标的难度、预期的目标效价大小以及任务成功所带来的报酬与个人需要的满足程度。该理论揭示出一个绩效管理的基本原理，即员工获得的报酬与其工作绩效紧密相关时，将提高努力程度，这是构成绩效薪酬概念的理论基础。需要注意的是，绩效薪酬体系的设立目的是使员工的思想和行为指向高绩效，如果这套体系过于复杂，则容易出现理解上的分歧及行为上的偏差，所以绩效薪酬应以尽量简单、直观的方式将薪酬与绩效考核联系在一起，并不是越复杂的薪酬计算方法就越好。

员工的绩效都与其工作业绩、工作态度和工作能力这三个维度紧密相关。业绩考核是对行为的结果进行考核，考核的根本目的在于考核员工完成事先设定的任务和目标的情况。能力考核的目的在于对员工适应本职工作的能力素质状况进行考核。态度考核是对被考核者的工作态度，包括责任心、积极性、协作性、纪律性等进行考核。

通过明确的业绩导向，有效地促进组织目标的传递与分解，强化员工的直接贡献和不断改进绩效。在绩效—薪酬函数中，业绩变量的权重一般低于60%，以表达绩效薪酬与业绩要素之间的直接联系。工作态度、价值观、道德等因素在一定程度上反映了达成业绩目标的方式，适当安排态度变量，可以在重视结果的同时，也给予实现结果的过程一定的关注。同时，对于业绩指标难以量化和评估的岗位增加对态度的考核，通过对行为过程的监控保证行为的结果。此外，对于一些特殊行业，设定对态度的考核体现行业的特征与导向作用，员工工作态度往往是非常重要的考核因素，但权重一般不超过40%。

一般来说，确定绩效—薪酬函数应遵循以下基本原则。

第一，相关性。决定绩效薪酬的变量应当是与薪酬高低、调薪幅度密切相关的因素，以清晰地反映薪酬与绩效因素间的联系。

第二，导向性。应当充分利用不同的绩效变量体现薪酬的价值导向，突出岗位的特征和行业的特点，并以权重加以体现。

第三，操作性。构建的绩效—薪酬函数应当是易于理解、方便计算的，而且绩效考核的结果可以在主观与客观之间达到平衡。

（三）应分清绩效影响因素的可控性与不可控性

要想使绩效薪酬体系在管理实践中真正发挥积极引导员工行为的作用，就应分清绩效影响因素的可控性与不可控性。如果员工感觉他们的薪酬体系中不可控因素很多且在薪酬的构成中占比很大，那么他们就会感觉薪酬的数额不是由自己的能力或努力决定，而是由某些不可控因素决定，从而认为自己受骗，导致对管理层的不信任。

（四）必须保持绩效薪酬的动态性

绩效薪酬制度是围绕企业经营周期、企业发展目标、企业外部的经营环境，以及员工的工作内容、工作方式等情况发生不断变化的。因此，过去曾经取得成功的绩效薪酬计划不一定到现在依然成功，而是需要经常重新设计新的绩效薪酬计划，或者需要对原有的绩效薪酬方案进行较大的修改和补充。

三、绩效薪酬的种类

基于不同的激励对象和激励目标，主要有以下两种绩效薪酬类型。

（一）业绩工资

业绩工资即员工的报酬至少应该部分地根据员工的业绩来决定，员工的基本工资应根据其绩效得到永久性的增加。业绩工资主要是用来奖励优秀的工作表现或业绩，创造未来工作动力和帮助组织留住有价值的员工。

1. 业绩加薪

是依据员工个人绩效而增发的奖励性工资，表现为基本工资的永久性增加。

2. 业绩奖金

也称一次性奖励，是一种基于绩效而一次性支付给员工的奖励性报酬，与业绩加薪不同的是，它不增加基本薪酬。企业设置的月奖、季度奖和年终奖都是业绩奖金的典型形式。

（二）激励工资

激励工资是指组织根据员工是否达到组织与员工事先商定好的标准而浮动的报酬。它有三种形式。

1. 个人激励计划

其基于不同的群体可分为员工激励、技术人员激励和经营者激励等不同类别，主要是基于个人对企业的特殊贡献而采取的不同激励形式，如发放红利、奖金或者给予股票期权等。

2. 团队激励计划

它基于团队对企业的特殊贡献而发放奖金和其他奖励形式，主要采取的方式是收益分享。

3. 特殊贡献计划

这是员工对企业经营提出了合理化建议或做出了重大的技术和管理创新贡献等，为此而采取的一次性嘉奖，譬如特殊绩效认可计划等。从形式上看，这些奖励项目似乎与企业奖金形式没有太大区别，但是如果把它们作为一项管理计划和项目实施，就具有了与一般奖金所不同的内涵。

绩效薪酬方案比较适合于各项成本支出单独计算、绩效与工作数量之间有直接联系、工作程序标准、容易控制工作质量以及能够准确计算劳动消耗的工作。

四、绩效薪酬的设计

（一）业绩工资的设计

1. 业绩工资的结构设计

业绩工资的结构在不同部门或不同层次岗位有不同的配置标准，该标准与各个岗位的工资等级和对应的外部薪酬水平相关。具体配置有两种方法：第一种是切分法。先依据岗位考核和外部薪酬水平确定不同岗位的总体薪酬水平，再对各个岗位的总体薪酬水平进行切分，如某岗位总体薪酬水平（100%）＝基本固定工资（50%）＋业绩工资（50%）。第二种是配比法。先依据岗位评价和外部薪酬水平确定各个岗位的基本固定工资水平，再根据企业的薪酬水平市场定位，将基本工资水平定位于市场薪酬水平的相对低位，在此基础上将各个岗位基本工资的一定比例作为业绩工资，使各个岗位薪酬的总体水平处于市场薪酬水平的中高水平，如某岗位的薪酬总体水平＝基本固定工资＋业绩工资（业绩工资为基本工资的40%），这样在员工低于预期业绩标准时，其总薪酬水平低于市场水平；而达到或高于业绩标准时，其总薪酬水平就会高于市场薪酬水平或与之持平，从而达到员工依业绩控制自己薪酬而激励绩效的目的。

2. 确定绩效等级

绩效等级是依据绩效考核后对员工绩效考核结果划分的等级层次，它与具体的绩效指标和标准有关，也与企业考核主体和方式有关。在对员工绩效进行考核做到公正、客观的基础上，绩效等级的多少和等级之间的差距将会对员工业绩工资分配产生很大影响。在设计绩效等级时还要考虑业绩工资对员工的激励程度，等级过多造成差距过小将会影响对员工的激励力度；等级过少将会造成差距过大影响员工对业绩工资的预期，使员工丧失向上的动力。

在确定了企业绩效等级以后，还应明确不同等级内员工绩效考核结果的分布情况，即每一等级内应有多少名员工或有百分之几的员工。通常来讲，企业决定员工绩效分布时基本符合正态分布现象，即优秀的占10% ~ 20%，中间的占60% ~ 70%，而差的占10% 左右。

严格的绩效考核结果分布，一方面有利于对员工的绩效进行区分，另一方面也有利于消除绩效考核各方的模糊业绩，使得被考核对象的考核结果趋中。

一般来说，在绩效等级的确定过程中，需要进行以下步骤。

第一步：企业制订一个绩效激励计划，根据企业的经营目标设定员工激励目标和激励重点；

第二步：将绩效激励目标分解为不同的绩效考核项目和考核指标；

第三步：确定每个指标的权重和分值；

第四步：由考核者对员工绩效进行考核；

第五步：将各指标分值加总、比较，得出每个员工的相应评定等级；

第六步：修正考核结果，建立企业绩效等级分布结构。

3. 业绩工资的分配方式

业绩工资的分配方式是指业绩工资如何在个人或团队中进行分配，常见的有两种方式：一种是业绩工资直接与个人业绩工资标准对应进行分配；另一种是业绩工资先在团队间进行分配，然后再依据个人绩效进行分配。这中间又包含两种形式：完全分配和不完全分配。完全分配是将企业计提的业绩工资的总额在团队与员工中进行彻底划分，一分不剩；而不完全分配是在控制业绩工资总量的情况下，在团队与员工之间依考核等级进行层次分配，业绩工资的总量存在一定剩余。

（二）个人激励薪酬的设计

1. 计件奖励制

计件奖励制是按照员工的产量支付绩效奖励薪酬。薪酬按照超过基本薪酬的工作成果付结，因为要保持标准的科学性、合理性，所以需要动态的差异性制定。这就决定了该方法执行费用较高。计件绩效薪酬计算公式为：

计件绩效薪酬 = 完成产品的数量 × 每件产品的工资率

采用计件奖励，需要对每件产品的劳动工资率（标准生产时间）进行事先测算，以使员工的收入处于一个合理的区间，并且这个收入水平对员工有足够的激励性。显然，测算的精确度对劳动工资率的确定非常重要，如果测算不够精确，必然会导致劳动工资率的偏离，所以推行计件绩效薪酬的关键是要掌握产品的标准生产时间。这种方法有两个明显的缺陷：第一，员工基本工资无保障，容易受到各种无法预见因素的影响而导致生活陷入困难。例如，因原料供应不足或生产事故而中断生产，员工的工资就会受到很大的影响。第二，计件奖励容易导致员工把注意力放在追求绝对产量提升上，忽视产品质量，因此企业必须在产品质量管理方面加大力度。

另外，员工的绩效有差别，而且当产量达到一定程度以后，继续提升产量的难度明显增大。为鼓励员工不断提高绩效，可以根据员工的工作绩效，可将员工分为三个等级，中等绩效的员工按照正常的报酬率给付薪酬，优秀员工的绩效工资递增10%，使其得到额外的报酬，绩效差的员工绩效薪酬给付标准则低于正常标准。

也有些企业在实施计件激励制时采取另外一种方式：在绩效考核的基础上，将工作结果分为两部分：一部分为基本定额和满足基本收入部分；另一部分为超额和奖励收入部分。两部分的工资率不同，前者低于后者。

2. 绩效加薪

绩效加薪又称为业绩提薪，是在绩效基础之上建立的基本薪酬增加的一种绩效奖励计划，是指在该年的年度绩效考核结束时，根据事先确定的加薪制度和对员工绩效考核的结果，决定员工在第二年的基本薪酬增长。绩效加薪有以下两种情况。

（1）以绩效考核为主体的绩效加薪

其计算公式为：

加薪的绝对值 = 员工加薪前的基本薪酬 × 该员工的加薪比例

（2）以绩效和相对薪酬水平为基础的绩效加薪

如果简单地以绩效考核结果为依据加薪，给考核结果相同的员工以同样的加薪比例，就会出现基本薪酬越高，绝对加薪额度越高的现象，这可能导致企业内部薪酬差距过大或企业薪酬成本增长失控。因此，需要企业在对员工薪酬与企业内部、外部平均薪酬水平间的关系进行判断后酌情降低加薪比例，以控制成本和维持薪酬体系的整体平衡。

实施绩效加薪时要注意以下几点。

第一，绩效加薪的时效性。很多公司绩效加薪的频率基本上是每年一次。具体加薪的时间段通常分两种：第一种加薪时间与员工的入职周年同步，就是员工的工作年资每满一年就做一次绩效加薪。这种方式一般不会占用主管很多时间，但是每年都要做绩效加薪，势必会造成管理上的负担。第二种就是加薪时间与绩效评估时间同步，这种方式会在某个时间段内造成主管工作量过大，但是总的来看能够减轻管理负担。实践中，大多数企业采用的是第二种方式。

第二，绩效加薪的公平性。很多奉行"为绩效付酬"理念的企业的薪酬增长只有两种形式：绩效加薪和晋升加薪。但是现实工作中，还有很多的薪酬增长不是基于绩效的，例如：普调，如由于生活费用的提高而进行的薪酬调整；公平加薪，如公司或者部门合并，需要将低的一方薪酬提高到与另一方持平；基于薪酬竞争力的加薪，因为调查显示公司的薪酬水平落后于业界平均水平；基于挽留的加薪，如员工被挖墙脚了等。这类加薪不是基于绩效和贡献的，我们不能称之为绩效加薪，而只能称之为"公平加薪"。

第三，绩效加薪的幅度。通常在实施绩效加薪时，要从两个方面考虑加薪幅度。

首先，员工的绩效加薪幅度是否需要与公司的业绩相关联？如果在过去的一年里，公司的业绩不好，是否会影响到下一年度的绩效加薪预算？一般来说，不应该影响下一年度的绩效加薪预算。因为绩效加薪是影响未来的薪资水平，所以不适合作为载体来反映公司过去的业绩。而分红、奖金等其他可变薪酬则是反映过去绩效的重要工具。

其次，公司未来的前景是否会影响公司的加薪幅度？应该影响，因为薪资的增长要通过公司未来的业绩来补偿。不管未来的前景如何，公司的前景对基本薪资增长的影响都不应该太大，因为公司需要有效地吸引和保留优秀员工，那么其基本薪资在相当长的时间内都应该是具有竞争力的。

3. 奖金计划

奖金是员工劳动报酬的一种分配形式，是对员工超过定额的劳动量支付的报酬。对于员工个人绩效薪酬模式，通常是一次性奖金计划。广义上看它属于绩效加薪的范畴，对员工而言，一次性奖金的激励效果比绩效加薪要弱。

4. 月度或季度浮动薪酬

月度或季度浮动薪酬是介于一次性奖金和绩效加薪之间的一种折中奖励方式。它一般是根据月度或季度绩效支付的绩效薪酬，往往与基本薪酬保持一定的比例，同时也具有一次性奖金的灵活性。这种定期绩效认可计划能够强化绩效卓越的员工，强化员工表现出的理想行为或者对企业有益的活动等。

5. 经营者年薪制

经营者年薪制又称绩效年薪，是以年度为周期确定经营者的基本薪酬，并根据经营成果浮动发放风险收益的一种薪酬制度。该制度主要着眼于建立经营者的考核管理制度，通过激励与约束相互制衡的机制，把经营者的责任与利益、绩效薪酬与效益紧密结合起来，以促进企业的可持续发展。

（三）团队绩效薪酬计划

团队绩效薪酬计划作为支持团队合作工作方式的激励模式，严格地讲，它是指不以员工个人绩效为基础而实施的、旨在影响员工报酬的绩效薪酬方式。其基本含义是企业与一个生产经营部门，或者员工群体事先设定一个目标，如果一个团队节约了生产成本或者用工成本，就将节约的部分按照事先规定的额度在团队中进行分配；如果超过既定的盈利目标，就将部分收益归团体所有。在实践中，企业一般根据团队层次或者整个企业层次来实施团队绩效薪酬模式。实际操作中，经常使用的形式有以下几种。

1. 利润分享计划

所谓利润分享计划，是指用盈利状况的变动作为对团队或者整个企业业绩的衡量，超过目标利润的部分则在整个企业的全部员工之间进行分配，所有员工都根据企业的经营状况获得红利，而不论个人的实际业绩水平如何。这与基于个人绩效的个人奖励计划有着根本的不同。利润分享计划的关键在于，以利润实体获得的总体利润为基数，在企业和员工之间分享总利润。一般利润分享制度有两种：一种是现金式利润分享，即将从利润中提取出来的利润在当年就以现金方式支付给员工，政府对此不审批，也不给予减免税的待遇。另一种是递延式利润分享，即在监督委托管理的情形下，企业按预定比例将部分利润分享金存入员工账户，在个人名下保留若干年后（例如到退休前），再以现金形式支付给个人。由于个人收入所得税的支付要延期到员工退休后，这种计划使员工可以享受税收优惠。

从适用范围看，利润分享计划更适用于小型组织或者大型组织中的小型经营单位，因为在这种规模较小的单位中，员工们知道如何达到利润目标并且对利润目标的实现确实是有影响力的。

利润分享计划具有两个方面的潜在优势：一方面，利润分享计划有助于促使员工关注组织的财务绩效以及更多地从组织目标的角度去思考问题，员工的责任感、身份认同感和使命感会增强；另一方面，有利于增加组织的支付弹性。利润分享计划的主要缺陷是在直接推动绩效改善以及改变员工或团队行为方面所起的作用不大。

2. 收益分享计划

所谓收益分享计划，是指将一个团队、整个企业在本期生产成本的节约或者人工成本的节约与上期的相同指标进行比较，然后把节约额度的某一个事先确定的比例在这个部门或者整个企业中的全体员工之间进行分配。这种收益虽然是额外收益，但它常常是与某一项经济活动效益相联系，而不是与企业的总体利润直接挂钩，其目的是促使员工在满足企业生产经营一般要求的基础上，尽可能地创造更好的绩效。

收益分享一般以奖励薪酬方案的形式实施，比较适合在班组、小团体，以及从事间接服务的团队中推行。具体而言，收益分享方案更适合于具备以下条件的企业：①规模小的部门和单位，以小团队的形式比较好；②企业的财务状况良好，企业中没有大的资本投资计划；③企业产品的市场需求旺盛，企业的产品具有稳定性；④企业生产的季节性波动不强，员工能够控制产品的生产成本；⑤企业中不盛行加班加点；⑥生产部门的管理人员能力强，可以有效实施收益分享计划；⑦员工在本企业的工龄较长，绩效标准可以根据以往情况估计，技术水平较高；⑧员工的参与意识较强，企业有一种开放和高度信任的气氛；⑨可以得到高层领导的支持，管理者能够信任员工并与之有效沟通。

3. 成功分享计划

成功分享计划又被称为目标分享计划，它的主要内容是运用平衡计分卡法来为某个经营单位制定目标，然后对超越目标的情况进行衡量，并根据衡量结果来对经营单位提供绩效奖励的一种做法。

成功分享计划区别于收益分享计划。收益分享计划所关注的主要是生产力和质量指标，与直接的利润指标无关；而成功分享计划所涉及的目标则可能包括财务绩效、质量和客户满意度、学习与成长以及流程等经营领域中的各个方面。

成功分享计划区别于利润分享计划。利润分享计划所关注的则是组织目标尤其是财务目标是否达成，只要目标达到了，员工们就会得到货币报酬或非货币报酬；而成功分享计划所关注的是员工在团队层次上的表现以及一些更为广泛的绩效结果。

（1）成功分享计划中的实施要点

根据核心业务流程制定关键绩效指标；经营单位中的所有员工全体参与；管理层与基层员工共同制定绩效目标；定期衡量绩效，及时沟通；适时结束。

（2）成功分享计划的设计程序包括

第一，建立成功分享计划委员会；第二，明确指标并且确定不同指标之间的权重；第三，制定经营绩效指标，为绩效指标确定公平合理的进展目标并确定奖励的办法。

4. 其他形式的团队激励薪酬

目前在企业管理中，团队建设和成员激励问题日益受到关注，相应地，团队薪酬设计与管理也是现代企业薪酬管理中一个十分热门的领域。团队根据组织形式和任务目标，一般有三种形式：平行团队、流程团队和项目团队。每种团队都具有一定的特点，也需要采取与之匹配的薪酬方案。

（1）平行团队的薪酬支付

平行团队通常是为解决某一特殊的问题或承担一项特定的任务而组建的。这种团队可以是暂时性的，也可以是长期的，但成员基本上是"兼职"的。这些兼职人员除了特殊需要之外，往往会将大部分时间、精力投入常规的、正式的工作中，而不是临时团队中。对平行团队，一般不主张实行标准的、长期的激励薪酬形式，可实行一次性认可的货币奖励或者一些非货币性奖励。

（2）流程团队的薪酬支付

流程团队是通过其成员的共同合作来承担某项工作或某个工作流程，一般具有"全职性"和"长期性"的特点。流程团队成员接受过正规训练，工作能力相当或技能互补，工作目标明确。企业对流程团队的薪酬支付有别于平行团队，应该先支付基本工资，但支付的等级不应过细，标准不应差距过大，可以兼顾市场工资率和工作考核结果。同时，适当的增薪、认可的绩效奖励薪酬等形式都是绝对必要的。

（3）项目团队的薪酬支付

项目团队是为了开发一种新的产品或服务而组成的一个工作团队。项目团队成员来源不同，等级、能力、专长有所不同。在项目期内，要求其"全职"工作。根据这些特点，在支付项目团队成员的报酬时，可以考虑根据任务、职责和能力区分不同的基本薪酬等级和增薪幅度。支付绩效薪酬时可采用两种办法：为了强化支付和人的贡献大小支付。但后者管理的难度相对前者要大。

此外，对项目团队的薪酬支付还要考虑项目期的特点。例如，在初创期，应慎用具有过于刺激性的报酬，以免影响合作；在震荡期，可适当加大激励力度，以稳定中坚力量；在稳定期，可采用规范的、标准的薪酬方案。

（四）长期绩效激励制度

长期绩效激励制度是指绩效衡量周期在一年以上的，对既定绩效目标达成提供奖励的计划。这种计划的主要实施对象是那些对企业发展起着重要作用的人员（如高级管理人员），它在决策时注重长期观念，促进企业的可持续发展。这类计划也叫资本积累方案，以经济目标为导向，但随着员工绩效考核的改进，开始延伸到其他绩效要素指标，比如客户满意度指标、服务质量指标等。

长期绩效激励制度通常有员工持股计划、股票期权、期股等种类和方式。

1. 员工持股计划

其广义是指企业骨干人员以各种形式持有本企业股票（股份），狭义是指企业骨干人员按照与资产所有者约定的价格出资购买一定数量的本企业股票（股份），并持有股票（股份）的一切权利。企业骨干人员持股既可以作为企业员工持股计划的一部分，也可以独立进行。从广义上讲，企业骨干人员持有的股权有以下几种方式：现金购买、以贴息或低息贷款购买、奖励股份、积累资金量化股份、设置岗位股（分红权）和技术入股、行使股票期权、获得期股。员工持股计划的主要目的是促进员工关注企业的长期绩效和经营成果。

2. 股票期权

股票期权又称购股选择权，是指参与者在与所有者约定的期限（如三年以上至十年以内），拥有以某一预先确定的价格购买一定数量本企业股票的权利。这种期权往往是无偿赠予的，也通常是不可再转让的。购买这种股票的行为叫行权，约定的购买价格叫行权价。标准的期权激励，经营者可以决定行权或不行权。如果行权，股票解冻后，经营者可以将股票转让兑现，转让价与行权价之差，便构成经营者的长期收入。期权激励具有以下特点：①期权激励的标的与获利机制是分离的。期权激励的标的是股票，而获利机制是股票在市场上的市值。②它是一种权利，而非义务。期权已经锁定了交易条件，从而减少了买方的交易风险。买方可以决定买或不买，而卖方不能决定卖或不卖。因此期权激励对经营者来说是"负盈不负亏"。如果企业盈利增长，股票市值上涨，则经营者可以使用期权以获利；反之，经营者可以放弃行权以避险。③它是一种未来概念，不侵害所有者既有利益。期权激励不是对全部利益部分的分割，而是对新的利益增长部分的分割，具有很大的不确定性，但这也正是期权激励的魅力所在。

实施股票期权需要一套完整的计划。以美国为例，这个计划一般包括选择实施股票期权的类型、赠予条件（受益人、赠予时机、行权价的确定方法、授予期的安排）、结束条件、执行方法、行权时机、公司对股票期权计划的管理等几个方面。

股票期权能抑制经营者的短期行为，并为企业吸引优秀的管理人才。

3. 期股

期股激励实际上是期权激励的一种变形，期股激励是要事先确定业绩与奖励期权的对应关系，即参与者到期必须行权，参与者要承担相当大的风险。与标准的期权相比，期股更能体现收益与风险对称的原则，所以在我国受到特别的青睐。

在设计国有企业骨干人员的期权、期股激励时，要考虑两个重要背景：第一，我国企业绝大多数是有限责任公司，股份有限公司很少，上市公司更少。对有限责任公司来说，它们无股可期，无市可上。第二，我国股市的股票市价与企业业绩的相关度很低。股市受政策与人为因素影响较大，不能真实反映企业的经营业绩。从这两个背景出发，应该重点研究与证券市场无关的期权、期股激励的变通形式。在这种激励形式中，参与者收入的多少主要取决于企业净资产的增值状况，而不是取决于股市的涨跌。

五、绩效薪酬模式设计应注意的问题

设计绩效薪酬体系，目的在于建立有效的激励机制。因此，无论采用何种绩效薪酬模式，都必须与企业战略和经营目标挂钩。薪酬方案不仅考虑员工的需求，还应注意下列要素。

（一）匹配

设计绩效薪酬，必须考虑该模式能否支持关键的经营目标。如果绩效薪酬奖励的方向与企业经营目标不一致，该模式将无法使公司从中受益。为确保绩效薪酬方案的设计工作合理地与目标相匹配，必须进行仔细的分析。

（二）定位

该模式针对哪些人？确定适用对象的范围有助于公司将人力、物力集中于那些最能影响企业经营结果的员工身上，从而提高激励的针对性，也有利于控制薪酬成本。

（三）风险承受力

进行绩效薪酬设计时应考虑一些至关重要的企业文化因素，不同的员工队伍可能有不同的风险承受力（例如：销售人员可能比生产人员有更大的风险承受力）。企业应在充分了解员工的风险承受力的基础上，设计制定出合理的决策。

（四）绩效管理

必须有效地将薪酬与不同层次（个人、团队或公司）的业绩相联系。该程序必须清晰、明确，便于员工和管理者操作。

第七章 绩效满意度

第一节 客户满意度及其测评

满意是一种心理状态，绩效满意是组织或个人的工作结果，即产品或服务的受众的需求被满足后的愉悦感，是受众对产品或服务的事前期望与实际使用产品或服务后所得到实际感受的相对关系。如果用数字来衡量这种心理状态，这个数字就叫作绩效满意度，而绩效满意是受众个人或群体忠诚的基本条件。

"满意度"是通过评价分值的加权计算，得到测量满意程度（深度）的一种指数概念。国际上通行的测评标准即为 CSI（用户满意度指数）。掌握满意度现状的意义在于，第一，帮助组织把有限的资源集中到受众最看重的方面，从而达到建立和提升服务对象的忠诚；第二，受众群体调研，为分层、分流和差异化服务提供依据，了解并衡量受众需求；第三，找出服务短板，分析受众价值，实现有限资源优先配给最有价值的受众；第四，研究服务标准、服务流程及服务传递与受众期望之间的差距，找到受众关注点和服务短板，提出相应的改善建议。

绩效满意度测评通常在四种情况下使用：第一，当组织需要衡量其产品或服务水平在公众心目中的位置时，可以通过绩效满意度调查。第二，当组织需要一个量化的工具来考核各部门或个人的服务水平时，可以通过绩效满意度调查，获得一个满意度分数来进行考核。第三，当组织需要强化成员的服务意识时，可以通过绩效满意度调查，让成员了解和关注绩效满意度，推动成员以绩效满意为关注焦点。第四，当组织需要评估产品或服务改进的效果时，可以通过满意度调查跟踪受众满意情况，检验满意度提升工作的效果，明确需进一步改善之处。总之，如果组织认为产品或服务质量是重要的，而且组织认同受众的评价是重要的，那组织就需要进行绩效满意度调查。

客户满意度 CSR，也叫客户满意指数。是对服务性行业的顾客满意度调查系统的简称，是一个相对的概念，是客户期望值与客户体验的匹配程度。换言之，就是客户通过对一种产品可感知的效果与其期望值相比较后得出的指数。

一、基本概念和内涵

进行客户满意度研究，旨在通过连续性的定量研究，获得消费者对特定服务的满意度、消费缺陷、再次购买率与推荐率等指标的评价，找出内外部客户的核心问题，发现最快捷、最有效的途径，实现最大化价值。

（一）客户服务满意度的概念

真正的客户服务满意度，是客户个人对于服务的需求和自己以往享受服务的经历再加上自己周围的对于某个企业服务的口碑构成了客户对于服务的期望值。作为企业，在为客户提供服务的时候，也在不断地了解客户对于服务的期望值是什么，而后根据自己对于客户期望值的理解去为客户提供服务。然而，在现实中，企业对于客户期望值的理解和所提供的服务与客户自己对于服务的期望值存在着某种差距，可能的情况有五种：客户对于服务的期望值与企业管理层对于客户期望值的认知之间的差距；企业对于客户所做出的服务承诺与企业实际为客户所提供的服务质量的差距；企业对客户服务质量标准的要求和服务人员实际所提供的服务质量之间的差距；企业管理层对于客户期望值的认知与企业的客户服务质量标准之间的差距；客户对于企业所提供的服务感受与客户自己对于服务的期望值之间的差距，而这种差距的大小是可以衡量的，这就是客户服务的满意度。

（二）RATER 指数

RATER 指数是五个英文单词的缩写，分别代表 reliability（信赖度），assurance（专业度），tangibles（有形度），empathy（同理度），responsiveness（反应度）。而客户对于企业的满意程度直接取决于 RATER 指数的高低。

1. 信赖度

信赖度是指一个企业是否能够始终如一地履行自己对客户所做出的承诺，当这个企业真正做到这一点的时候，就会拥有良好的口碑，赢得客户的信赖。

2. 专业度

专业度是指企业的服务人员所具备的专业知识、技能和职业素质。包括提供优质服务的能力、对客户的礼貌和尊敬、与客户有效沟通的技巧。

3. 有形度

有形度是指有形的服务设施、环境、服务人员的仪表以及服务对客户的帮助和关怀的有形表现。服务本身是一种无形的产品，但是整洁的服务环境、餐厅里为幼儿提供的专用座椅、麦当劳里带领小朋友载歌载舞的服务小姐等，都能使服务这一无形产品变得有形起来。

4. 同理度

同理度是指服务人员能够随时设身处地为客户着想，真正地同情理解客户的处境、了解客户的需求。

5. 反应度

反应度是指服务人员对于客户的需求给予及时回应并能迅速提供服务的愿望。当服务出现问题时，马上回应、迅速解决能够给服务质量带来积极的影响。作为客户，需要的是积极主动的服务态度。

经过美国论坛公司的深入调查研究发现，对于服务质量这五个要素重要性的认知，客户的观点和企业的观点有所不同，客户认为这五个服务要素中信赖度和反应度是最重要的。这说明客户更希望企业或服务人员能够完全履行自己的承诺并及时地为其解决问题。而企业则认为这五个服务要素中有形度是最重要的。这正表明企业管理层对于客户期望值之间存在着差距。至此，我们可以看出客户服务的满意度与客户对服务的期望值是紧密相连的。企业需要站在客户的角度不断地通过服务质量的五大要素来衡量自己所提供的服务，只有企业所提供的服务超出客户的期望值时，企业才能获得持久的竞争优势。客户满意度，是指组织的所有产品对客户一系列需求的实现程度。

二、客户满意度的特征及适用范围

（一）客户满意度的特征

1. 主观性

用户满意是建立在其对产品或服务的体验上，感受对象是客观的，结论是主观的。它既与自身条件如知识和经验、收入、生活习惯和价值观念等有关，还与传媒新闻和市场中假冒伪劣产品的干扰等因素有关。

2. 层次性

人的需要有五个层次，处于不同层次的人对产品或服务的评价标准不一样，这可以解释处于不同地区、不同阶层的人或同一个人在不同的条件下对某个产品的评价可能不尽相同。

（二）客户满意度适用的行业

CSR 适用于激烈竞争的服务性行业或企业，如银行业、证券业、保险业、速递业、商贸业、航空服务业、旅游服务业、电信业、IT 业等。由于客户满意度与银行、证券、保险财务业绩紧密相关，并成为这些行业在未来市场竞争中制胜的关键。客户满意度研究为帮助提升服务质量、服务水平和科学决策的重要性和适用性。

三、客户满意度的影响因素

客户满意是一个人通过对一个产品的可感知的效果（或结果）与他的期望值相比较后，所形成的愉悦或失望的感觉状态。消费者的满意或不满意的感觉及其程度受到以下四个方面因素影响。

（一）产品和服务让渡价值的高低

消费者对产品或服务的满意会受到产品或服务的让渡价值高低的重大影响。如果消费者得到的让渡价值高于他的期望值，他就倾向于满意，差额越大越满意；反之，如果消费者得到的让渡价值低于他的期望值，他就倾向于不满意，差额越大就越不满意。

（二）消费者的情感

消费者的情感同样可以影响其对产品和服务满意度的感知。这些情感可能是稳定的、事先存在的，比如情绪状态和对生活的态度等。非常愉快的时刻、健康的身心和积极的思考方式，都会对所体验的服务的感觉有正面的影响。反之，当消费者正处在一种恶劣情绪当中，消沉的情感将被他带入对服务的反应，并导致他对任何小小的问题都不放过或感觉失望。

消费过程本身引起的一些特定情感也会影响消费者对服务的满意。例如，中高档轿车的销售过程中，消费者在看车、试车和与销售代表沟通过程中所表现出来对成功事业、较高的地位或是较好的生活水平的满足感，是一种正向的情感。这种正向情感是销售成功的润滑剂。从让渡价值的角度来看，这类消费者对形象价值的认定水平比一般消费者要高出许多，才会有这样的结果。

（三）对服务成功或失败的归因

这里的服务包括与有形产品结合的售前、售中和售后服务。归因是指一个事件感觉上原因。当消费者被一种结果（服务比预期好得太多或坏得太多）而震惊时，他们总是试图寻找原因，而他们对原因的评定能够影响其满意度。例如，一辆车虽然修复，但是没有能在消费者期望的时间内修好，消费者认为的原因是什么（这有时和实际的原因是不一致的）将会影响到他的满意度。

如果消费者认为原因是维修站没有尽力，因为这笔生意赚钱不多，那么他就会不满意甚至很不满意；如果消费者认为原因是自己没有将车况描述清楚，而且新车配件确实紧张的话，他的不满程度就会轻一些，甚至认为维修站是完全可以原谅的。相反，对于一次超乎想象的好的服务，如果顾客将原因归为"维修站的分内事"或"现在的服务质量普遍提高了"，那么这项好服务并不会对提升这位顾客的满意度有什么贡献；如果顾客将原因归为"他们因为特别重视我才这样做的"或是"这个品牌是因为特别讲究与顾客的感情才这样做的"，那么这项好服务将大大提升顾客对维修站的满意度，并进而将这种高度满意扩张到对品牌的信任。

（四）对平等或公正的感知

消费者的满意还会受到对平等或公正的感知的影响。消费者会问自己：我与其他的消费者相比是不是被平等对待了？别的消费者得到比我更好的待遇、更合理的价格、更优质的服务了吗？我为这项服务或产品花的钱合理吗？以我所花费的金钱和精力，我所得到的比人家多还是少？公正的感觉是消费者对产品和服务满意感知的中心（注意同样的道理适用于内部员工满意）。

第二节 公众满意度及其测评

一、公众满意度的内涵

满意是人的一种感觉状况水平，是在比较人的期望与现实状况后的感觉，也就是指一个人通过对一种产品的可感知的效果或结果与他的期望相比较后形成的一种失望或愉悦的感觉状态。

企业界对顾客满意度的定义有两个特征：一是顾客满意的前因是顾客期望，但他们所说的顾客期望只是一个层面上的期望，没有对它细分；二是顾客满意是一种事后感知和事前期望的差距的主观反映，但是他们所指的差距是一种绝对差距。

顾客容忍理论（ZOT）是指顾客心理接受跨度，在这个接受跨度中顾客认为所消费的服务是可以接受的，并且顾客在容忍区内对服务质量变化的感知性不如在容忍区之外的情形。顾客对服务有两种不同层次的期望：第一种是理想的服务，定义为顾客渴望得到的服务水平。第二种是适当的服务，定义为顾客可以接受的服务水平。从此可以看出，ZOT 的特点就是顾客的期望由一个点扩展为一个区域。

基于 ZOT 理论，将公众满意度定义为，企业和公民在享用政务提供的服务的过程中，对服务使用的全部经验累积的整体评价，是公众对事前期望（包括理想服务的期望和适当服务的期望）和事后感知（包括满意、不满意和愉悦）的相对差距程度的主观反映。由此可见，公众满意的程度，取决于公众接受某项产品或服务后的感知与公众在接受之前的期望相比较后的体验，比值越大，公众越满意，公众满意度越高。也即公众满意的程度取决于公众接受某项产品或服务后的感知与公众在接受之前的期望相比较后的体验，比值越大，则公众越满意，即公众满意度越高。政府服务的公众满意度就是指公众对政府服务绩效（效果）的感知与他们的期望值相比较后形成的一种失望或愉快的感觉程度的大小。

二、公众满意度的特征

公众满意是公众的情感反应，公众满意度是建立在公众主观体验基础上的，而公众的主观体验是与公众的知识与经验、社会阶层、生活习惯、价值观等密切相关的，因此它具有主观性。这个特性的一个反映就是满意度是期望和事后感知相比较的结果，而不是感知本身。也就是对于一个评价对象而言，不同的评价者由于对评价对象有不同的期望而得到不同的满意度分值。

公众满意度作为人们的一种心理活动，在反映评价对象客观差异方面并没有明确的界限，从差异的一端到另一端，中间经历了从量变到质变的连续变化过程，而并非简单的"非此即彼"。因此，公众满意度在反映差异方面具有一定的模糊性。

公众满意度是一个动态的、非绝对的概念。其实，孤立的满意度分值本身并无特别含义。作为一种指数，只有用于横向或纵向的比较分析，公众满意度才有实际意义。

虽然公众满意度具有模糊性，但通过运用模糊集合理论和模糊测评方法，在确定民众满意度的基础上，仍可以得出其具体的量化数值。因此，公众满意度具有可测性。各种态度测量技术为这一点提供了保证。

公众满意度作为一种公众的综合的心理体验，可以划分为不同层次（因素）和不同层次上的不同属性（因子）。因此，公众满意度具有可分性。

公众的需求结构不是一成不变的，随着时间、空间以及民众偏好的变化，公众满意度的变量结构也会不断地调整，包括构成的变量及其相互关系。

三、公众满意度的构成要素

（一）理念满意度

理念满意度指公众对政府服务的指导思想、服务宗旨、价值取向等的满意程度，是政府服务的公众满意度的灵魂，引导和决定着公众对政府服务的满意程度。我国从"全心全意为人民服务"

的宗旨到"三个代表"重要思想，再到"立党为公，执政为民""权为民所用，情为民所系，利为民所谋"，以及服务型政府、责任型政府、法治型政府、廉价效能型政府理念的确立，对于完善政府管理、提高政府服务效率、密切政府与公众的联系、增强政府对公众的凝聚力、提升公众对政府的满意度等方面均起到了极大的推动作用。

（二）行为满意度

行为满意度指公众对政府服务的行为举止的满意程度，是理念满意度的具体体现和公众满意度产生的前提，也是政府行政能力、服务水平的直接反映。它的内涵要求政府规范自身行为，改变服务中主导者的角色定位。在服务过程中，认真倾听公众的呼声，真实反映公众的意愿，切实关注公众的疾苦，解决公众的实际困难，各项工作真正做到"急公众之所急，想公众之所想，谋公众之所求，解公众之所困"。

（三）形象满意度

形象满意度指公众对政府服务的总体特征和实际表现的满意程度。在一定程度上，形象满意度是政府行为满意度的外在体现，是影响公众满意度的感观因素。近几年来，我国开始推动政府形象建设，促进了政府形象满意度的提升。从政府形象重塑的要求上，政府应优化服务的硬件环境，改变"门难进，事难办"的现象；加强服务的软环境建设，尤其是公务员队伍建设，建设一支精干、高效、服务能力强的公务员队伍，提高政府服务的质量，在公众与政府之间培养出"同呼吸，共命运"的情感，提高政府服务的形象满意度，使政府的"软形象"变硬。

（四）价值满意度

价值满意度是指公众在消费政府所提供的公共服务过程中所感觉的社会公正、公平以及体验到自我利益维护和实现等的满意程度，是公众满意度的深层次构成因素。虽然不同的公众，因其年龄、文化程度、职业、社会地位的不同，对同一政府服务的价值满意度有所区别，但整体上具有趋同性，利益具有一致性。价值满意度要求政府在服务过程中，始终代表和实现好、维护好、发展好广大人民的根本利益，坚持公开、公正、公平、透明的原则，规范政府行为，保障公民权利，维护社会公平，增进公共利益；坚持正确的价值取向，在效率与公平之间因时制宜，适时调整，使政府服务既能满足广大公众的切实需要，又能真正拨动公众的心弦，实现政府服务的价值。

四、政府部门公众满意度评价理论

公众满意度，又称为群众满意度，是指在对政府工作有一定了解的基础上，政府部门服务对象对政府工作的满意程度，是对公众心理状态的量化与测量。

（一）公众满意度评价主体选择

合格的评价主体一般应满足熟悉被考评对象，了解被考评对象的工作内容和工作性质，能将观察结果转化为有用的评价信息，公正客观地提供考评结果等条件。因此，不同政府部门的公众满意度评价主体应该是不同的，即在评价主体的选择上，应在其所服务的对象这个范围内进行。公众满意度的评价主体就是政府部门直接管理和服务的社会公众和企业。

（二）公众满意度评价指标体系

如何设计科学合理的考核指标体系，无疑是绩效考核的一个重要环节。采用不同的考核指标进行绩效考核，将会导致不同的考核结论，从而影响考核结果的可信度。对于一般政府部门而言，其公众满意度评价指标主要包括依法行政、举止文明、环境规范、务实高效、程序简明等内容。对于每一项评价指标，可选用非常满意、满意、一般、不满意、非常不满意等作为评价尺度。

（三）公众满意度评价方法的选择

关于公众满意度的评价测量，可以通过定性和定量方法进行，一般是在定性分析的基础上结合定量分析。在公众满意度评价的相关理论中，比较常用的评价方法有层次分析法和模糊综合评价法。

层次分析法（AHP）是一种能将定性分析与定量分析相结合的系统分析方法，是分析多目标、多准则的复杂公共管理问题的有力工具。公众满意度评价指标体系中多为定性指标，应用层次分析法来分析，有利于定性指标的量化，使之真正地可以测评，得到量化。

模糊综合评价法是指评价主体从影响评价指标的主要因素出发，根据判断对评价指标分别做出不同程度的模糊评价，然后通过模糊数学提供的方法进行运算，得出定量综合评价结果的一种定量分析方法。其主要应用于概念边界不确定性强的复杂问题的定量分析。在公众满意度评价的实际运用中，往往把层次分析法和模糊综合评价法综合起来运用，即模糊 AHP。对公众满意度评价指标中的单指标应用模糊综合评价法来量化，对公众满意度评价的整个指标体系应用 AHP 法来量化。将二者结合，可以提高评价的科学性和可靠性，有利于评价结果客观公正性。

五、政府部门公众满意度评价的实现途径

公众对政府服务的满意度是检测政府治理完善与否的关键。我国传统的政府价值观一向把"人民满意不满意"作为施政水平的一个衡量标准。随着社会主义市场经济体制的逐步建立和社会主义民主的日益进步，提高社会公众的满意度已经成为政府绩效的一个主要衡量标准，并成为政府绩效评估所要促进的一种基本价值。

（一）关于公众满意度评价的制度规范

国外对公共部门的满意度测评已有多年的历史，有丰富的实践经验积累和理论研究基础。我们可以考虑引入国外已经成熟的公众满意度评价体系，并根据我国的实际国情进行修正，形成具有中国特色的公共产品的顾客满意度评价体系和规章制度。首先，要从法律上确立公众满意度评价的地位，使之成为政府绩效管理的基本环节，而不是当作另外一个作秀的政绩工程；其次，颁布公众满意度评价工作的制度和规范，对公众满意度的评价主体、如何组织客观准确的公众调查和如何建立资助机制等都要作出详细规定；最后，评价结论能够得到有效传递和反馈，切实用于改进政府公共管理。

（二）完善公众参与机制

提升公众的满意度是实施政府部门绩效管理最基本的目标，对政府绩效评判最终还是要看公共服务对象的主观感觉，在政府绩效评估主体中，公民的绩效反馈权重应该是最大的。因此，在实践中要完善公众参与机制。

1. 要加强公众参与的制度化建设

在充分尊重宪法和法律赋予公民的政治权利和自由的前提下，对绩效评估中公众参与的内容、方式、途径做出明确的规定，并用法律的形式固定下来，使公众参与经常化、制度化。

2. 要建立健全公众参与的方法和渠道

要营造有利于我国公众参与的政治文化，为公众参与创造良好的政治心理背景，克服传统政治文化造成的参与中的冷漠和急躁情绪，积极培育公众参与绩效评估所需要的适度、理性的心理。

3. 要树立政府官员的正确理念

政府官员对待公众参与的理念直接影响到公众参与的作用发挥，这就要求政府官员必须树立正确的理念，充分尊重公民的人格和合法权利，承认公众在绩效评估中的主体地位，积极引导公众参与绩效管理。

（三）改进绩效评估的方法和技术

绩效评估方法是保证绩效评估如实反映现存状况的重要工具。我国政府绩效评估的方法可以借鉴美国的经验来设计。美国在对政府进行绩效评估时分别进行硬性评估和软性评估方法。硬性评估主要是由美国会计总署承担对政府的绩效审计；软性评估是由社会公众对政府进行评估，定期在政府的门户网站上发布政府支持率，以增强政府执政地位的合法性和政策的权威性。这种评估方式的合理性表现在：一方面，绩效评估的专业性和复杂性决定了硬性评估方式的存在，也就是说只有具备专业背景的组织，才会做出理性和科学的评估；另一方面，公众才是政府服务的最终对象，他们对政府提供的公共服务的质量最有发言权。因此，用软性评估的方式保证公众的利益才是绩效管理系统构建的终极目标，我国政府已开始将平衡计分卡、关键指标评价、目标管理等私营企业的管理方法运用于政府评估，进行了一系列方法和制度安排，下一步要根据各个公共部门绩效的具体体现方式，设计适应各个公共部门绩效衡量的有效可行的具体绩效指标体系。在设计绩效指标时，要注意形成内部指标与外部指标相结合，数量指标与质量指标相结合，技术性指标与民主性指标相结合，客观性指标与主观性指标相结合，工作指标与业绩指标相结合的完整结构。然后按各自的标准对它们分别进行严格的评估，并给予相应的奖惩。

（四）建立健全合理有效的评估体制

与评估方法相适应，要建立健全合理有效的评估体制。首先，要借鉴国外绩效评估体制的先进经验，在政府管理部门内部建立评估机构，通过对提供公共产品实施的检查、回顾和总结，发现问题，吸取经验和教训，为改进未来决策提供依据。其次，在全国各级人大常委会机关建立必要的评估机构，评价和监督政府提供公共产品的过程及其效果，促进我国公共管理的民主化。再次，发挥现有学术团体的作用，由一个学术机构牵头，联合政府管理部门和监督机构共同对各个层次的政府提供公共产品和公共服务的质量水平与公众满意度进行客观测评。最后，培育较为专业的公众评估组织。从国外的实践经验看，民间的一些较为专业的公众组织掌握大量的专门的评估方法和技术，评估的出发点以及操作过程客观而公正，产生了较大的影响。总之，合理有效的评估体制必须保证政府与公众充分、及时、有效地沟通，以使公众支持或至少不反对，毕竟公众满意度的提升本身就是政府改进绩效的强大动力。

公众满意度是公众对得到的信息服务水平与本身期望值的比较，它是评价政府信息服务绩效水平的重要标准。建设的最终目标是向公众提供更加完善和便捷的服务，因此，从公众的角度对发展水平进行度量应该是最有说服力的。公众满意度是信息服务能够持续发展的一个重要因素，因为只有通过对公众满意度进行测评，才能了解公众的需求，从而确定信息服务发展的方向。借助 CCS 模型分析公众行为、了解公众需求，使政府可以根据公众提出的问题和要求来修正信息服务的具体方式和服务内容，为公众提供满意的服务。

第三节 内部满意度及其测评

内部满意度主要指组织内部的员工满意度。所谓员工满意度，是和用户满意度相对而言的，员工满意度是指一个员工通过对组织所感知的效果与他的期望值相比较后所形成的感觉状态，是员工对其需要已被满足程度的感受。员工满意度是员工的一种主观的价值判断，是员工的一种心理感知活动，是员工期望与员工实际感知相比较的结果。

一、员工满意度的概念

员工满意度是指员工接受组织的实际感受与其期望值比较的程度。即员工满意度 = 实际感受 / 期望值。员工满意度又称雇员满意度，是组织的幸福指数，是组织管理的"晴雨表"，是团队精神的一种参考。该定义既体现了员工满意的程度，又反映出组织在达成员工需求方面的实际结果。满意是个相对的概念，超出期望值满意；达到期望值基本满意；低于期望值不满意。员工在特定的工作环境中，通过其对工作特征的自我认识，确定实际所获得之价值与其预期所获得的价值之间的差距。差距大，满意度低；反之，差距小，满意度高。

了解员工心理和生理两方面对组织环境因素的满足感受并做适应性改变，有助于降低员工流失率，提高组织经济绩效。人之所以产生了满意的感觉，往往是因为实现了某种目标，或需求得到了满足。满意感有正向和负向之分，满意和不满意代表截然相反的两个方向，但不是同一线段的首尾两端。20 世纪 50 年代后期，美国心理学家赫兹伯格调查发现，人们对诸如本组织的政策与管理、工作条件、人际关系、薪酬等，如果得到满足就没有不满意，得不到满足就会不满意，赫兹伯格称之为"保健"因素；而对于成就、赏识和责任等，如果等到满足就会满意，如果得不到满足就不会产生满意感，但也不会不满意，赫兹伯格称之为"激励"因素。赢得人才，赢得发展，全力打造"员工最满意组织"正是取胜之道。

二、员工满意度的影响因素

员工满意度是员工对其工作中所包含的各项因素进行评估的一种态度的反映，据权威机构的研究表明，员工满意度每提高 3 个百分点，组织的顾客满意度将提高 5 个百分点；员工满意度达到 80% 的组织，利润率增长要高出同行业其他组织 20% 左右。主要从五个方面进行分析。

（一）工作环境

1. 工作空间质量

对工作场所的物理条件、组织所处地区环境的满意程度。

2. 工作作息制度

合理的上下班时间、加班制度等。

3. 工作配备齐全度

工作必需的条件、设备及其他资源是否配备齐全、够用。

4. 福利待遇满意度

对薪资、福利、医疗和保险、假期、休假的满意程度。

（二）工作群体

1. 合作和谐度

上级的信任、支持、指导，同事的相互了解和理解，以及下属领会意图、完成任务情况，得到尊重。

2. 信息开放度

信息渠道畅通，信息的传播准确高效等。

（三）工作内容

1. 兴趣相关度

工作内容与性格、兴趣相吻合，符合个人职业发展目标，是否能最大限度地发挥个人的能力，从自己的工作中获得快乐。

2. 工作强度

对工作强度的要求和容忍度，因人而异。一方面是否能满足个人工作的需要，一方面是否超出了个人能承受的负荷量。

（四）组织背景

1. 组织了解度

对组织的历史、文化、战略政策的理解和认同程度。

2. 组织参与感

意见和建议得到重视，参加决策，组织发展与个人发展得到统一，有成就感和归属感等。

3. 组织前景

对组织发展前景看好，充满信心。

（五）个人观念

这里主要是指容易引起员工不满意的不合理的个人观念。其中包括：

1. 理想主义和完美主义

对组织各方面情况的理想化期望和完美主义要求，易走极端，一旦遇到困难变得愤世嫉俗，产生不满。

2. 消极心态

将人际关系方面的问题和对工作中的困难挫折全部归因于客观原因或他人（外归因），难于沟通，人际关系不和谐，产生不满。

3. 狭隘主义

过于重视个人利益，一旦与个人利益有冲突，易产生不满情绪；或是目光短浅，自以为是。

三、调查实施

组织进行员工满意度调查可以对组织管理进行全面审核，保证组织工作效率和最佳经济效益，减少和纠正低生产率、高损耗率、高人员流动率等紧迫问题。

（一）必要性

组织如何对待员工，员工就如何对组织的客户。员工满意与否，直接关系到组织客户满意度如何。调查员工满意度的直接目标就是员工的满意度，以此提高员工对组织的忠诚度。满意度主要是指对现有的一切满意与否，包括报酬、学习、晋升、环境、地位、组织的承诺等各个方面。对员工满意度了解，才能有效地改变，不了解就无法进步。

（二）绩效评估工具

满意度调查其实是一种很有效，也应用很广泛的绩效工具。对一家越过了"规范管理"门槛的组织来说，通过满意度调查可以帮助组织采集许多有价值的绩效信息（注意满意度不仅仅是调动员工的工作热情，更重要的功能是帮助管理层了解绩效问题在员工层面上的症结所在），具体而言如下。

第一，了解组织有关管理政策在员工层面到底带来怎样的影响，并为管理策略的调整提供依据。例如，严格考勤也许有效降低了迟到率，但如果带来员工严重的抱怨，对绩效的影响可能适得其反。

第二，作为对职能部门，特别是服务型职能部门的绩效评估指标。对行政、总务、后勤、人资等部门，采用满意度作为绩效考评指标能够有效地督促和引导这些部门的管理行为。

第三，了解组织人力资源策略的有效性。组织根据发展阶段和竞争环境有意识地通过管理手段来促使某些类别员工的稳定、提升或流动，通过满意度工具可以了解这些策略性的管理措施是否"精确定位"了。

当然，任何管理工具都有其适用范围，对那些尚未越过"规范管理"门槛的组织，满意度却要慎重使用。满意度调查实施后往往促使了员工对管理提升的期望值强化了，如果组织管理层没有能力落实，满意度也就容易逐渐沦为形式。

（三）调查目的

"员工满意度调查"是很多组织人力资源管理工作的重要组成部分，也是很多组织用来衡量人力资源部工作成绩的重要绩效指标。通过对员工满意度的年度调查，组织期望找到以下问题的答案。

第一，组织中的员工对他们所服务的组织与从事的工作是否感到满意？

第二，员工最满意的是什么地方？最不满意的是什么地方？

第三，与往年相比较，员工的满意度是上升了还是下降了？主要的变化在哪里？

第四，与其他的同类组织相比较，员工对该组织的满意度相对较高还是较低？

员工满意度调查是必要的，但它的作用应该是用来预防我们期望保留的员工流失。基于这个目的，我们可以得到两个重要的推论：第一，如果组织的员工没有流失的风险，我们不需要进行满意度的调查或进行任何与提升满意度有关的活动。这听上去好像有些残酷，但是事实上真的如此；第二，如果这个员工是我们不想保留的员工，那么他／她满意与否并不重要。

基于这样两个推论，员工的满意度调查应该运用的方法是：首先，明确哪些员工是我们想保留的员工。几乎所有的组织都是在人力资源高度流动的竞争环境中，但并不是所有的人都是我们希望保留的员工。通常来说，需要高度关注的员工包括那些在核心部门与核心岗位工作的员工；表现相对出色的员工；具备人力资源市场上稀缺能力的员工。这些员工是组织应该密切关注和花费精力去挽留的。其次，在进行员工满意度调查的时候组织不仅仅按照传统的分部门或者分级别进行统计，同时可以按照组织员工被保留的价值进行分类统计和分析，真正去了解那些我们期望保留的员工的需求和不满意的地方是什么，然后尽力去满足他们的要求，确保他们不会转投竞争对手的怀抱。最后，对于广大的普通员工来说，满意度调查至少可以让管理层了解员工的普遍心理是什么，但调查结果不应该成为组织决策的唯一依据。其实更加重要的是组织需要真正想清楚我的满意度调查是为了什么目的，如果是为了通过提升满意度来提高工作积极性和效率的话，那么这个调查结果真的是不用看了，因为还有很多方法可以不用提升满意度来达到这个目的。当然，如果组织进行满意度调查的目的如果是为了让所有的员工更加快乐地工作，那么这个调查的结果还是很有意义的参考依据。

（四）调查意义

1. 组织的第一要务就是为客户创造价值（价值 = 受益 − 成本）

员工满意度的提升就是内部客户受益，而员工的满意度提升也将降低组织的经营成本，有些创业型组织刚刚开始条件很艰苦，而员工一直保持不离不弃，同甘共苦让组织节约大量的成本。员工的满意度与其需求密切相关 — 既包括物质的、生理的需要，也包括精神的、心理的需要，具有多元化、层次化、个性化、发展化的特性，管理者只能通过日常管理活动对人的需要施加影响和引导，而不能凭主观臆想加以创造。所以我们要进行员工工作满意度调查。因为员工的满意是组织管理的起点也是归宿。

2.组织的客户分为内部客户和外部客户

外部客户的价值实现是靠内部客户实施的。组织在同时创造两方面的价值，从时间和空间的角度来说组织首先为内部客户 — 员工创造价值。客户不是在购买某一种"产品"，而是购买需求的满意度。要满足客户的需求一定要通过员工的劳动，无论是制造产品还是提供服务。员工满意度决定着提供的产品或服务的好坏。客户的流失率大多数与员工态度有关，而员工态度不仅仅是营销人员和售后服务人员的事情，它涉及全体员工的态度，而员工的满意度就是解决员工态度的问题，所以说从整个管理的提升来讲，员工满意度调研是管理的基础。

3.组织的利润不是来源于产品而是来源于人

组织的利润不是来源于产品而是来源于人，也就是您的员工，没有他们的劳动就不会有组织，留住优秀的员工是组织人力资源管理的重要内容，而员工满意度的调查就是留住、培养他们的基础。员工满意度的调查有助于组织制定正确的人才决策，提高管理效果。员工满意度的调查是人力资源决策的基础和前提。它可以帮助组织对人力资源状况做出客观的判断，对其自身条件做出正确的分析，明确自身的优势和劣势，使组织的内部条件、管理目标与市场环境实现动态的平衡，为提高组织竞争力效果创造有利的条件。

4.任何组织都要有目标

任何组织都要有目标，无论是盈利还是满足客户，这个目标是由员工来实现的，他们是执行者，他们是否满意是组织达到目标的重要因素，而且对于一些优秀的组织来说，员工工作满意度本身就是组织的目标。

5.员工满意度是组织内部无形组织的关键

员工满意度是组织内部无形组织的关键，满意度的提升可以是潜在能力爆发出来有利于组织的成长和员工的进步，而对组织的满意度降低会直接影响这种潜在组织，它会对整个组织的发展造成威胁，诸如集体跳槽、集体罢工的事件正是组织者面临的重要打击之一。

6.员工工作满意度调查相对于其他管理方法要简单专注

员工满意度调研的价值还可以从三方面来体现，首先从研发角度，员工的满意带来很多益处，作为员工来讲，一旦认可组织文化，对组织抱有感恩的态度，那么就会有许多技术改进措施得以提出。其次是生产环节中，员工总要通过自我补偿实现某种程度的心理平衡，而其消极的自我补偿往往以组织利益的损失为代价。质量控制等方面造成的损失更是难以估量。员工工作满意度调查是将复杂的东西简单化，简单的东西量化，量化的东西流程化，流程化的东西执行化。

（五）调查时机

第一，最好是定期调查，不要因为某些特定事件才检查。

第二，管理阶层能对员工满意度调查结果之后续行动有所改进或提升的承诺性。

第三，员工人数多，或组织庞大、部门多。

第四，有足够的专业人员、调查活动投入时间及成本准备。

第五，最好不要仅以某一阶层（部门、年资、职位、学历）为对象，以免引起无谓猜疑。

（六）调查工具

员工工作满意度是人们对工作环境的主观反应，故也是一种态度衡量的方法，测量的方法有结构式问卷法、非结构式问卷法、观察印象方法、指导式和非指导式的面谈法。从事实际的调查研究时，由于问卷法是最易于施测与衡量的量化工具，所以衡量工作满意度时大多数采用问卷方式进行，其中有部分问卷由中调网加以翻译或修订，并且日渐加以引用，中调网为组织所普遍接受和采纳的"员工满意度调查"的测量工具/调查方法主要有以下几种。

1. 工作描述指数法

工作描述指数法量表主要衡量工作者一般的工作满足，亦即综合满意度。这是最有名的员工满意度调查，它对薪酬、晋升、管理、工作本身和组织群体都有各自的满意等级，可用在各种形式的组织中。

2. 工作满意度指数量表

工作满意度指数量表主要衡量工作者一般的工作满足，亦即综合满意度。

3. 明尼苏达满意度调查量表

明尼苏达满意度调查量表分为短式及长式两种。短式包括 20 个题目，可测量工作者的内在满意度、外在满意度及一般满意度；长式问卷则有 120 个题目，可测量工作者对 20 个工作构面的满意度及一般满意度。20 个大项中每个项下有 5 个小项。这 20 个大项是个人能力的发挥；成就感；能动性；组织培训和自我发展；权力；组织政策及实施；报酬；部门和同事的团队精神；创造力；独立性；道德标准；组织对员工的奖惩；本人责任；员工工作安全；员工所享受的社会服务；员工社会地位；员工关系管理和沟通交流。因此中调网采取此套衡量工具，多半采用短式问卷。

4. 彼得需求满意调查表

彼得需求满意调查表适用于管理层人员。其提问集中在管理工作的具体问题，每个问题都有两句，适用于管理人员。

5. 工作说明量表

工作说明量表可衡量工作者对工作本身、薪资、升迁、上级和同事五个构面的满意度，而这五个构面满足分数的总和，即代表整体工作满意度的分数。JDI 的特点是不需要受测者说出内心感受，只就不同构面（题数不一定相同）找出不同的描述词，由其选择即可，因此，对于教育程度较低的受测者也可以容易地回答。

6. SRA 员工调查表

SRA 员工调查表又称 SRA 态度量表，包括 44 个题目，可测量工作者对 14 个工作构面的满意度。

7. 工作诊断调查表

工作诊断调查表可测量工作者一般满意度、内在工作动机和特殊满意度（包括工作安全感、待遇、社会关系、督导及成长等构面）；此外，还可同时测量工作者的特性及个人成长需求强度。

8. 工作满足量表

工作满足量表可测量受测者对自尊自重、成长与发展、受重视程度、主管态度、独立思考与行动、工作保障、工作待遇、工作贡献、工作目标与方式、友谊关系、升迁机会、顾客态度及工作权利 13 项衡量满意度的因素。

9. 洛克、阿莫德和菲德曼量表

洛克提出的员工满意度构成的十个因素：工作本身、报酬、提升、认可、工作条件、福利、自我、管理者、同事和组织外成员。阿莫德和菲德曼提出，工作满意度的结构因素包括工作本身、上级、经济报酬、升迁、工作环境和工作团体。

（七）调查方式

1. 访谈调查法

访谈调查法是指收集口头资料；记录访谈观察。其优点是具有直接性、灵活性、适应性和应变性；回答率高、效度高；但事先需培训；费用大、规模小、耗时多、标准化程度低。其类型有结构性访谈（需事先设计精心策划的调查表）和非结构性访谈（无问题提纲，可自由发问）。场所：适用于部门较分散的组织、公共场所。人数：集体性和个别性访谈。时间：一次性或跟踪性访谈。

2. 问卷调查法

问卷调查法是指设计出问卷后分发个别员工或集体。特点是范围广、结合访谈效果更佳。类型有开放性问卷和封闭性问卷两种，各自有优缺点，两者结合更好。问卷需设计题目、说明、指导语、内容、动态问题、态度、编号等。设计是非选择、多项选择、对比选择、排序选择、程度选择、自由提问、时间限制。

3. 抽样调查法

抽样调查法是指随机抽样、等距抽样、分层抽样、整体抽样。

（八）调查流程

如果你从来也没有做过员工满意度调查，你可能不了解该如何来实施这个调查。这里我们将介绍整个调查的流程以及每个步骤的关键点。

第一步：决定是否需要实施一个员工满意度调查的项目。

第二步：向管理层推销调查。

第三步：决定员工满意度调查中该问什么问题。

第四步：选择员工满意度调查方法。

第五步：在员工满意度调查中该注意的问题。

第六步：确认最终问卷并且测试。

第七步：向组织内部宣传员工满意度调查。

第八步：邀请员工参加调查。

第九步：解释调查的结果。

第十步：分享你的调查结果。

第十一步：根据调查结果采取改进行动。

第十二步：什么时候需要重复员工满意度调查。

四、提高满意度

（一）提高满意度的意义

1. 员工满意是组织最终用户满意的保证

定期了解员工的需要和其对组织环境（包括硬环境与软环境）的满意程度，从而建立有助于员工为组织目标尽力的氛围，是组织的决策者在制定用户满意目标时必须要考虑的问题。

2. 员工满意度调查是内部管理改善的过程

一年一度的员工满意度调查，使组织管理层倾听到员工的真实心声，是组织检查目标的实现情况，上下沟通，了解员工需求，找出管理上的问题并加以改进的过程。组织向员工公布满意度调查结果，针对员工不满意或有抱怨的问题，共同进行根源分析，制订改进行动计划并采取有效措施，不断提高员工对组织的满意度和信任度。

3. 员工满意度调查使员工成为组织的主人

员工的满意度是指员工对组织各方面满意程度和归属感，体现在员工对组织的忠诚度、凝聚力和工作态度等方面。通过满意度调查后的改进措施，可以激励员工，增强对组织的归属感。

（二）提高满意度的措施

提高员工满意度是一项系统工程，同时也是组织的中心任务和关键目标之一，组织者只有综合运用多种组织措施和手段才能全面提升员工满意度。

1. 要制定和实施公平、合理的薪酬制度和绩效评估体系

薪酬不仅是推动人们行为的动因，也是满足人们需要的物质基础。员工的薪酬一般分为两类，一类为经济性报酬，另一类为非经济性报酬。前者如各种工资、奖金、福利等，后者包括工作内容（如工作的趣味性、挑战性等）和工作环境（如温度、照明、色彩、文化氛围、人际关系）等方面。所以，组织者应当从各个不同的角度和层面来满足员工的需要。另外，值得关注的是薪酬发放的公平性问题。

心理学家认为，薪酬的公平性比薪酬的种类和数量更能激发员工的工作动机和行为。他提出的公平理论认为，员工判断是否公平的依据是自己得到的报酬与投入比率与别人得到的报酬与投入比率的比较。如果两个比率相等，员工会感到公平，而且会继续保持以前的贡献水平；如果不相等，员工会采取积极或消极的行动以减少不公平。员工不仅关注结果的公平，而且注重过程是否公平，注重对其工作绩效是否有公平合理的评估标准。所以，要针对全体员工制定并贯彻实施

公平、合理的薪酬制度和绩效评估体系，不断激发员工工作热情并不断提高员工满意度。

2. 应当对员工工作实施再设计

工作内容本身也是提高员工满意度的重要因素，而现实的工作对员工来说往往是单调乏味的，由此就会引起员工对自己的工作的厌恶感，工作积极性和劳动生产率就会随着下降，所以有必要对员工工作实施再设计。工作再设计是指重新设计员工的工作职责、内容、方法，以此提高其工作绩效，实现员工满意。其主要方法有：

（1）工作轮换

工作轮换是让员工从执行一项任务转向执行另一项任务，从而克服工作的单调感，并提升员工的综合工作技能。

（2）工作扩展

工作扩展是指员工工作的扩大化和丰富化，它又分为纵向扩展和横向扩展。横向工作扩展要求员工完成更多种类的工作任务，它改变了员工的工作内容和职责。纵向工作扩展要求员工参与计划、组织和监控自己的工作，它改变了员工完成任务的方式，从本质上来说，这种工作扩展是一种分权。

（3）弹性工时

它是一种允许员工自由选择工作时间的工作日程安排。除了每天的核心工作任务必须完成以外，员工可以自由决定上下班的时间。研究表明，弹性工时制既可以提高 10% 左右的工作效率，又可以提高员工的满意水平。

第八章 绩效沟通

第一节 绩效沟通的含义

绩效沟通贯穿于整个绩效管理过程中，是绩效管理的灵魂和核心，也是绩效管理过程中耗时最长、最关键、最能促进工作开展及产生效果的环节。在绩效管理的周期内，绩效沟通是持续进行的，包括绩效计划沟通、绩效辅导沟通、绩效考核沟通和绩效反馈沟通四个沟通环节。一个绩效沟通循环体系。良好的绩效沟通能够及时解决问题，最大限度地提高绩效。

一、沟通

（一）沟通的含义

目前，沟通能力已经成为人才竞争的重要素质之一。沟通涉及工作与生活的各个层面，与人的发展息息相关。沟通是一门艺术，也是一门学问。从某种意义上讲，沟通已经不再是一种职业技能，而是一种生存方式。

一般来说，沟通是人们在互动过程中通过某种方式或者途径将一定的信息从发送者传递给接收者，并获得理解和预期反馈的过程。实际上，这只是沟通的表层含义。信息交流的目的只能告诉人们在绩效沟通中管理者与员工应该互相交流什么内容，但是，沟通更重要的意义在于传递想法而不仅仅是传递信息本身。只有把思想的传递视为沟通的重点，才能够让对方真正领悟所传递的信息。因此，真正有效的沟通是通过自己的语言和行为的引导使对方产生自己所希望的想法。

（二）沟通的过程

实际上，沟通是一个很复杂的过程，并不像表面上看起来那么简单。在沟通发生之前，往往存在一个沟通的意图，我们称之为"被传递的信息"。信息首先被转化为信号，然后通过媒介传递给信息接收者，再由信息接收者将收到的信号转译回来。

沟通过程包括八个组成要素，即发送信息、编码、通道、接收信息、译码、理解、反馈、噪声。编码是指发送者将信息编成一定的文字等语言符号或其他形式的符号；通道是发送者用于传递信息的媒介，如书面通知、电话、电报、收音机、电视、网络等；译码是指接收者在接收信息后，将符号化的信息还原为思想，并理解其意义；反馈是指接收者将接收到的信息返回给发送者；

噪声是妨碍沟通的因素，存在于沟通过程中的各个环节，并有可能造成信息失真。

二、绩效沟通

（一）绩效沟通的含义

绩效沟通是指组织的管理者与员工为了达到绩效管理的目的，在共同工作的过程中分享各类相关的绩效信息，以期得到对方的反应和评价，并通过双方的交流，使组织绩效计划得以更好地贯彻执行以及更好地提高组织绩效的过程。简而言之，绩效沟通就是管理者与员工就绩效问题进行的沟通，是一个关于绩效信息的发送、接收与反馈的过程。

（二）绩效沟通的重要性

在绩效管理中，持续不断的沟通是一个恒久不变的原则，具有不可替代的作用。持续的绩效沟通对于上级和下属都有着非常重要的意义。

首先，只有通过绩效沟通，才能设定管理者和员工共同认可的绩效目标。实际上，绩效管理的首要环节就是设定管理者和员工共同认可的绩效目标。员工作为组织中的一员，要在组织中承担一定的职责。以上这些只有通过绩效沟通才能得到解决，才可以使员工清晰地了解自己在组织中承担的具体角色。这样，管理者与员工就会对绩效目标及结果做到心中有数，员工才能有实现绩效目标的动力，管理者才能有考核员工的量化标准。在设定绩效目标的过程中，如果管理者忽视了沟通的作用，缺少双向互动沟通，就会形成绩效目标信息只有下达而无上传的情况。这样做不但会影响员工对绩效目标的了解和认可，还可能影响整个组织绩效目标的实现。

其次，只有通过绩效沟通才能顺利地完成绩效目标。从绩效管理流程来看，绩效沟通是重要环节，并贯穿于整个履行过程的始终。当绩效目标在履行过程中朝良性方向发展时，通过绩效沟通，管理者易于掌握员工在目标实施过程中继续提升业绩的空间以及员工在后期工作中的期望；员工也可以及时地反馈工作完成情况，从上级管理者那里得到必要的帮助。当绩效目标在履行过程中朝恶性方向发展时，良好的绩效沟通将发挥无可比拟的作用。对组织而言，它有助于降低负面影响，对提升组织整体业绩会起到推进作用；对员工而言，及时的沟通有助于员工改进工作方法，改变糟糕业绩，避免自己成为组织整体业绩提升的阻碍。

最后，只有通过绩效沟通才能使绩效考核思想深入人心，才能使考核结果令员工信服。一方面，绩效管理不是考核者对被考核者滥用手中职权的撒手锏，也不是走过场。绩效沟通可以帮助考核者把工作目标和工作任务等相关内容传递给被考核者，使考核者明白要考核什么、考核谁以及如何考核等。同时，使被考核者明白自己该干什么以及怎么干，明白什么是干得好或什么是干得不好。另外，绩效沟通有利于清除分歧，提高员工对绩效考核的认可度。绩效考核不是为了制造员工之间的差距，也不是划分员工等级的标尺，而是实事求是地挖掘员工的长处并发现其短处，扬长避短，从而达到使工作有所改进、有所提高的目的。另一方面，随着绩效考核思想的深入，绩效考核这一工具的使用会得到广泛的认可，绩效考核的结果也将被广大员工认可并接受。

总之，绩效沟通无论对管理者还是对员工都具有重要意义。它不仅有助于管理者了解工作的进展情况，了解被考核员工的工作情况，而且有利于员工在工作过程中不断得到关于自己工作绩效的反馈信息，从而不断地提高工作技能。

（三）绩效沟通的体系

绩效管理的过程通常被看作一个循环，这个循环分为四个环节，即绩效计划、绩效辅导、绩效考核与绩效反馈。在绩效管理的各个环节中，持续性的绩效沟通是必不可少的。本文所指的绩效沟通包含绩效管理各个流程中管理者与员工之间的持续沟通，包括绩效计划沟通、绩效辅导沟通、绩效考核沟通和绩效反馈沟通，并且这四个沟通环节形成一个绩效沟通循环。在每个绩效周期中，绩效沟通都是持续进行的，多个沟通循环组成一个持续循环的绩效沟通体系。

1. 绩效计划沟通

绩效计划是绩效管理的第一个环节，是管理者和员工共同讨论以确定员工在考核期内应该完成什么工作和达到什么样的绩效目标的过程。

绩效计划沟通的内容主要包括三个方面，即目标制订的沟通、目标实施的沟通和实现目标所需的支持。绩效目标和工作标准应是管理者与员工讨论后形成的。管理者在这个过程中需要向员工明确说明如下问题：组织的整体目标是什么？为了完成这样的整体目标，部门的具体目标是什么？为了达到这样的部门目标，对员工的期望是什么？对员工的工作应该实行什么样的标准？组织应该提供什么样的支持使员工顺利完成目标？完成目标后对员工有什么奖励措施？可见，管理者只有与员工不断地进行交流，才能使员工对目标有一个全面完整的了解，才会使员工在工作的过程中心中有数，不会发生只知埋头干活，不抬头看路的情况。

2. 绩效辅导沟通

在整个绩效沟通体系中，绩效辅导沟通是最直接发挥作用的环节，因此，能否做好辅导沟通是决定绩效管理是否能够发挥作用的重要因素。

绩效辅导沟通就是管理者与员工在绩效实施过程中分享各类与绩效有关的信息的过程，沟通的具体内容主要由管理者和员工的需要来确定。在沟通开始之前，管理者应该思考的是如下问题：从员工那里得到哪些信息？应该提供给员工哪些信息和资源以帮助员工完成工作目标？员工必须思考的问题是：应该从经理那里得到什么样的信息或资源？应该向经理提供哪些信息，以保证能够更好地完成工作目标？因此，管理者和员工之间进行沟通是为了共同找到与达成目标有关的一些问题的答案，围绕这些问题展开的交流构成绩效辅导沟通的主要内容。

绩效辅导沟通的主要问题有：

员工的工作进展情况怎么样？

团队是否在正确地达成目标和绩效标准的轨道上运行？

如果有偏离方向的趋势，应该采取什么样的行动扭转这种局面？

员工在哪些方面的工作做得较好？在哪些方面需要纠正或改进？

员工在哪些方面遇到了困难或障碍？

管理者和员工双方在哪些方面已达成一致？在哪些方面存在着分歧？

面对目前的情况，要对工作目标和达成目标做出哪些调整？

为了使员工出色地完成绩效目标，管理者需要提供哪些帮助和指导？

3.绩效考核沟通

绩效考核沟通是一种用系统的方法来评定员工在职务上的工作行为和工作效果的工具，也是防止绩效不佳和提高绩效的工具。考核工作要由管理者和员工以共同合作的方式来完成，这就需要管理者和员工之间进行双向沟通。绩效考核沟通的主要内容包括考核制度与方案沟通、考核过程沟通和考核申诉沟通。

（1）考核制度与方案沟通

一方面，绩效管理过程是一个持续双向沟通的过程。另外，虽然在绩效目标确立时已经进行了沟通和确认，但是在拟定绩效考核制度时还需要进一步沟通。实际上，有些组织不是在成立之初就建立了绩效考核制度，而是随便使用一个绩效考核办法，或者是在设计绩效考核制度时没有深入研究组织的特性和需要，忽略了组织内部的绩效考核沟通。因此，当这个制度不适应已经成长起来的组织时，如果组织仍然沿用旧方法，或者头痛医头，脚痛医脚，就会使绩效考核漏洞百出，难以实行。所以，组织在制订或修改绩效考核制度时，管理者只有与员工进行充分的沟通，才能得到适合组织发展需要的有效的绩效考核制度。另一方面，现实中存在着考核方案难以执行的情况，可能是由于方案过于复杂、精细，而实施人员的素质有待提高，也可能是由于方案缺乏实际针对性等等，但是最主要的原因是没有做好沟通工作。可见，对考核方案的沟通远比方案本身重要得多。绩效考核方案中的考核方法、指标、标准等内容都是员工在考核前应该清楚明白的，只有员工对考核方案理解并且愿意接受了，绩效考核才能顺利进行。

（2）考核过程沟通

绩效考核是一项复杂的工作，往往需要投入较大的人力和物力，而且还不一定能够达到预期的效果。绩效考核不能取得预期的效果，原因是多方面的，其中一个不容忽视的原因就是没有在考核过程中做好充分的沟通。因此，实施绩效考核时，管理者与员工之间的交流沟通是十分必要的。在进行绩效考核沟通时，管理者需要进行有针对性的沟通，同时与员工要建立平等的双向沟通，并且在考核的过程中要提高考核工作的透明度。

（3）考核申诉沟通

考核申诉是为了使考核制度完善化和在考核过程中真正做到公开、公正、合理而设定的特殊程序。发生考核申诉的原因，一是绩效考核中存在一些误区，例如平均趋势、极端倾向、晕轮效应、近因误差等；二是员工对考核结果不满，或者认为考核者在评价标准的掌握上不公正；三是员工认为考核者对考核标准运用不当，有失公平。因此，要设立考核申诉沟通这一特殊程序，从制度上促进绩效考核工作的合理化，达到提高组织绩效的目的。

4.绩效反馈沟通

绩效反馈是使员工了解自身绩效水平的绩效管理手段，是绩效管理过程中的一个重要环节。考核者与被考核者之间进行沟通，就被考核者在考核周期内的绩效情况进行面谈，在肯定成绩的同时，找出被考核者在工作中存在的不足之处，并探讨如何进行改进。

绩效反馈沟通除了告知员工考核结果外，还包含四个方面的内容：第一，具体说明员工在考核周期内的绩效状况，最好能够对照相应的标准举出实例来说明；第二，对绩效优良者予以鼓励，对绩效不良者帮助其分析原因，并一起制订改进措施和相应的培训计划；第三，针对员工的绩效水平告知将获得怎样的奖惩，以及其他人力资源决策；第四，表明组织的要求和期望，了解员工在下个绩效周期内的计划，并提供可能的帮助和建议。

（四）绩效沟通的渠道

组织的绩效沟通渠道非常重要，关系到管理者能否与员工顺利进行有效的沟通。

要保证组织绩效沟通能够顺利进行，有几个方面的工作需要做好。首先，沟通的渠道要多样化，既要有正式的沟通渠道，又要有非正式的沟通渠道；既要加强纵向沟通，又要重视横向沟通。其次，要根据绩效沟通不同环节的具体特点，选择合适的沟通方法。最后，在沟通的过程中要注意及时排除一些沟通障碍，使沟通渠道畅通无阻。

在影响沟通的各种因素中，组织结构障碍的影响尤为突出，特别值得关注。

第二节 绩效沟通的目的与原则

一、绩效沟通的目的

在绩效的实施过程中，管理者和员工之间要进行持续有效的绩效沟通。进行绩效沟通的根本目的是确保绩效目标的实现。在绩效计划阶段，虽然管理者和员工通过双向沟通共同制订了绩效计划，确定了具体的工作目标及实现目标的方法和步骤，并形成了绩效契约，但这并不意味着绩效计划就可以自动地、顺利地实施。管理者和员工双方要通过持续沟通来解决绩效计划实施过程中出现的各种问题，从而确保绩效目标的实现。因此，持续的绩效沟通为绩效实施过程中的核心问题。通过进行持续的绩效沟通可以实现以下具体目的。

（一）通过持续的沟通对绩效计划进行调整

如今的工作竞争在不断加剧，变化的因素也在逐渐增加。因此，在绩效实施过程中进行持续的绩效沟通是为了适应环境变化的需要，应适时地对计划做出调整。在绩效考核周期开始时制订的绩效计划很可能会随着环境因素的变化变得不切实际或无法实现。因此，在绩效实施过程中员工与管理人员进行沟通后可以对绩效计划进行调整，使之更加适应环境的需要。

（二）管理者通过绩效沟通为员工提供及时的帮助

在绩效管理过程中，尽管制订的绩效计划可能是很详细具体的，但在计划实施过程中可能会出现一些事先未曾预料的新情况和新问题，员工在实现绩效目标的过程中可能会遇到一些问题。通过绩效沟通，管理者可以及时掌握员工工作的进展情况，了解员工在工作过程中遇到的困难和问题，以便及时采取相应的对策，提供及时的帮助和支持，进而确保计划目标的实现。

（三）员工通过绩效沟通及时获得有关自己工作结果的反馈信息

由于工作环境的变化，员工的工作也变得越来越复杂，在制定绩效计划时很难完全解决员工在绩效实施过程中可能会遇到的所有困难。因此，员工在执行绩效计划的过程中可能会遇到各种各样的困难，需要得到帮助。一方面，员工都希望在工作过程中能不断地得到反馈信息，以便及时了解自己哪些方面做得比较好，哪些方面存在不足和缺点。另一方面，在绩效评估结束后，员工需要得到客观、准确的绩效反馈信息，以便全面了解自己的工作绩效状况。

（四）绩效沟通是一种重要的激励手段

每个人都有一种受关注和被认可的需要，如果这种需要得不到满足，就会严重挫伤员工的士气。绩效管理过程中管理者与员工之间的沟通，恰恰能满足员工的这种需要，特别是当员工在工作过程中遭受挫折时，或者是感到工作压力巨大时，管理者的关心和支持会使员工备受鼓舞。在员工工作表现优良或取得一定的工作成绩时，管理者通过沟通对员工的表现给予及时的肯定，这本身就会对员工产生极大的激励作用。总之，持续的绩效沟通能调动员工的工作热情和积极性，管理者应善于运用绩效沟通这一激励手段。

二、绩效沟通的原则

（一）真诚性

真诚是基础，是前提，不必过于谦逊，也不可夸大其词，要让员工真实地感受到你确实是满意于他的表现，你的表扬出于你的真心，不是套近乎。因此，只有心与心的交流才会对员工有所触动，也只有发自真心的表扬才能成为员工前进路上的不竭动力。

（二）客观性

在进行绩效反馈之前，主管人员有必要认真思考以下问题：影响员工绩效的因素究竟是什么？绩效不良是否真的是因为员工个人懒怠或差错？

其实，影响员工绩效的因素主要有两个方面：一方面是个人因素，如个人的知识、技能、经验、思维、敬业度等，这是最普遍、最常见的因素；另一方面则是系统因素，即指那些员工个人不能控制的因素，如工作流程不合理、资源匹配不足、沟通协调不畅等等。实际上，这样的因素在实际的工作中是可能存在的。把一个原本优秀的员工放到这样的系统环境中，恐怕也很难有好的绩效。

（三）具体性

对员工的评价，无论是表扬还是鞭策都应尽可能做到具体，避免过于笼统。举个例子，员工加了一夜的班，完成了一份近乎完美的计划书，此时若能对员工说："你的计划书结构完整，逻辑清晰，数据翔实，论证充分，得到了领导们的一致认可。另外，大家得知你为了完成这份计划书加了整整一夜的班，对你的敬业精神更是大加赞赏。"如果这样说的话，员工就会感受到加班的辛苦得到了领导的理解，付出的努力得到了领导的肯定。显然，这样的赞美要比诸如"加班辛苦了，表现很好"之类的泛泛之言更能激发员工的斗志。

（四）建设性

一方面，正面的反馈要让员工知道他的表现达到或超过了领导的期望，让员工知道他的表现得到了领导的认可，以此强化员工的积极行为，使其在今后的工作中继续发扬，取得更优秀的业绩。另一方面，反面的反馈则要给员工提出具有建设性的改进意见，以帮助员工提高工作效率。

（五）修正性

对于绩效考核出现的偏差，应该予以修正，这不是说绩效考核不严肃，反之，恰恰是绩效考核的严肃性的表现。当一项考核因为数据或指标偏差引起考核的不公正时，影响的不单单是绩效的结果，而且会影响凝聚力。

现实中我们也许会听到这样的话："这个事情你不用说了，考核是组织的规定，你再说也无用，你就接受吧。"其实这样的沟通毫无意义，起不到任何效果。考核沟通也是为了修正，修正不合时宜或不合理的因素，那么沟通才会起到真正的效果。

坦诚的绩效反馈有利于促进评价双方建立良好的合作关系，有利于营造和谐的沟通氛围，同时对管理者的管理意识、管理能力及管理风格提出了更高的要求。关注绩效反馈，突破绩效瓶颈，这不仅仅是我们的管理者必须面对的问题，也是我们的管理者应该承担的责任。

第三节 绩效沟通的机制

组织在构建一个完整的绩效沟通体系的同时，还需要有一个良好的绩效沟通的环境，这样才能形成完善的绩效沟通机制，确保各个绩效周期中的绩效沟通能够顺畅进行，以便更好地实现组织的绩效管理目标。

一、绩效沟通机制的构成要件

影响组织绩效沟通效果的因素有很多，主要包括沟通主体、沟通环境、沟通系统、沟通渠道和沟通制度等方面的因素。笔者认为，组织绩效沟通机制主要由绩效沟通体系和绩效沟通环境两大部分构成。其中，绩效沟通体系是由绩效沟通的四个环节组成的一系列循环，而绩效沟通环境主要包括绩效沟通渠道、绩效沟通制度和绩效沟通文化等要素。

在组织的绩效沟通机制的构成要件中，绩效沟通体系是主体部分，绩效沟通渠道是组织绩效沟通机制的载体，绩效沟通制度是组织绩效沟通机制顺利运行的保障，而绩效沟通文化则是建立组织绩效沟通机制的根本。绩效沟通体系和绩效沟通渠道在前面已有阐述，本节将重点阐述绩效沟通制度和绩效沟通文化。

（一）绩效沟通制度

组织的绩效沟通需要制度化和规范化，因为只有在组织内部形成一个沟通的规范，才能使绩效沟通体系更好地发挥作用。绩效沟通的制度规范主要侧重于一些重要沟通活动的频率、沟通渠道的选择、沟通对象的确定等战略层面的问题，所以这些问题一旦确定下来，就应用制度的形式记录下来，当作组织的一种沟通规范或工作的一项任务，应具有一定的强制性和稳定性，不能随意更改。

1. 建立沟通的标准

组织绩效沟通需要建立沟通的标准，因为任何沟通只有在有了标准的情况下才可以衡量沟通效果。首先，组织要构建好自身的绩效管理体系，通过明确、科学的绩效目标来指导组织行为，包括绩效沟通行为。其次，组织在构建绩效沟通体系的过程中，通过对绩效沟通各个环节的深入理解，进一步明确各个环节沟通的目标和沟通的主要内容，进而建立相应的沟通标准。

2. 制订完善的沟通政策

沟通制度是对沟通方面的强制性规定，制度是否完善会直接影响组织绩效沟通目标的实现。另外，有了沟通标准之后，还要有完善的沟通政策。沟通政策在一定程度上反映了组织对待沟通的态度，直接影响沟通的广度和深度，影响沟通的氛围，进而影响沟通的效果。从目前情况来看，一些组织在沟通政策上还有不少缺陷，如果得不到有效改善，那么组织的绩效沟通目标就很难实现。因此，组织必须实实在在地制订明确的沟通政策，并逐步完善各项沟通制度，组织能否有一个有效的沟通政策，关键在于管理者的沟通意识、态度和立场。管理者应该有良好的沟通意识，要通过一切沟通渠道为员工提供他们需要和想要知道的信息，并且鼓励员工积极参与沟通。

3. 建立全方位的沟通制度

组织要完善绩效沟通机制，还需要建立全方位的沟通制度。首先，要摒弃那种只是由组织领导层向下属发布命令，下属的反馈和意见却很少有人倾听的单向沟通模式，因为这样的沟通方式不仅无益于监督与管理，而且会严重挫伤员工的积极性。其次，良好的沟通制度应该是多角度的、双向的，应在组织内部建立全方位的沟通制度，形成管理层与部门领导、部门领导与普通员工、管理层与普通员工、普通员工之间的多层次交流对话机制，并且保持沟通渠道的畅通，从而增强管理者和员工之间的理解和交流。最后，要在相关的文件中对全方位的绩效沟通做出明确的规定。在全方位的绩效沟通制度中，应该有更加详细、全面的规定，使绩效沟通工作的开展更加有据可依。

（二）绩效沟通文化

组织在建设绩效沟通机制时，应当努力营造基本的沟通文化。

1. 尊重的文化

管理者应像尊重自己一样尊重员工，始终保持平等的心态，而员工在感觉到自己受到尊重之后，也会更加尊重管理者。可见，互相尊重有利于促进双向交流。

2. 合作的文化

管理者与被管理者之间存在的利益矛盾是不可避免的，但是通过绩效合作关系的确立，可以改变组织的工作氛围，能使组织成员为了完成共同的绩效目标而努力进行沟通及协作。

3. 服务的文化

管理者应把员工当成自己的内部客户，因为只有内部客户满意了才可以更好地服务外部客户。同时，管理者要充分利用组织现有的资源为员工提供工作上的方便，这样就能通过绩效沟通更好地提升个人及组织绩效。

4. 分享的文化

分享是最好的学习态度，也是最好的沟通文化氛围。因此，管理者与员工在工作当中应不断地分享知识、经验、目标及一切值得分享的东西，以便能够共同进步。

营造良好的沟通文化氛围，有助于员工之间彼此了解，相互宽容，共同承担压力。另外，通过组织沟通文化的建设，能够树立全员沟通的理念，营造人人能沟通、时时能沟通、事事能沟通的文化氛围，进而形成良好的绩效沟通机制。

二、绩效沟通机制的运行模式

（一）绩效沟通机制的单循环运行模式

组织的绩效管理虽然有多种模式，但不论哪种模式都包含绩效管理的四个基本流程。

在绩效管理的各个流程中，绩效沟通是持续进行的。同时，四个基本沟通环节构成了一个绩效沟通循环。这个循环中的每个环节都有自己的沟通渠道，都会受组织的绩效沟通制度与沟通文化的影响。良好的绩效沟通制度和绩效沟通文化能够保证各个环节的绩效沟通工作的顺利开展，并推动组织绩效沟通机制的顺利运行。

（二）绩效沟通机制的多循环运行模式

组织绩效沟通是持续进行的，当一个沟通循环结束之后，紧接着就进入下一个循环，在每个循环的每个环节中都包含了管理者与员工之间的持续沟通与反馈。在持续循环的绩效沟通体系中，每个循环都会受到绩效沟通制度和绩效沟通文化的影响，而组织绩效沟通制度和沟通文化本身也在不断循环的过程中得到发展和完善。当沟通制度与沟通文化发展到一定的程度之后，管理者和员工就会在绩效管理的过程中自觉做好绩效沟通工作，组织绩效沟通就成为自然而然的事，良好的绩效沟通机制也就形成了。可见，组织在绩效管理过程中应不断完善绩效沟通体系，并且要注重绩效沟通制度和沟通文化的建设。

第九章 绩效管理类型

第一节 中小企业绩效管理

在企业管理领域，绩效管理是一个与企业生产效益、顾客满意度和企业人力资源管理息息相关的概念。进入 21 世纪后，绩效管理成为各国企业管理的流行做法，也因此产生了许多关于绩效管理的理论和方法。绩效管理在私人部门所显示的巨大功效，使得公共部门的改革者看到希望，于是绩效管理便被热情地引入公共部门。

在当代中国，随着人事制度改革的不断深入，政事分开、事企分开，事业单位作为中国特有的准政府组织，包括两种形式：传统型，比如依靠政府拨款的事业单位；非传统型，如自收自支的事业单位。其人力资源管理的方式转变为实行聘任制和招聘制，并且优胜劣汰、竞争上岗、职工管理逐步走向人力资源管理转化。绩效考核工作为这一制度的实施起着极其重要的作用。

随着经济全球化的来临，中国企业尤其是中小企业，面临的竞争越来越激烈，要想自己的企业在竞争中比其他企业优势更大，就必须重视人才的竞争，重视人才的管理，重视企业绩效的管理。但更重要的是，找到与企业相适合的绩效管理理论，找到企业的实际和理论的最佳结合方式，是企业最重要的任务。

在企业中，绩效管理有着无可比拟的作用，企业不论处于何种境地，企业不论是何种规模，绩效管理有助于实现企业的战略目标，提升企业的绩效管理类型研究竞争力，必须实行绩效管理。但是，每个公司的自身情况都不尽一样，所必需的绩效管理体系或制度，也各有不同，就管理的领域来说，没有最正确的，只有最合适的。出于管理的重要作用和在绩效管理中存在的问题，通过对企业绩效现状的调查研究，研究一下企业现状的绩效。试图找出其原因，并加以分析。目的是通过绩效管理提高企业绩效。

一、绩效管理的特点

（一）绩效管理以目标为导向

绩效管理是以目标为导向的。以企业的战略目标为基础，进行分解，将战略目标一层一层分解，使企业的每个人都清楚自己的个体目标，发挥个人的积极性和能动性，达成个人目标，最终完成企业的战略。因此，因为一个共同的目标，绩效管理把各个部门、各级员工紧紧联系在一起，最终员工与企业共同达成目标。

（二）绩效管理是不断变化发展的过程

绩效管理是持续改善、相互改进、持续的一个循环。一个企业的绩效管理是不断改善的，企业总是在其过程中不断地摸索调整。

例如，制定绩效目标的原则、绩效考核的详细法则，这些都是持续的运行中进行不断地完善其绩效管理。所以，绩效管理是持续循环运动的，是一个不断调整的循环过程。如果绩效管理停滞了，不调整了，不改进业绩效管理就不能持续地提升下去。

（三）绩效管理注重持续的沟通

在绩效管理中，起到决定性作用的是持续相互的沟通，相互、持续的沟通会调动全体员工积极性，是员工们良好的沟通，使组织中各种资源得到充分的运用，实现共享其资源，使企业各层都得到很好的团结。

在绩效管理期间内必须经过持续不断的沟通。在绩效计划制订期间，使基层员工通过持续沟通来参与绩效计划的制订，各级协商来制定员工及企业的目标。达成共识后，通过绩效考核的考前动员、培训，以及考后组织谈话、集体座谈，有助于建立切实有效的沟通制度。在绩效反馈阶段，通过持续的沟通后，才能把绩效结果有效地反馈回来，了解到提高下一周期的绩效的不足。只有有效、持续的沟通，才能得到有效的反馈结果。

（四）人是绩效管理中最重要的因素

许多的例子证明，企业绩效管理想要实施成功，"人"是不可或缺的因素。因为，企业的战略是通过提升个人绩效来实现的。企业组织只有重视员工个人的发展，不断提高工作满意度，并且激发员工的工作热情和挖掘其潜在能力，增强员工的主人翁精神，才能发挥员工的个人价值。只有使员工的个人发展得到满足，才能让他们由衷地支持绩效管理工作，使企业的凝聚力和积极性大大增强，从而达到企业不断成长的目的。

二、绩效考核与绩效管理的比较

人们常常认为，绩效管理就是绩效考核，常常把这两者混淆。绩效管理与绩效考核是有很大不同的。基本意思不同：绩效考核是指考核者以工作目标或绩效标准为依据，使用各种有科学依据的考核方法，对员工成绩、工作的质量进行客观评价的过程。绩效管理则是指管理层和基层以组织战略为依据，共同参与地设定绩效计划、沟通和辅导、考核评价、绩效反馈、改善绩效目标周而复始的过程。管理和考核的目的不同：绩效管理的中心思想是"战略目标"，因此，其根本是促使组织和个人的绩效提高和员工成长，最终实现组织目标。绩效考核的目的则是为一些近期的目标。

绩效管理与绩效考核有着本质的差异，但是，它们之间又有着密切的联系。绩效管理中包含着绩效考核这一重要过程，它是实现绩效管理成绩的体现，通过绩效考核，能有效地检验各级目标的达成情况，能够看出绩效管理中的不足和问题，为组织和个人及时地提高绩效提供有力的依据。

三、绩效管理的方法

随着经济的发展，更多公司的成立，各位管理者越来越重视绩效管理的理念。现阶段绩效的理念与以往的绩效考核强调的重点不同，其表现为：以不断地改进学习与结果反馈为改进绩效的重要手段与基础，强调互相配合协作；关注财务以外的各项指标，以组织的目标作为最终目标。

近些年，越来越多的先进的绩效管理方法被各个企业所运用。比如，关键绩效指标、360度反馈法、平衡记分卡、目标管理法等等。绩效管理的这几种方法各有千秋，虽然这几种方法有区别，但是，可以互补。可以单独使用，也可根据实际情况，两种方法一起使用。

（一）关键绩效指标

关键绩效指标法分为狭义和广义。

广义的认为，在目标管理的基础上，是通过提取公司成功的关键因素，实现层层分解和传导直到基层单位，确保公司战略目标实现的一种绩效管理方法。

狭义的认为，是通过对组织及个体关键绩效指标的设立，在层层分解量化的基础上，建立体系，以获得个体对组织所做贡献的评价依据，实现对组织重点活动及其核心效果的直接控制和衡量。关键绩效指标法的运用，为了建立一种使高收益和竞争力不断提高的机制，目的是把企业大目标转化为具体的过程和活动，部门主管可以通过它来明确本部门的工作责任，明确本部门员工的绩效指标，在指标量化的基础之上进行业绩考评。通常依据原则建立关键绩效指标体系，即具体性、可衡量、可实现、关联性、时限性。关键绩效考核指标应包括过程指标和结果指标两大类，过程指标主要是评价行为过程的；结果指标主要是评价业绩的，它包含定量指标、定性指标和非权重指标。两种指标不可分割，相辅相成，两种指标使其绩效考核指标达到完整。

（二）平衡计分卡

该方法分别从财务指标和非财务指标两个方面来评价绩效，推翻了过去只重视财务指标分析的传统方法，构建了以内部流程、顾客、学习与发展、财务为框架的体系。作为一种新型的绩效评价工具，它比以前的绩效管理的指标体系更加合理。围绕组织战略的目标，通过对内部流程、客户、学习与发展、财务等指标的建立，综合各种衡量方法，平衡计分卡最终的中心思想是实现组织的战略目标。

平衡计分卡的实施流程可以分为以下几步。

第一，首先确定组织的宏观战略目标。第二，成立专项小组，选择合适的人员进组。第三，使各线人员尤其一线车间的工作人员，了解组织的战略规划目标，可以通过各种方法进行，比如，企业内部教育、培训，等等。第四，以企业的战略目标建立内部流程、顾客、学习与发展、财务各体系。第五，分析及处理数据。寻找与各指标体系相关的信息源。第六，逐级分解指标。制定合适的指标体系，制定指标体系时，应注意结合自身实际情况。第七，实施平衡计分卡，持续地跟踪监控和反馈。第八，奖惩机制应依据绩效结果进行奖罚。第九，绩效结果根据广泛员工意见对绩效指标和组织战略目标进行调整。

平衡计分卡的主要特点：一方面，有效地改善和提高内部经营管理和企业核心竞争力。由于平衡计分卡的方法在于同时注重企业内部和外部，所以，企业能及时发现企业管理中存在的内部员工无法发现的问题。另一方面，不以财务指标为重点，而是引入非财务指标内部流程、顾客、学习与发展，等等。同时，实现了企业短期目标和长期目标共同发展。

（三）目标管理法

目标管理就是一个过程，在这个过程中，组织上下级的员工一同协商。绩效管理类型研究，以组织的战略目标为基础，制定出组织一定时期内的总目标，据此决定各级部门和员工的小目标，并把其作为各个部门与员工个人绩效产出对组织绩效考核的标准。目标管理法已经发展了几十年。其理论的重点是多年的传统绩效管理上的偏差得到了纠正，真正把绩效考核和绩效管理区分开，真正地把命令变成了信任。

目标管理法的特点：首先，权责明确，挖掘员工个人潜在能力。目标管理注重企业目标和员工目标的共同发展，在自我控制、自我管理中激励员工，调动员工的积极性。其次，更加注重其操作性、简单性、实效性，有益于既定目标易量化，以目标实现的多少来评价管理的绩效，有益于提高企业管理水平。最后，自我管理和控制相联系：目标管理提倡企业员工在其过程中做到管理和被管理，即协商制定各级部门目标，在工作过程中时刻摆正自己的劳动态度，能及时保质保量地完成自己的小目标。

（四）360 度反馈法

360 度反馈法也称为多源反馈或全方位反馈，是指在被考核企业中，以与其有各种密切关系的人，包括被考核者的客户、上级、下属、同事和对其绩效的行为进行客观、公平的反馈评价，主要是帮助被考核者及时发现不足、努力改进和提高绩效。

360 度反馈法坚持用各种途径的信息来源，来获取更加客观、公正的反馈情况，能使一切的利益相关的群体共同参与管理，不是对员工进行简单的机械管理，其最终目标是注重组织发展和个人成长同时发展。360 度反馈法步骤包括：首先，设计调查问卷。包括问卷的内容和样式，设定各方面比例和每题应该得的分数，征求考核意见等。其次，选择考核主体。为各个视角体现员工绩效，得到公正、有效的评价结果，必须突出选择考核主体的合理性。最后，结果反馈。被考核者可以通过考核结果反馈指导，客观地找出不足，找出原因，加强自我分析，针对性地制订方案，为下一步行动做好铺垫。

360 度反馈法与以往的绩效考核方法相比，其主要特点：第一，各个视角的信息来源，更有说服力，能够深入评价组织与员工绩效。第二，因为有多个评价主体，听取多方面评价，反馈的结果信息更客观、公正，具有更高的可信度。

四、绩效管理的内涵

中小企业一般指年销售总额和资产总额均在 5000 万以下的企业。中小企业只有在激烈的经济竞争中不断发展，只有紧紧抓住人才这一核心竞争力，才能使企业处于不败之地。而绩效管理就在这种环境下凸显得更为重要。何谓绩效？有人认为它是工作任务，有人认为它是工作结果。一直以来被大众所广泛接受的"绩效"是指：企业在其运营的过程当中所表现的状态和所产生的结果，它包含质和量两个方面，可以通过客观的考核和主观的评价表现出来，为企业的发展和改革提供依据。而绩效管理就是对员工行为和产出的管理，通过这样的管理，实现组织的发展和实现员工的自我价值，达到双赢的目的。绩效管理是员工、管理者和组织者三者的共同成功。

五、中小企业绩效管理的难题

绩效管理的难点主要分为两个方面。

一方面，在于人员的排斥。主管怕得罪人不想考、员工怕竞争影响自己收入不想被考、人力资源的主管嫌麻烦也不想组织考核。人员的排斥心理直接影响绩效管理实施的顺利进行，是企业能否顺畅完成绩效管理的关键。作为中小企业来说，初始阶段的管理非制度化、决策非理性化、程序非科学化，使得他们对绩效管理的认识和重视，无论从"绩效管理的目的"，还是从"绩效管理的方法"，又或者从"绩效管理的关键作用"等，都存在较大的偏差。

另一方面，在于技术层面。考核缺乏关键绩效考核的目标设定体系、考核标准的不明确，以及对考核途径技巧的掌握等，都成为制约中小企业实现有效绩效管理的重要因素。成长初期的中小企业，受限于各方资源的不足，尤其是经济实力的限制，使得企业大部分精力都投入到生产和纯经济利益的获取中，忽视了人员主动性的发挥，更未取得高端管理人才的拥有权，对绩效管理的技术掌握存在欠缺。

六、中小企业实现绩效管理的途径

（一）提高重视，强化认识，更新绩效管理的认识模式

好的政策的执行必须有员工最大的拥护，才能取得最大的效果。中小企业要推行绩效管理，必须高度重视，强化认识，使得企业成员从思想上认识到，实行绩效管理的必要性和建立他们的责任感。通过培训或政策的宣传，使员工和主管充分意识到，绩效其实就是组织的战略目标层层分解到员工岗位的小目标。而小目标的实现正是大目标的前提，只有对员工进行正确合理的考核，才能使组织在实现自己战略的同时不至于偏离方向，实现组织的发展，提高组织的竞争力。同时，绩效管理可以使员工清楚地看到自己的进步，提高员工的积极性，实现员工的自我发展需要。

（二）科学方法，健全机制，实现绩效管理的有效推行

绩效管理是一个绩效管理计划、绩效管理实施、绩效评估和绩效反馈等环节构成的闭合系统。每一环节的执行都必须有完善的构想，可控的执行力，以及足够的监管力度，以科学的方法，健全绩效管理的各个机制，实现绩效管理的有效推行。

1.绩效管理计划的制订

关键在于绩效考核目标的设定。绩效目标的设立，要以组织、管理者、员工三方共同参与为依托。绩效目标的设立首先必须是管理者和员工就工作目标、工作任务，以及目标衡量标准进行

讨论，并达成一致的过程。绩效目标的设立不能光凭想象，一定要来源于企业的战略目标和经验理念，而且是建立在岗位责任上，设立与组织目标高度相关的工作目标。设定绩效考核目标时，要注意是否存在考核的缺陷，即企业是否过于注重某一类的目标而忽略甚至排斥另外一些同样重要的目标。绩效目标必须具有简单、可操作性和实际性，方便员工的理解，利于管理者的操作和实施，并且具有考核的实际意义。

2.绩效实施过程要注重绩效考核方法的选择

对于中小企业来说，很多的时候，考核要考虑成本、时间等因素，而且企业的规模也是考核中要考虑的重要因素之一，对一些相对比较简单的、要求时间比较紧迫的目标，可以采用一些传统的方法进行考核。比如：强迫分配法、两两对比法、关键事件法，等等。随着组织规模的慢慢扩大，以及组织结构的日趋复杂，当传统的一些简单的考核方法已经不能满足企业对员工进行多样化、综合性考核的需要的时候，管理者们可以尝试使用平衡计分卡和360度绩效考核方法等综合考核员工的方法，不仅仅是对工作成果和进步等"有形"资产，而且要对员工的客户关系、创新精神、员工的积极性和潜在的能力素质等等"无形资产"的考核。同时，在绩效管理实施过程中，配以有效的监管，保证执行环节能够按程序走，按规定办，才能顺利完成绩效管理的执行环节。

3.绩效评估要清晰且多维度

绩效评估主要指绩效实施结束后，相关管理者根据绩效计划的设计，对员工的绩效目标进行评估。通过搜集相应事实，以判断员工是否完成绩效目标。绩效评估是员工行为的导向。绩效评估直接影响员工的表现。但是，现在中小企业往往存在着绩效体系脱离企业目标、绩效指标的维度不清晰或不合理等，使员工行为的导向性产生了误差。中小企业要根据自身企业的特征，启用企业内部有经验的人力资源师，或者实施人力资源外包。绩效评估必须是多维度的、全面的。只有这样，才能避免单角度考核的片面，避免以偏概全。

4.绩效反馈要注重双向沟通的实现

绩效反馈不足，是中小企业极易出现的问题。员工不了解绩效考评的结果，也不了解绩效考评结果的由来，更不了解绩效考评结果可能带来的进一步结果，使绩效管理失去了意义。绩效反馈往往以绩效沟通来实现，是通过上下级之间双向的有效沟通来实现的。中小企业的沟通，很大程度上，仅仅停留在指令和命令的层面上，很大程度上，忽视了对员工个体的社会人认识状态，忽视了以人为本的重要性。中小企业在绩效反馈过程中，必须寻找管理者和员工更容易接受的方式、方法，在尊重管理者权威的基础上，又能充分尊重员工个人主动性的发挥，使绩效管理的价值得以最大化的体现。

有效的绩效管理是对组织对员工非常重要的一个环节，一个企业的发展，离不开对人力资源的管理，而对人力资源的管理，更离不开绩效的管理。但是，因为每个企业具有不同的性质、不同的文化，以及不同的发展历程，所以，没有固定的绩效考核方法和绩效管理方法能"走遍天下"。因此，在建立绩效考核指标和绩效管理的过程中，要综合考虑各个企业自己的实际情况，参考其他企业的成功案例，在企业战略目标的指导下，在与员工进行充分交流的基础上，经过长期的实践和修正，才能形成一个适用于自己的方法，从而实现企业和个人的双赢。

七、中小企业绩效管理存在的问题

纵观我国中小企业绩效管理的现状，形势令人担忧，中小企业绩效管理存在的问题表现在多个方面。

（一）重绩效成绩，轻信息反馈，反馈速度慢

缺乏进取管理思想。他们对"人"的认识，还限于"工具人"的阶段，与当前"自成实现人"的人本管理思想相差甚远。同时，企业员工来自五湖四海，文化层次参差不齐。他们受经济条件的限制，为了最基本的生理、生存需要，为了养家糊口，不得不超负荷地工作，以完成企业下达的生产任务。据统计，中小企业员工的工作时间基本超过十二小时，最多超过十六小时；工作量超出数倍以上。员工们高强度地工作，的确为企业赢得了最佳利润，员工们的某些物质需要也暂时得以满足。企业为了赚钱，员工为了生存，通过劳动量的多寡来实现，本无可厚非，关键在于，劳动与其产生的绩效是否体现多劳多得、公平、公正的原则。

目前，企业对员工的各种形式的考评结果，很少及时反馈给员工，即便是奖金的发放，也是一种"反应式"行为，即员工对实际劳动量与回报质疑时，企业为防止矛盾扩大而采取的一种手段。员工们在经历了种种考核后，在或短、或长的时间里，对自己的工作表现、工作业绩得不到及时的反馈。尤其是企业员工渴望了解的，如自己在管理者心目中的印象如何？自己与目标差距有多大？有没有发展前途？等等，企业往往忽视或是故意隐去，久而久之，员工对企业失去了兴趣，丧失了工作热情，自然对工作不积极、不主动，而优秀员工"跳槽"另谋高就，也在所难免。

（二）将企业的绩效考核功能等同于薪酬发放

绩效成绩与薪酬两者关系极为密切。它以绩效考评为依据，是绩效成绩应用中最普遍的也是最重要的领域。员工是企业内部最积极最具有决定作用的"第一要素"，其数量、质量及其在结构上与生产资料相协调的程度，成为决定企业竞争力的关键。企业战略、目标的实现更有赖于企业员工积极、主动、努力地工作。

目前，我国企业特别是中小企业纷纷花巨资设计制定薪酬策略。采用"三高"策略，即高工资、高福利、高待遇，旨在吸引人才、合理使用人才、留住人才。企业重绩效考评的功能，也仅限于薪酬发放上，而忽视其他绩效管理功能。企业认为，薪酬越高、越多，待遇越好就越能吸引人，稳定人，就越能增加企业利润。当然，薪酬策略的确起到极大的催动作用，它满足了员工最基本的物质需要，毕竟奖金多了不是坏事。

但是，薪酬策略不是万能的，它不可能解决企业所面临的所有问题。比如，"人才流动"、员工"跳槽"。这表明，高薪酬在引人、留人方面的魔力，并非想象中那样大。根据需要层次理论，企业更不能认为给员工高工资、高福利、好待遇，员工就会死心塌地、尽职尽责地为企业服务、效力。因为，这也许只解决了不同层次需要的员工的目前困境，尤其是当员工的物质需要（低

层次的）获得满足后，员工有对良好工作环境的需要、工作能力正确评价的其他需要。

（三）重员工技能培训，轻员工态度培训

中小企业也会根据员工绩效考评的实际情况，组织员工进行培训。但是，中小企业只重视员工技能的培训。因为，53% 的管理者认为，技能能够解决企业实际存在的问题，能够给企业带来经济效益，能提高企业绩效，降低生产成本。这种观念上的误区必然会对提升企业的绩效带来一定的影响。诚然，工作业绩受技能影响，技能是有效工作的基础，但是，技能在转化工作业绩时，受员工工作态度和价值观的制约。

八、提升绩效的对策

（一）正确理解绩效、绩效管理的内涵

"大河有水小河满""川积细流，海纳百川"，两相比照，一幅绩效立体图呈现在我们面前。前者以组织（企业）为主体，没有组织（企业）的成功盈利，就没有个体（员工）的收获和回报。后者循渊源之径，没有团队的成就，就没有组织的辉煌；组织（企业）绩效来源于各团队的整合，而团队绩效又来源于各个员工的创造力。就绩效管理的对象而言，员工绩效是根基。绩效是行为和产出的综合；绩效管理管理的是绩效，是员工绩效；管理员工的行为是促进产出的合理实现；管理员工的产出旨在形成目标导向。简而言之，绩效管理是对员工行为和产出的管理，是"通过对企业战略的建立，目标分解、业绩评价并将绩效成绩用于企业日常管理活动中，以激励员工业绩持续改进，并最终实现组织战略，以及目标的一种正式管理活动"，是"以人为本"理念的延伸。与其他管理形态相比，更关注员工个人发展，并为其实现职业生涯计划提供帮助。

（二）及时反馈考评信息

反馈，是绩效考评中的最后一个环节，也是最重要的一个环节。其意义在于：通过反馈，可以让员工了解自己到底做得怎样，及在管理者心中的印象、形象如何。通过反馈，可以让员工了解管理者的评价和期望，从而根据要求不断提高。通过反馈，可以使管理者了解员工的业绩和要求，有针对性地进行激励和指导。由此可以看出，反馈本质上是一种双向沟通的方式。因此，企业可以通过面对面的交谈，晓之以理、动之以情地将绩效成绩准确告知员工，并针对考评结果共同讨论、研究、制订出改进充实的方案。当然，反馈的方法有许多种，企业应针对不同员工、不同的绩效，采取不同方式进行。唯其如此，绩效成绩才能在更广泛的领域被及时应用，发挥其激励作用。

（三）选择恰当的激励方式，但方法的使用要适度

由于在现代企业中，"人"的因素越来越重要，所以，所有企业都十分重视员工激励问题，也愿意将更多的精力和财力花费在员工激励上面，企业除了应重视绩效结果与薪酬奖励挂钩的一种激励方式外，更应重视其他方式的激励。

比如，语言激励：通过赞美员工或批评员工两种语言方式，激励员工更努力地工作，但要注意批评语言的分寸。情感激励：通过上下级之间、同事之间的感情沟通，增强企业的凝聚力、向

心力，情感激励比物质激励能收到更好的效果。工作激励：这是一种"内在激励"。这种激励代价低，作用持久，在国外企业管理中受到重视。目标激励：给员工确定一定的目标，以目标为诱因使员工努力工作，以实现自己的目标。此外，还有员工持股激励等。通过各种激励术的合理采用，从而最大限度地调动员工的积极性、主动性、创造性，提升企业的业绩。

（四）既重技能培训，又重态度培训

中小企业可以根据岗位未来发展的需要和要求，有重点地选拔部分"软人才"到外企进行先进管理理论的培训学习，以促进观念更新；企业也可以利用"硬人才"的优势，进行内部员工的培训，以提高员工综合能力。除了理论知识和技能培训外，企业更应对员工的工作态度、价值观进行有效培训，改造员工世界观，强化员工良好的工作绩效心理基础。当然，员工培训不能"一刀切"，要根据员工自身的需要（目前和将来）提供支持，脱离培训、关注和帮助，绩效管理就很难落到实处。

最后，绩效管理是一个系统的工作，它涉及诸多的管理观念、方法和技巧，需要我们认真研究，认真实践。为了使绩效管理得到更好的实施，企业管理层必须花时间做好绩效计划工作，因为计划的时间越长，成功的机会就越大。

第二节 国有企业绩效管理

无论是理论界还是管理实践，人们都越来越趋于一种相同的认识，即管理最重要的是对人的管理。显而易见，企业总体绩效从根本上说，是由具体的、现实的每个员工的工作绩效汇聚而成的，因而如何合理地配置人员、激励员工、充分发挥员工的积极性和潜能，是企业管理的重要内容。

当提到提高员工工作积极性、提高工作绩效，人们总是习惯性地将眼光放在如何进行有效考核、如何强化激励效果上。而事实上，我们也经常看到，国有企业的领导者为了提高员工工作积极性、实现企业总体目标，不断地调整其员工管理体系，如改进其各项管理制度、调整绩效评估体系、重新设计薪酬体系等。不可否认，通过这些措施，在很多国有企业收到了效果。但是，许多国有企业似乎已到了山穷水尽的地步。他们发现，无论怎样调整其员工绩效评估方法和报酬体系，都无法促使企业的整体绩效实现较大幅度的攀升。重新审视国有企业的绩效管理状况，找出制约绩效提高的真正问题，从而对症下药，无疑是非常重要的。

一、国有企业绩效管理变革的系统性分析

绩效是指人们行为的产出或结果，而绩效管理对于一个组织来说，至关重要，我国国有企业长期以来一直就存在组织内部运行效率低下、员工积极性不高的问题。因此，深刻分析国有企业绩效管理中存在的问题，有效地进行绩效管理变革，对保证国有企业适应入世后所面临的激烈市场竞争，具有十分重大的意义。

在实践中，我们常常看到国有企业的领导者在审视和解决绩效管理的问题时，总是将目光聚

焦在如何完善绩效评估体系和薪酬分配方法上,企图通过改进激励机制以提高员工的工作积极性,促使企业绩效得以攀升,客观地讲,这种做法并没有错,许多国有企业通过这些途径达到或者部分地取得了预期效果,但是,我们也看到,许多国有企业不断地调整其绩效评估体系和薪酬分配体系,员工的积极性也大大提高了,但是,企业的整体绩效却依然难以有比较明显的改善。这说明,我们应当以一种新的视角来审视国有企业的绩效管理问题。

二、国有企业员工绩效考核体系变革研究

从系统观出发,影响个人绩效和组织绩效的因素往往是多方面的,员工的态度、能力等因素,对做好工作很重要,但更重要的是,员工工作于其中的环境、流程、机制等因素。但组织在寻找和运用改进绩效的方法时,往往在没有进行系统分析的情况下,就匆匆进行组织干预,而且所用的干预手段常常是单一的,结果是治标不治本。

因此,如何以一种系统的眼光透视国有企业绩效管理中的问题,并进而采取对策,无论是在理论上,还是在管理实践中,都具有十分重要的意义。

三、国有企业员工绩效考核体系变革研究

(一)明确考核目的

国有企业的员工考核体系大致可分为两种类型,一种是非常粗犷,没有完整的考核制度和流程,员工考核得分及奖惩措施由领导凭主观决定,其结果可想而知;而另外一种则更普遍,那就是烦琐的管理条例和复杂的计算公式,但实际上发挥不了作用,于是进行调整,而调整的结果是更加烦琐,乃至陷入恶性循环。实际上这种调整囿于完善考核体系本身的圈子里,却忘了考核体系仅仅是手段,而不是目的,因而犯了手段本身目的化的错误。

由此可见,绩效评估的目的不仅仅在于监督员工的工作,给员工以压力,更重要的是,通过绩效评估和绩效反馈,帮助员工学习、改进工作,以持续提高工作业绩,进而确保企业总体目标得以顺利实现。明晰考核目的,应当是建立考核体系的出发点和着眼点。

(二)绩效评估方法的选择及确定

绩效评估方法的选择及确定考核方法,或者说,考核工具的选择与确定,是建立考核体系的重要内容。目前,从理论上看,比较先进的考核工具主要有:员工比较系统、GRS(图解式评定量表)、BARS(行为锚定式评定量表)、BOS(行为观察量表)和MBO(目标管理)等。

1.员工比较系统

员工比较系统,是通过将员工的绩效与其他员工的绩效进行比较后做出评估,其排序方式包括简单排序、配对比较和强制分布等。简单排序,要求评定者依据工作绩效,将员工从最好到最差排序;配对比较法,则是评定者将每一个员工相互进行比较;强制分布法,要求评定者在每一个优胜档次上(如"最好""中""最差")都分派一定比例的员工。

2.图解式评定量表

图解式评定量表,是以一系列被认为是成功工作绩效所必需的个人特征为依据进行绩效评估。每一个特征都伴有一个 5 分或 7 分的评定量表。量表上的分数用数目和描述性的词或短语加以规定，用以指示不同的绩效水平。

3.行为锚定式评定量表的开发步骤

首先，进行工作分析，运用关键事变技术得出一系列有效和无效的工作行为。其次，将事变或行为依据维度加以分类。最后，为每一维度开发出一个评定量表，用这些行为作为"锚"来定义量表上的评分。

4.行为观察量表与行为锚定式评定量表

收集关键事变并按维度分类。所不同的是，行为观察量表中的每种行为都是由评估者加以评定的。在使用行为观察量表时，评估者通过指出雇员表现各种行为的频率来评定工作绩效。通常以一个 5 分的量表为基础进行打分，高分意味着被评估者经常表现出合乎希望的行为，而低分的含义则相反。

以上是四种具有代表性的绩效评估工具，实际运用中的评估系统，都可以从这四种评估工具中找到影子，它们要么是其中的一种，要么是两种或两种以上的综合。

如果我们经过仔细思考，则不难发现，从本质上讲，绩效评估的核心内容在于两个方面：一是评估员工的日常工作行为，或工作过程；二是评估员工对于既定目标的达成情况或工作结果。图解式评定量表、行为锚定式评定量表和行为观察量表，侧重于对员工行为的评估，目标管理侧重于对员工完成工作目标情况的评估，而员工比较系统，则可以由开发者根据具体情况及个人喜好予以侧重或者两者兼顾。

从理论上讲，过程决定结果，对工作行为的考核，应当包含了对工作结果的考核，因而当使用行为评估系统时，可以不用目标管理系统，同样能保证考核的公正性。然而，事实上却并非这样，因为绩效评估系统会对员工平时的工作发挥强烈的导向作用，尤其是当绩效评估结果与员工报酬紧密挂钩的时候。当绩效评估系统过于侧重对员工行为的评估时，可能会导致分散员工对工作目标的注意力，而使其一味地埋没在对工作职责的履行当中，从而削弱员工的创造力，影响他们发挥潜能致力于工作目标的达成。

（三）绩效评估系统的构建

确定好绩效评估工具以后，就进入了具体的绩效评估系统的构建阶段，构建成功的绩效评估系统必须遵循相关的标准，这些标准主要体现在五个方面：战略一致性、效度、信度、可接受性与明确性。

1.战略一致性

战略一致性是指，绩效管理系统引发与组织的战略、目标和文化一致的程度。如果一家企业强调对客户的服务，那么，它的绩效管理系统就应该对其雇员向公司客户提供服务的好坏程度进行评价。战略一致性强调的是绩效管理系统需要为其雇员提供一种引导，从而使得雇员能够为组织的成功做出贡献。这就要求绩效管理系统具有充分的弹性来适应公司的战略形势所发生的变化。

近年来，我国国有企业的经营环境（包括政策环境和市场环境）均发生了重大变化，与之相适应地，企业的战略重心也已经发生多次转移，因而其雇员的行为也应当随之发生变化，而这种变化在很大程度上需要绩效评价系统的引导。而大多数国有企业的绩效评价系统却在相当长一段时间内保持不变，或者虽然进行过多次调整，却没有从建立考核体系与战略之间的一致性上入手，这也从一个方面说明了，为什么许多国有企业的管理者认为，绩效评价系统对企业的业绩并没有发生什么作用。

2. 信度

信度是指绩效评估系统的一致性程度，包括横向信度和纵向信度。如果不同的人根据绩效评估系统，对同一个人的工作绩效所做出的评价结果是一样的（或接近一样的），那么，这种绩效评估系统就具有了横向信度（评价者信度）。研究表明，大多数由监督者对员工的工作绩效所做出的主观性衡量，都表现出较低的信度。

四、国有企业绩效管理中的业务流程问题

目前，业界对绩效管理有三种不同的解释，即分别认为，绩效管理是对员工绩效、对组织绩效，或者是对员工和组织绩效的管理。在这里，从绩效管理实践的角度出发，我们遵从第三种界定，认为绩效管理是对员工和组织绩效的管理，它通过绩效计划、绩效实施、绩效考评、绩效反馈、绩效考评结果利用五个步骤，促进员工绩效的持续改善，从而提高组织的绩效，实现组织的战略。

从国内外成功的绩效管理实践来看，绩效管理对组织具有如下意义：帮助企业实现其绩效的持续发展；促进形成一个以绩效为导向的企业文化；激励员工，使他们更加投入地工作；促使员工开发自身的潜能，提高他们的工作满意感；增强团队凝聚力，改善团队绩效；通过不断的工作沟通和交流，发展员工与管理者之间的建设性的、开放的关系；给员工提供表达自己的工作愿望和期望的机会。

（一）对绩效管理认识不足

目前，国有企业许多管理人员认为，年末填写的那几张考评表就是绩效管理。事实上，那只是绩效考评，绩效考评是绩效管理过程中的一个环节，绩效考评绝不等于绩效管理。完整的绩效管理是包括绩效计划、绩效考评、绩效分析、绩效沟通、绩效改进等方面的管理活动。在绩效管理过程中，不仅强调达成绩效结果，更要强调通过计划、分析、评价、反馈等环节达成结果的过程。绩效管理所涉及的不仅仅是员工个人绩效的问题，还包括对组织绩效的计划、考评、分析与改进。目前，大多数国有企业缺乏完整的绩效管理体系，还停留在绩效考评阶段。

（二）沟通不畅、反馈不及时

中国企业管理者评价下级员工往往是以成败论英雄。在一些企业经常看到：由于上下级员工之间绩效的有效沟通不足，导致上级与下级在理解上对实现工作目标的要求产生了很大偏差。而在日常的工作中，对下级员工完成一项工作任务是否进行事前与事中指导，完全和管理者个人的管理风格有关。有的领导喜欢一竿子插到底，什么事都管，导致下级员工完全依赖上级的指示办事，缺乏创新能力；有的领导则凡事看结果，过程一概都不重要。其实，这两种领导方式都不能最大限度地帮助员工改善绩效。同时，要做好绩效管理工作，就必须有良好的沟通与反馈机制，让员工充分了解企业的绩效管理的目标、作用和成果。绩效管理的最终目的在于，确保企业战略目标的实现和对员工的指导与开发，最后才是将考评结果运用于工资和奖惩等方面。

（三）绩效管理定位不准确，考核结果的应用单一

为了达到激励员工的目的，国有企业将企业绩效管理定位于奖惩工具，用来确定利益分配，绩效考核的结果通常用来确定奖金发放的多寡和职务的升迁任免，从而在确定员工的工作目标、帮助员工更好地完成工作、恰当评价员工的工作、明确员工培训要求、制定绩效改进计划和提升员工能力等方面没有起到应有的指导作用。

（四）绩效评价指标设置不科学

虽然现有企业绩效评价体系对基本指标、修正指标和评议指标都有明确的定义，并对相应指标的记分方法和权值均有规定，但是，仍具有明显的缺陷，表现在：评价指标之间缺乏应有的独立性；评价指标设置不够详尽完备；指标体系的可理解性和可操作性较差；评价结果不够准确；对处于临界值的财务指标的处理也不尽理想；该体系中所有指标都是绝对指标。即以企业以往业绩水平为基础，而不能反映行业内企业之间经营效率的可比性。

由此可见，传统的业绩评价指标体系存在着一定的局限性，对传统的业绩评价指标体系进行改进，并建立适合我国国有企业的业绩考核体系具有现实意义。

五、国有企业绩效管理体系改进策略

（一）提高绩效管理认识

绩效管理的思想和方法正在被世界范围内众多的公司所采用，也被越来越多的中国企业家所重视。实践证明，绩效管理无论在其内容上，还是在意义上，都远远超出了以前我们常说的绩效评价。绩效评价仅是对员工工作结果的考核，是相对孤立的、静态的和平面的；而绩效管理则是联系的、发展的和全面的，强调对整个人才使用过程的监控，是企业战略管理的一个重要构成要素。

具体来说，绩效管理通常包括如下环节。根据企业确立的发展战略目标，通过目标分解、逐层落实的方法，将企业的中长期目标分割成若干短期目标，并明确到各部门及每一个员工，从而订立相应的绩效考评指标和标准；以设定的各类绩效考评指标为指导，进行人力资源的招聘、评估和日常考评等工作。了解员工的实际能力、具备潜能，对照已设定的目标，定期检查目标完成的进度；根据考评的结果分析，为什么会有这样的结果，反馈信息给员工本人，并采取相应的措施，包括：奖励、惩戒、培训、指导、岗位调整、改善工作环境、调整目标等，以确保下一阶段在企业有更好的表现。

（二）营造良好的沟通氛围及健全绩效反馈机制

绩效沟通是绩效管理的重要环节，绩效沟通的主要目的在于改善考评者与被考评者之间的关

系；分析、确认及显示被考评者的强项与弱点，帮助被考评者善用强项与正视弱点；明晰被考评者发展及训练的需要，以便日后更加出色有效地完成工作；反映被考评者现阶段的工作表现，为被考评者订立下阶段的目标，作为日后工作表现的标准。在绩效管理的过程中，一定要注意与员工的沟通。

基于绩效沟通基础之上的绩效评价，是绩效管理的核心环节，是通过岗位管理人员或岗位关联人员与该岗位员工之间有效的双向或多向沟通，依据考评标准和实际工作完成情况的相关资料，在分析和判断基础上形成考评成绩，并将绩效成绩反馈给员工的一种工作制度。绩效评价应预先建立健全绩效反馈机制，如果有些员工对自己所得到的绩效评价结果有不同意见，可以在一定时间内通过该程序谋求分歧的解决。

（三）创新绩效激励体系，从而迅速而广泛地应用绩效结果

绩效管理的最后阶段是应用开发阶段。对绩效成绩的应用包括以下六个方面：工资调整、绩效薪酬分配、层级晋升与职位调整、教育培训、激活沉淀和指导员工职业发展。创新绩效激励体系在绩效管理应用开发阶段具有十分重要的作用。

激励机制作为企业人力资源开发与管理工作的重要组成部分，要与人力资源管理的其他环节相互联结、相互促进。合理而有效的激励机制，可能成为现代企业制度下，企业规避员工道德风险的重要手段。创新绩效激励体系，要在企业内部形成共同的价值观和健康向上的新型文化。要很好地设计能配合企业战略实现的关键性业绩评价指标，开展战略性业绩评价与激励。建立和实行战略性激励对企业实现全面和可持续发展，是至关重要的。

企业单用物质激励不一定能起作用，必须把物质激励和精神激励结合起来，才能真正地调动广大员工的积极性，通过提供工作的挑战性、责任和机会，在内在的层面满足职工多方面的需要。

（四）建立合理的指标考核体系

绩效考核是绩效管理体系的重要环节，因此，建立合理的指标考核体系和选择恰当的绩效考核模式，在确定绩效管理模式时，显得举足轻重。

1.资本保值增值率指标

国有资本只保值是不够的，没有考虑国有资本的使用成本。国有资本是一项重要的经济资源，它的使用是有成本的，在评价国有资本的使用效率时，必须考虑其使用成本，才能得出合理的评价结果。所以应把资本保值增值率指标改成经济增加值（EVA）这一指标。经济增加值（EVA）是国有资产运营过程中所获得的超过其资金成本的那部分收益。利用经济增加值作为财务考核指标，来评价国有资产的使用效率，目的是让国有企业经营者意识到国有资本的使用并非免费，从而促使其高效合理地使用国有资本。

2.盈余现金保障倍数指标

首先，因为企业净利润最终是营业利润、投资收益（减投资损失）、补贴收入、营业外收支净额与所得税五个因素加减后的结果，其涉及企业经营、投资和筹资的全部经济活动，而经营现

金净流量，则不涉及企业投资与筹资活动。其次，在通常情况下，企业并不存在经营现金净流量大于净利润的必然性，故该指标采用倍数一词是不恰当的，易使人产生对经营现金净流量与净利润数量关系的误解。所以，应将该指标的分母（净利润）改为与分子（经营现金净流量）口径更相近的营业利润，同时，将该指标修正为营业利润现金保障率。

3. 速动比率指标

速动比率指标是对流动比率的补充，在分子中剔除了流动资产中变现力最差的存货后，计算企业实际的短期债务偿还能力。但是，在速动资产中仍然存在着其他一些可能与其现金流量无关的项目，比如待摊费用，为了更多地排除其他因素的干扰，准确地分析企业的变现能力，将应收账款净额改为扣除三年以上应收账款净额。因为，虽然企业提取了坏账准备，但是，从实际情况看，三年以上的应收账款作为不良资产，已经很难收回。

第三节 事业单位绩效管理

一、事业单位绩效管理存在的问题

事业单位绩效管理，在理论和实践上，取得了一定的成绩，但是，也显露出一些问题，值得人们关注与思考。

（一）理论研究和实践不足

对于绩效管理理论的研究，要求研究者有多学科的知识背景，如管理学、统计学、经济学、心理学、行政学、法学等，对研究人才的要求很高。事业单位绩效管理还会受到政治、经济、历史、文化等多种因素的制约，特别是受到我国的国情、制度和传统行政作风的影响，研究难、见效慢，加上我国开展事业单位绩效管理起步较晚，现在，基本上还处于初级阶段，相关的理论研究与实践不足。

（二）激励功能不明显

在绩效考核的激励功能方面，由于事业单位的特殊性质，隐隐约约有行政模式的影子，绩效管理的效用难以有效发挥。有时候，在做绩效考核的工作上，会出现从考核前的重视—考核中的忽视—考核后的无视的状况，考核工作浮于表面、流于形式。这就会导致员工的职务晋升、奖金分配等不能与绩效考核挂钩，在一定程度上致使员工的信任支持缺失，打击了员工的工作热情和积极性，也会影响单位战略发展目标的实现。

（三）指标设定过程分析不够

绩效管理是一项技术含量较高的工作，需要运用专业知识进行深度系统地分析，随意地设置指标，会带来一系列的问题。从我国事业单位绩效管理实践来看，下列现象值得我们深思：一是指标设定过程缺乏环境变量的思考。环境不是一成不变的，由于环境因素的影响，可能导致无法控制绩效结果，因此，在绩效评价时，对环境变量的思考，是不可或缺的；二是指标设定过程忽略指标内在本质的探究，绩效指标选择过程中，不能单看指标的表象，还要分析指标的内在本质，探究其反映的内在信息是什么，只有这样，指标所反映的信息才会真实可靠；三是绩效指标年度递增值得思考，具有一定挑战性的绩效指标能产生内在激励作用。但是，目标实现难度的频繁提高，反而会适得其反，挫伤下级的工作积极性。

（四）缺乏评估基础和评估能力

绩效评估是进行绩效管理的重要一环。成功的绩效管理需要组织具有一定的评估基础和评估能力。评估基础需要组织战略业务流程、组织结构、岗位职责等具备基本的合理性；评估能力主要是指评估数据管理能力包括在数据生成、收集、处理、分析等工作上，所能承担的工作量和复杂程度。

二、改善事业单位绩效考核的对策

（一）绩效目标应明确与具体

事业单位的目标很多时候无法量化。但是，并不意味着其目标就只能模糊不清，其应在绩效改进方面将目标尽可能表述得明确、具体、详细，目标表述应清晰易于理解，目标表述应具体，而不是笼统。目标应是可测量的而不是难以测量的，目标应是以结果导向，而不是过程导向。同时，应尽可能消除多元目标之间的矛盾与冲突，在绩效与需求、公正民主等因素之间求得平衡。

（二）建立绩效管理的激励机制

谈到激励机制，人们通常会将其与物质奖励相联系，这种传统单一的激励手段，远不能适应时代提出的要求。从实际情况来看，很多事业单位将绩效考核与员工的晋升、奖惩、获得培训的依据挂钩，有效地激励员工，在某种程度上提高了员工的整体素质。

（三）因地制宜地设计绩效指标体系

制定统一的绩效指标体系，十分困难，但是，绩效指标体系本身又是非常必要的。一般而言，绩效指标可分为可量化指标和不可量化指标，对于可量化的产出应设计量化指标体系，对于难以量化的产出，可遵循如下原则来设计指标：绩效指标应是具体的明确地切中目标的，而不是模棱两可的抽象的绩效指标，最终是可衡量的、可评价的，而不是笼统的主观的。绩效指标是能够实现的，而不是过高或过低，或不切实际。绩效指标是现实的，而不是凭空想象的假设的；客观性指标与主观性指标相结合，工作指标与业绩指标相结合，个体指标与团体指标相结合。当然，由于组织的目标经常变化，因此，绩效指标体系应该具有一定的灵活性和弹性，并不断地接受重新检查和修改。

第四节 政府绩效管理

政府绩效管理已经成为当今世界各国行政改革的重要方面。对于我国的行政改革来说，尤其具有重要的意义。过去，我国的行政改革关注更多的是体制改革、职能转变、机构调整、政府与市场、政府与企业、政府与社会等宏观层面的问题，而对改进政府管理方式、提高政府管理水平等微观层面的问题，没有给予足够的重视。一方面随着我国社会主义市场经济体制总体框架的初步建立，世界贸易组织的加入，经济全球化的加速发展，政府管理面临着重大的挑战。另一方面，随着时代的发展，人民群众公民意识的加强，对政府提出了更多的要求，要求政府提供更多更好的服务，我国政府管理正面临巨大的压力。

一、政府绩效评估的含义

评估也称为测评、考评。绩效评估是个复杂的概念。对什么是绩效评估，众说纷纭、莫衷一是，国内外学者从各自不同的角度提出了不同看法，到目前，尚无公认的定义。从众多的绩效评估定义来看，一种是从个人层面来下定义，另一种是从组织层面来下定义。

从个人层面来考查绩效评估定义的学者，关注的内容不仅是个人工作成绩、效果、贡献，而且还包括对雇员的特征、工作态度、工作适应性、能力、潜在能力的认定。

以下四种定义比较有代表性。

在组织层面上，绩效评估包含的内容更加丰富。而公共部门的特殊性，对政府绩效评估的认识不能从单一层面来理解。"组织层面的绩效，界定则更为困难，因为政府的行为，即便是一种简单的服务，也是个复杂、多面的概念，在过去无法定义它已成为阻碍测评发展的关键所在之一。"

目前，世界上对政府绩效的评估通常采用"4E"评价标准：经济、效率、效益与公平。经济标准，表示投入成本的最小化，即在维持特定水平的投入时，尽可能降低成本，或者说，充分使用已有的资源以获取最大和最佳比例的投入，即"做事情要尽可能节约"。

经济性指标一般涉及成本与投入之间的关系。经济标准关心的是投入的资源，以及如何使投入的资源做最经济的利用。这种衡量能够说明花去了多少钱，或是否按程序花钱，也能很好地体现出预算和实际成本之间的差距。然而，经济本身并不能衡量服务的效率和效果。

效率标准。它表示在既定的投入水平上，使产出水平最大化，或者说，在既定的产出水平上，使投入水平最小化，即"把事情做好"。效率指标一般通过投入与产出之间的比例关系来衡量。行政效率作为一种比率关系，可用量化手段来测量，用"高""低"来评价。最低成本实现最大效益就是有效率的。在政府运行过程中，只有环节少、层次少、周期短，才能达到高效率。从国际行政改革实践来看，高效率并不一定带来高质量和顾客的高满意度。

效益标准。它表示产出最终对实现组织目标的影响程度，包括产出的质量、期望得到社会效果、公众的满意程度等，即"做正确的事，并且把它做好"。效益指标一般涉及产出与效果之间的关系。

效益可以分为两类：一是改变现状的程度，二是行为改变的幅度。每一项服务都会设定有明确或含糊的目标。这些目标可作为界定效益衡量的基础。行政效益作为预定目标实现的结果或已完成的或已取得的成果产生的影响、作用，因其包含有伦理的价值判断因素，所以，往往用"好""坏"来衡量。

公平标准。公平就是要求政府在调整国家、集体和个人的关系方面，在调整社会各利益集团的关系方面，能够做到公正、合理。公平与公共伦理密切相关。公平重心在于结果和分配效果。公平涉及再分配目标或以公正的方式在社会群体中提供基本的服务和结果。公平作为衡量指标时，公平关心的是接受服务的群体或个人，是否都受到公正的待遇，弱势群体是否能够享受更多的服务。

公平标准可根据下列原则进行衡量：一是帕累托标准，使一个人境况变好的同时，其他人的境况并没有变坏；二是卡尔多－希克斯标准，在效益上的受益者能补偿受损者；三是哲学家约翰·罗尔斯提出的再分配标准，使处于条件恶化的社会成员的收益增加，则是正义的行为。

二、政府绩效管理困境的改进策略

政府绩效管理存在许多困境。其中一些困境，由于公共部门的特殊性是几乎很难通过努力得到解决的，比如产出的特殊性和目标的多重性。但是，大多数困境是能够通过各种途径加以改进、克服的。

结合西方国家实行政府绩效管理的成功实践，我们可以尝试从以下几个方面来改进公共部门绩效管理的途径。

（一）政府间竞争

政府间竞争，是指政府之间围绕有形和无形资源的竞争，包括直接竞争和间接竞争、横向竞争和纵向竞争。政府体系本身不是铁板一块，它是由有着不同职能和利益的个体与部门构成。这些个体包括政治家、官僚等，不同的个体都有自己不同的利益，由这些个体所组成的政府部门，也必然会因为个体的差异性而体现出差异性。竞争是提高效率的根本方法之一，政府行为同样可以引入竞争。政府间竞争，则正是市场经济的原则，在政治结构中的应用。政府间竞争有助于提高政府绩效管理的有效性。政府间的竞争，不仅包括国内地方政府间的竞争，也包括中央政府和地方政府间的竞争。在政府内部建立竞争机制，通过预算竞争，提高政府的行政效率。允许政府部门在某些行政工作上开展竞争，可以削减政府部门成本，使预算分配到最有效部门。世界各地的实践雄辩地表明，竞争的引入，对于改善公共部门的服务质量与提高政府效率，产生了巨大的影响。

（二）分权

分权通常是指从中央政府及其部门向次级政府、半自治公共机构、区域性或功能性实体、非政府性的私人或志愿者组织转移计划、管理权责，并进行相应的资源筹集与分配的活动。政府部门的权力是有限的，政府管理人员对经费、人事和机构目标没有足够的支配权，也就没有相应的节约经费的激励和责任。威尔逊认为，要提高政府绩效，就必须减少对政府的制约，他认为，既然减少对市场制约能使参与者挖掘进取的潜能，从而产生了实际效益，那么，减少对公共部门的制约，也应当有助于激发它的活力。通过分权，改变过去权力过分集中的现象，使各部门对财政、人事等有了更多的自主权，激发他们的主动性、创造性。分权也使政府部门拥有更多对资金、人事等控制权，有利于政府更加负责。在分权激励下，政府部门将产生重视产出和降低成本的动力。

（三）收益共享和分享节余

发扬个人积极性的经济激励制度，是提高政府效率的有效方法之一。政府管理人员同样具有"经济人"特征，其行动动机依然在很大程度上受到个人利益诉求的影响，包括经济利益、政治资本和社会认知。政府绩效管理应该做到收益共享，让政府绩效与个人行为激励相关联。竞争可以降低成本，但只有经济激励才能回报绩效。

收益共享和分享节余，通过把政府管理人员提高绩效的努力与收益联系起来，将政府管理人员的收益与组织的产出联系起来，从而使政府管理人员与组织共享收益。具体可以采用分配剩余、发放特别奖金、用于预算外活动投资等方式，在部门内部共享节约资金。这一制度为政府机构和政府管理人员提高绩效提供了经济上的回报。

第五节 医院绩效管理

绩效评估和绩效管理，一直被认为是企业推行科学管理的重要工具。由于抓绩效评估和绩效管理，不仅产生了巨大的经济效益，更重要的是，形成了一套科学、先进、实用和创新的制度，并由此培养造就了一批企业家和管理层，企业员工素质也普遍提高。医院借鉴了企业的经验，也结合行业自身的特点，做了一些有关的探索。

一、医院绩效评估

医院绩效评估是指，运用数理统计和运筹学方法，采用特定的指标体系，对照统一的评估标准，按照一定的程序，通过定量定性对比评估，对医院一定经营时期的经营效益和经营者业绩，做出客观、公正和准确的综合评判。

二、医院绩效管理

医院绩效管理是指，为了实现医院的目标，在明确的组织目标下，通过持续开放的沟通过程，形成组织目标所预期的利益和产出，并推动团队和个人做出有利于目标达成的行为。进行医院绩效管理时，既要考虑投入（行为），也要考虑产出（结果），同时，还要考虑个人自主性和学习能力的提高。它是全体员工参与的自下而上的过程；绩效管理的沟通，包括沟通组织的价值、使命和战略目标、对员工的期望结果和评价标准，以及如何达到该结果、组织的信息和资源，强调员工之间相互支持和鼓励；绩效管理是一个强调发展的过程，目标之一是建立学习型组织，最终目标是建立组织的绩效文化，形成具有激励作用的工作氛围。

卫生系统应有三个目标。

一是获得良好的健康。不仅包括提高健康水平，提高人均期望寿命，减轻疾病负担，而且包括改善人群健康分布状况，减少健康状况分布的不公平性，尤其是贫困人口。

二是加强人民期望的反应能力。既要尊重他人的尊严，个人及家庭对自己健康和治疗的自主权和隐私权，也要改善对卫生服务利用者（对象）的反应能力，如服务的满意度，是否及时注意了患者的要求，社会支持网络的利用，卫生机构的基本设施和环境，及有无选择卫生服务提供者的可能性。

三是确保筹资的公正性。即每个家庭应该是公正地支付卫生费用，贫困者应该享受免费医疗。保护每一个人不因卫生保健的费用带来经济收入的风险，具体体现在健康人与病人之间的风险分担及不同收入水平人群之间的风险分担。同时，还提出了卫生系统应该具有的四个主要功能，即管理、筹资、提供服务及筹措资源。其中资源筹措关键是使投入与卫生系统的要求相匹配，如人力资源需要合理配置，不能因此加剧健康服务的不公平；对机构及技术的投资，应根据国家的重点优先配置，减少贫困人口及脆弱人群的超额死亡率，有效地减少危险因素，将健康作为发展的中心。

三、国内医院绩效评估和绩效管理研究中存在的不足

综观国内已有的关于医院绩效评估和绩效管理的研究，大多数是从观点、原则上，或者较肤浅的数据评估理论上进行探讨，提出了问题的重要性，但对于指标设置、权重的确定、评估模型建立和结论的可靠性未进行深入研究，对于所提出的一整套评估方法，医院管理部门如何应用、如何进行绩效管理等，通常缺乏可操作性很强的建议。目前，在医院绩效评估和绩效管理研究中，存在诸多不足之处。

（一）设置的评估指标比较片面

单纯评审医院的结构功能和工作程序，不能反映其卫生服务绩效，只有建立在对病人服务层次上、医院质量和绩效评估基础上的评审，才有指导意义。绩效评估需要一系列内外部运行数据，这些数据要求有效、可信、客观和特异，要建立在一个共同的标准上，与其他医院进行比较。过去中国医院评审的标准比较偏重评审医院的组织结构和功能，对医院绩效的评估指标，主要是医院水平的绩效指标，较少有病人层次的评估指标，较多地强调各种组织形式，对管理的过程缺少有效的评估指标。因此，指标的全面性是首先要考虑的问题。

（二）选择指标的方法不够科学

医院绩效评估离不开一套完整的科学的指标体系。已有的研究中筛选指标的方法大多用一些带有主观色彩的方法，如专家咨询法，忽视了利用客观数据进行多因素评估的方法，如聚类评估和因子评估，往往挑选出的指标带有片面性，难以做到公正合理评估。

（三）考虑指标的重要性不充分

运用多种方法筛选出一套科学实用的指标体系后，在进行医院绩效评估时，常要考虑各指标的相对重要程度即权重。权重系数的确定是否合理，对未充分利用数据特性的综合评估方法，至关重要。目前研究中确定权重的方法主要是主观赋权法，很少考虑客观赋权法，如因子评估法和相关系数法等，常导致赋权带有主观性，因此，建议采用主客观结合的赋权法确定权重值。

（四）未建立有效的绩效管理评估模型

医院绩效管理涉及多层次多因素，是一个相互联系相互制约的复杂系统，在建立绩效管理评估模型时，应充分考虑这些因素的关联性。在已有的研究中，评估模型建立的理论基础非常简单肤浅，未充分考虑指标间的联系和不同医院因病人的病情和病种不同导致影响数据可比性和公平性，未将指标重要性和数据的特征结合在一起，放入模型中进行多因素评估。因此，得出结论不稳定，可靠性差，难以从评估中找出影响绩效低的因素。

第六节 银行绩效管理

在商业银行实际经营管理活动中，绩效是指一定时间内，一个组织的成员完成某项任务及完成该项任务的效率与效能。绩效管理在提升商业银行竞争能力、塑造商业银行核心竞争力方面，发挥着越来越重要的作用。对人力资源实施有效的管理，最大限度地挖掘和发挥人力资源的潜力，已经成为现代商业银行获得竞争优势，实现发展目标的必然要求。

一、我国商业银行绩效管理问题分析

有人片面地把绩效管理理解为绩效评价，是不合理的。绩效管理与绩效评价是相互联系又是有区别的。绩效管理是一个完整的管理过程，侧重于信息的沟通与绩效提高，绩效评价是管理过程中的局部环节和手段，侧重于判断和评价。

（一）绩效管理定位不明确

绩效管理的定位问题，其实质就是通过绩效评价要解决什么问题，绩效评价工作的管理目标是什么。对考核缺乏明确的目的，只是为了考核而考核；还有就是为了分配工资而考核，对考核的目的定位过于狭窄。这些认识上的偏差，都会影响绩效管理的实施效果，造成人力、物力、财力的大量浪费。

（二）绩效指标体系不完善

首先，短期指标和长期指标的失衡。短期指标较多，长期指标较少，没有与商业银行的发展战略相结合。由于长短期指标的失衡，短期指标权重较大，这样不利于评价企业的长期绩效状况。

其次，部门之间目标的偏离。在商业银行的实际运营中，存在着不同部门各自为伍的情况，缺少沟通，没有发挥协同效应，不利于银行整体目标的实现，不能通过目标管理全面提升部门、个人的工作业绩，也不利于通过目标管理促进部门之间的相互协作。

再次，财务指标和非财务指标的失衡。商业银行的指标体系偏重财务指标，对非财务指标未能给予足够的重视。若以财务指标为主进行评价，对银行长远发展是不利的，它反映的是银行过去的经营成果，有一定的滞后性，不能全面地反映商业银行整体营运情况。

（三）绩效过程管理不及时

沟通的质量水平较低。虽然在日常绩效辅导沟通、相关表格填制的形式和数量上基本达到要求；但是，直线管理者对员工的绩效沟通内容千篇一律，措施空泛不具有指导性。绩效辅导与沟通流于完成表格填写的形式，辅导沟通问题的客观性、独立性和差异性难以体现。各级管理者对绩效管理类型研究全过程管理的认识不够。管理人员对于绩效新政策、新方法的培训力度和频度、绩效工具的普及运用和对管理质量与效率的提升作用，都远未达到预期要求。

（四）绩效结果运用不合理

企业绩效管理制度与其激励机制是密不可分的。绩效评估的结果要与激励机制直接挂钩并及时体现。绩效评估的结果，除了运用到改进员工工作绩效外，经常地还用于薪酬、晋升、培训及员工的职业生涯发展中。但是，目前部分商业银行将考评与激励脱节，没有真正起到激励的效果。绩效考核结果的应用范围普遍偏窄，对绩效考核结果的运用主要集中在奖金、薪酬的激励分配和考核等级评定等方面，与管理者和员工期望存在很大差距。

二、我国商业银行做好绩效管理应采取的对策

实践中应明确，绩效管理与绩效考核是不同的概念。绩效管理是一个完整的系统，一个循环往复的过程，而绩效考核只是这一系统中的一部分，是一个阶段性总结。

（一）正确认识绩效管理的内涵

绩效管理的根本目的是实现对组织目标的贯彻和组织绩效的最优化，绩效管理不仅关注结果，更关注形成结果的过程，奖惩只是绩效结果应用的一种形式，不等同于绩效管理。避免将绩效管理单纯看作是对员工行为的约束，就等于奖金分配、职务升迁。这是对绩效管理目的和作用的片面理解。

（二）完善绩效指标评价体系

首先，要从银行的整体战略出发，制定银行长远发展的指标。将长期、短期指标进行有效组合，赋予合理权重，避免短期指标权重过高。

其次，指标设定要打破部门分割的局面。商业银行组织结构复杂，各部门之间要加强沟通，倡导团队合作，发挥出协同效应。

再次，适当增加非财务指标，作为对财务指标的补充。应充分重视非财务指标的作用，在财务指标的基础上增加有关非财务指标的运用。比如，评价内部管理和控制、客户服务质量、员工素质和满意度等方面的指标。

（三）注重绩效管理过程控制

绩效管理不是单纯的目标管理，绩效管理的目的，并不仅限于评价组织或员工业绩，绩效管理的真正内涵在于过程管理与控制，从而为提升企业价值起到促进作用。绩效沟通与反馈，应当贯穿整个绩效管理的过程。

在绩效考核执行过程中，管理者与被管理者也要进行深入的绩效沟通，传递和反馈绩效信息，及时改进工作中的不足。绩效管理工作是上下级之间一起完成的，并且是以共同合作的方式来完成。它是一种防止绩效不佳和共同提高绩效的工具，它意味着上级同员工之间持续的双向沟通。

有效的沟通能够解决员工个人在工作中出现的许多问题，通过定期的沟通，使员工存在的疑惑很轻松地得以解决，从而大大提高工作效率。

（四）重视绩效考核结果的应用

绩效评价的最终目的，都是对绩效评价结果的综合运用。依据考核结果对员工有计划、有针对性地实施系列培训项目，以提高员工岗位技能，培育有潜在能力的高级管理人才。绩效考核的结果还应作为人才选拔和人员调配的重要依据，以达到人与岗位的最佳匹配，最大限度地发挥人力资源的效用。总之，要注重绩效考核结果的运用，为企业吸引、留住、培养人才提供保障。

三、我国商业银行绩效管理体系的设计

目前，我国商业银行绩效考评体系中，主要存在如下问题：考评指标的设置与战略目标关联性小；考评指标过于单一，难以适应对员工考评的要求；考评指标内容不全面，过于重视财务指标，忽视内部运营指标、客户指标和员工发展指标；考评指标较多，关键指标不够突出；考评指标值设定过高，难以完成指标任务；考评指标权重设置不合理，经营成果类指标权重设置过高，内控管理类指标权重过低；考核指标设置之间存在交叉和重叠。而平衡计分卡的应用可以有效地解决商业银行绩效考核中存在的这些问题。

平衡计分卡是一种新型的企业绩效评价工具，主要从财务、客户、内部流程、学习与成长四个角度关注企业的整体绩效。作为一种有效的战略管理工具，平衡计分卡采用了衡量企业未来绩效启动因素的方法，能够将商业银行的长远发展趋势与近期财务效益有效地联系在一起。平衡计分卡注重企业的长远发展，强调企业的全方位管理，揭示了企业的财务、客户、流程、学习与成长的内在联系，避免了单一财务指标体系导致的机会主义、短期行为和对财务指标的过分依赖。同时，平衡计分卡能够帮助企业进行充分的市场分析，预测某些指标变化对其他指标的影响。平衡计分卡也有利于上下级之间的信息沟通和团队建设，促进企业文化的形成和发展。对于竞争激烈且充满变数的银行业，平衡计分卡是一个高度有效的绩效管理工具。

因此，平衡计分卡把企业的使命和战略转变为可衡量的目标和方法，这些目标和方法分为财务、顾客、内部经营过程、员工学习和成长四个方面，并且各部分被细化为若干具体的指标。通过这个全面的衡量框架，它能够帮助企业分析哪些是完成企业使命的关键成功因素，哪些是评价这些关键成功因素的指标，促使企业成员完成目标。

平衡计分卡在财务绩效方面显示企业的战略及其实施和执行，是否正在为最终经营结果的改善做出贡献，常用的指标包括资产负债率、流动比率、速动比率、应收账款周转率、存货周转率、资本金利润率、销售利润率等。

客户方面包括客户满意度、对老客户的挽留、获取新客户、获利能力和在目标市场上所占的份额。内部经营过程方面所重视的是对客户满意程度和实现财务组织目标影响最大的那些内部过程的关注。组织的学习和成长包括人才、系统和程序三个主要来源，平衡计分卡能够揭示人才、系统和程序的现有能力和实现突破性绩效所必需的能力之间的巨大差距。平衡计分卡在整个企业

中兼顾这四个衡量因素，确保企业不偏不倚地追求目标而不至于过度失衡，过于偏重财务标准或客户主动性等。

第十章 绩效管理走向人的全面管理

第一节 人的全面管理的提出

在日益激烈的竞争环境下，决定一个企业命运的最重要的因素就是业绩表现，或称绩效，越来越多的企业将绩效视为企业管理中最核心的环节之一，建立并不断完善绩效管理体系。随着理论研究与实践的推进，已有不少成熟的绩效管理与评价工具被广泛应用在企业的日常管理流程中，并且带来了成效。然而，时至今日，让许多企业百思不得其解的是，这些曾经发挥重要作用的工具，其效果正在不断减弱，在组织中越来越难调动员工发挥出卓越的工作水平，进而导致企业的管理与发展陷入瓶颈。

如果仔细观察就会发现，无论怎样的组织都存在这几类员工：业绩突出又能配合管理的"得力"员工，能力强但很难指挥的"傲娇"员工，业绩一般但积极主动配合的"听话"员工，以及业务能力不强且不好管理的"落后"员工。企业通过对绩效的管理可以比较轻松地将第一类和最后一类员工区分出来，同时，对待这两类员工的管理策略也是比较明确的，优秀员工依据为企业做出的贡献大小能够得到一定程度的奖励，而不理想的员工会从组织中清除出去，即使在国企中，这部分员工无法被剥离出去，也会被逐渐边缘化，慢慢远离企业经营的核心环节。然而对于中间两类员工来讲，单纯的绩效管理无法为管理者的决策提供更多有用的信息。

在许多组织中，对绩效的管理还只停留在对绩效结果的管理上，对于员工是否有能力工作、是否愿意工作了解甚少，这使得管理者只能寄希望于奖罚手段给员工带来的"刺激"与"震动"，却并不能对症下药地真正帮助员工改善绩效表现。这也导致许多员工认为绩效评估结果并不公平，因为它不能真实地反映他们在工作中的付出和努力。

在另一些企业中，管理者们发现导致员工无法发挥出优秀的工作水平的原因是缺乏岗位要求的知识和技术，而单一的绩效评估工具无法弥补这个缺陷，因此这些企业加强了对员工的能力培训，确保走上岗位的人能够满足工作的需要。这样做确实能够明显提升员工的总体水平，进而对个人绩效和组织绩效产生积极的影响，但它总是只对一部分员工有效。有些员工自身已经具备良好的能力和素质，却依然不能产生令人满意的业绩成果。

导致企业面临这种状况的原因正是管理者对人的关注还不够。随着知识和技术的快速发展、变迁，将人视为完成工作的工具的时代正在慢慢远去，稳定的岗位和工作设置已经不能满足企业迎合外界变化的需求，而人在应对变化时表现出来的创造性和灵活性使其逐渐成为企业活动的核心，以人带动发展才是帮助企业突破绩效瓶颈的关键路径。绩效管理作为一种针对工作和工作结果的管理手段，恰恰缺失了对人自身的关注，因此无法产生令企业和管理者满意的管理效果。

由此可见，在人与组织关系重构的趋势和背景下，仅仅通过绩效管理显然无法有效保证组织目标的实现和对核心人才的吸引、保留、激励，企业必须从绩效管理走向对"人"的全面管理。

心理学研究普遍认为，工作结果来源于工作行为，一个工作行为的产生主要会受到两个因素的影响：个人特质和外部环境。个人特质代表的是行为主体的知识、技能、性格特征、动机等因素，外部环境则代表行为主体所处的自然环境和社会环境。人通过将外部环境的要求和内在动机相结合，根据自身的能力状况，采取某一种工作行为，并为随之带来的工作结果负责。如果要实现对人的全面管理，就需要抛弃只针对工作结果的单一模式，为绩效产生过程中的每个因素分别建立具有针对性的管理体系，利用至少包括胜任力评价、价值观评价和绩效评价三维度的复合型模式对个人特质、外部环境和绩效实行全方位的管理。

一、复合型模式三因素的发展现状

从企业的实践情况来看，绩效、个人特质和外部环境三因素的发展程度并不均衡。绩效管理是复合型模式中发展得最为成熟和健全的体系，它不仅被广泛运用到企业的经营管理活动中，而且关于绩效管理的方法与工具也相对完善。至于个人特质，很多企业已经意识到了该因素，特别是其中的能力因素与工作绩效之间的关系，因此通过培训机制、激励机制、目标管理机制等的完善来实现对员工知识、技术、能力甚至工作动机的管理，也积累了不少成熟的经验。与这两个因素相比，环境因素的发展却远远不够。外部环境包括了自然环境、家庭环境、社会经济环境、劳动市场环境等，但与员工工作行为产生最直接联系的就是其所处的组织环境。一个组织的文化氛围、价值导向、战略决策、结构流程等对生活在其中的成员的工作表现有着巨大的影响。随着年轻群体逐渐成为劳动市场中的主角，就业与离职的趋势正在悄然发生变化，薪酬已不再是决定去留的唯一条件，更多人开始关注自己与企业是否"三观相符"，是否能在组织中实现个人价值。企业在管理中也经常会遇到，业务能力突出的员工却不努力，一般的物质激励无法达到明显的效果，在深入了解后发现问题常常出在他们不认同所处的组织环境，或者说他们的个人追求、价值观与组织所倡导的产生了不一致。这种不认同和不一致导致员工认为，组织无法满足个人的内在需要，组织目标的实现也不能体现真正的自我价值。因此，这类员工有的在组织中碌碌无为，有的选择离开，无论哪种做法，对组织的人力资源都是一种损失。之所以造成这种损失，有时是因为个人意志与组织环境确实存在比较大的差异，但更多情况下，是因为企业与员工之间缺乏相关的沟通与管理渠道。许多企业从来没有向员工明确阐述过企业倡导什么、反对什么，也从来不在这方面对员工提出明确的要求。因此，当误解产生时，员工不知与谁沟通，管理者也无法提供有效的指导，最终使企业失去原本可以留住的人才。由此可见，对组织环境的管理正在成为企业吸引、保留、激励人才的重要手段，针对组织环境的管理势在必行。

二、针对文化价值观的环境管理

组织环境对员工的工作行为有着重要的影响，而管理组织环境的有效途径之一就是培养与引导员工在个人价值观与组织价值观之间建立联系，通过文化氛围和价值导向在组织与员工之间建立和谐的关系，让员工在为组织绩效做出贡献的同时实现个人价值。

（一）组织文化与价值观的定义

组织文化是一个企业做事的方法，而价值观是组织文化的核心。组织的价值观是企业管理者和所有员工共同追求的理想，它定义了组织的目标和为实现目标应该遵循的行为规范，是企业文化的最重要的部分。

（二）为什么从价值观入手

组织文化领域的开创者埃德加·沙因曾经提出一个著名的理论模型，可以解释许多企业管理失败的原因。沙因将组织文化分为由浅至深三个层级，最表层的文化被称为"表象"，指的是组织中可听、可见的行为模式，如组织结构、流程等；中间层为"价值观"，指的是更深层次的组织意识；最底层为"基本假设"，指的是与外部环境紧密相关的无意识的信念、思维习惯、人性等，它是价值观与表象的根源。沙因认为，随着层次的不断加深，其对组织表现出的行为和行为结果的影响就越深远，改变的难度也就越大。当企业在遇到行为或绩效问题时，首先想到的就是从现有的流程、制度或管理机制上找原因，但这种方法往往"治标不治本"。监督和改善"表象"层面的管理活动或许能够在短期内看到成效，但企业很快就会发现，员工的行为和绩效表现会随着时间的推移回到改善以前的样子，甚至出现新的问题。因此，对组织内不良行为的矫正必须触及"表象"以下的深层次因素。

根据沙因的模型，"基本假设"是一切组织行为的根源，从理论上讲，对它进行改造才是"既治标又治本"的方法，但是企业在实践中还必须考虑管理成本。"基本假设"是一定时期内社会文化、风俗习惯、道德伦理和人性的产物，受到某个企业或个人影响的可能性很小，因此改造的难度非常大，管理性价比不高。只有位于模型中层的"价值观"，才能从相对根本性的层面解决问题，在改造难度适中的情况下还能够满足企业管理成本的要求，因此是环境管理的理想切入点。

（三）管理与评价价值观的意义

价值观的管理与评价不仅有助于企业进行自我检查和自我反思，而且能够对个人与组织绩效的改进提升产生积极影响。首先，它是企业自检的有效工具。从组织层面的角度，价值观管理让企业能够看清组织是否"知行合一"，即"表象"与"价值观"是否保持一致。有的企业认为客户对产品不满意的原因是销售人员能力水平不足，虽然加强了相关的培训，依然没有让业绩好起来。通过对价值观的梳理发现，企业倡导"以客户为中心"，但在工作流程中既没有对消费者需求的调研，也不提供完善的售后跟踪服务，导致销售人员根本不了解用户习惯，也无法满足消费者提出的要求，这就是典型的"知行不合一"，价值观无法通过具体的工作流程发挥应有的作用，只能沦为一句贴在墙上的口号。由此可见，销售人员的素质水平可能并不是问题产生的根源，此时对价值观和工作流程的梳理有助于企业准确定位根本性问题。从个人层面来说，定期进行员工的价值观评价能够帮助企业辨别个体行为是否符合组织要求。因为组织行为是通过个体行为体现的，如果个体表现出违背组织价值观的行为，那也将阻碍组织目标的实现。对员工价值观进行评价，考查个人与组织价值观的匹配程度，能够让企业了解员工的工作行为是否偏离了组织的预期，从而为行为矫正提供有针对性的信息。其次，价值观管理是改善个人与组织绩效表现的工具。一个企业的战略决策、组织形态、管理体系、规章制度都是围绕着实现组织目标展开的，文化价值观作为组织目标的指导方向，是企业管理中的核心环节。虽然企业的软实力无法直接做出物质上的贡献，但几乎所有的管理活动和工作行为都受到它的牵引和影响。

人的全面管理要求企业建立一个复合型的管理模式，这个模式不仅包括对工作绩效的管理体系和对员工个人能力的激发与改进体系（如培训体系等），还包括对外部环境，特别是组织环境的监督与评价体系。虽然企业对绩效与能力的管理已日趋成熟，但在环境管理方面尚处于起步阶段，需要被投入更多的关注。价值观作为组织文化的重要组成部分，是企业进行环境管理的最佳切入点，通过价值观的管理与评价，不仅有助于企业加深对内部组织环境的了解，而且对组织与个人绩效的改善具有积极的意义。

第二节 用评估实现对价值观的有效管理

当企业了解到价值观的重要性后，如何实现对价值观的有效管理，如何让组织成员认可价值观，并朝着组织引导的方向努力就变成企业关注的重点。一种有效的做法是，对员工践行组织价值观的过程进行监督指导，对员工的价值观认同感和价值观行为进行考核，价值观评估就是这样一种对员工价值观行为进行管理的手段。

虽然目前还没有发展出一套较为统一和成熟的价值观评估方法，但很多国内外企业已经开始尝试将这种管理手段纳入日常管理流程中，并且积累了很多宝贵的经验。我们通过对这些经验的剖析发现了想要实施一个成功的价值观评估所应具备的几点因素。

第一，成功实施价值观评估的企业均使用客观行为而不是主观描述对价值观进行界定。将价值观行为化和具体化非常重要，因为这对保证评价结果的客观性与公正性起着关键作用。价值观是非常抽象的概念，每个人由于工作内容、职位高低等方面的差异对价值观的解读具有极强的主观性，如果不采用明确的行为标准作为引导，容易导致员工依据上级喜好行事，造成价值观实践过程的混乱。此外，行为标准的缺失还有可能导致不同评分者的衡量标准之间产生矛盾，即使是同一评分者，其评判标准也有可能随时间与环境的变化而发生改变，这将使得评价结果的可信度大大降低。

第二，成功实施价值观评估的企业使用的评价方式是非常类似的，一般是自评或他评，并辅以事实说明。价值观评估通常采用问卷的形式，包含对每条价值观行为的具体描述，评分范围常控制在 1 ~ 5 分，代表着从不满意到超出预期。

第三，成功实施价值观评估的企业都会与员工进行充分的沟通。这种沟通既包括评估前对价值观的宣传，又包括评估后对结果的反馈。评估前沟通的目的在于不断强化员工对组织价值观的认识，建立统一的行为导向，并且将思维层面的意识转化为具体的工作行动。这样在评估时，员工已经对评估内容有了充分的了解，不会因为理解上的偏差导致不理想的结果。评估后沟通的目的则是帮助员工提升和改善工作行为，朝着组织提倡的方向和方式正确地工作。

第四，保证价值观评估与业绩评估相互独立、互不影响。保证两套评价体系的独立性十分必要。因为价值观用来评估员工是否身体力行地表现出组织需要的行为，而业绩是来衡量员工为组织目标的实现做出的贡献大小，两套体系扮演的角色不同、承担的职责不同，其评价结果对员工的薪酬、培训、晋升应当有着同等重要的作用。如果对价值观的衡量建立在业绩成果的基础上，让业绩突出但价值观不过关的员工免受惩罚，会为员工带来错误的导向，认为业绩比价值观更重要，从而造成评价体系的整体失衡。

第三节 价值观评估与胜任力评估的差别

个人特质和外部环境是复合型管理模式当中两个重要的因素，对其的管理一般是通过胜任力评估和价值观评估来实现的。然而一些企业在实践中经常在胜任力评估与价值观评估之间发生混淆，尤其是价值观评估中，企业常常容易把价值观描述成某种能力。这种误用也使得企业对两者的差异产生怀疑：价值观评估与胜任力评估在本质上是不是同一件事？这两种管理手段并用是否有重复评价的可能？

一、胜任力评估

一个人能否有良好的工作表现受到胜任力的影响。所谓胜任力，就是保证这个人在某一个工作岗位、角色或环境中能够拥有出众的工作表现的基础性特质。

胜任力包含许多因素，这些因素根据层级排列，构成了"冰山模型"。处于冰山最顶层的是"知识与技能"因素，它代表一个人能够做什么；在这一层级下面是"社会角色与自我形象"，代表一个人的价值观、对扮演的社会角色的认知以及对自我的认知；处于冰山最底层的是"特质与动机"，代表一个人的性格、人格以及潜意识的想法与偏好。这些胜任力因素对行为的影响程度，以及培养与改变这些因素的难度随着层级的下移而递增，知识与技能就好像是外露于水面之上的冰山，显而易见，并且非常容易通过培训来获取和提升，这类因素对于工作表现好坏的影响是非常有限的，当岗位的复杂性到达一定程度后，知识与技能便不再是区分优秀员工与一般员工的必要因素了。而最底层的特质与动机对行为有最本质和最深远的影响，但也很难在短时期内被快速改造。

关于胜任力的评估，麦克利兰提出了几点建议。第一，要通过对优秀员工的观察和沟通寻找某一岗位的胜任力因素；第二，评估应该能够反映个体通过学习或培训而产生的变化；第三，应该告诉员工提升胜任力的途径，并且鼓励他们去做；第四，虽然不同岗位都有其特殊的要求，但胜任力中应当包括一些广义上通用的因素，如沟通能力；第五，胜任力评估中描述的行为应当包含在日常情境中发生的操作性行为，而不仅仅是在某一假设情境中人们会做的行为。

虽然麦克利兰的理论引发了关于胜任力的诸多讨论，也有很多学者提出了质疑和截然不同的观点，但时至今日，麦克利兰对胜任力的定义以及"冰山模型"仍然是企业在使用胜任力或素质能力测评时最重要的理论依据来源。

二、价值观评估与胜任力评估的差异

胜任力与价值观的评估确实存在相似之处，两者都是通过具体行为来界定的，因此在设计评估内容时很容易混为一谈。但是笔者认为，两者存在着本质的差异，因此不能将两者归为一类，也不能简单地用一种手段取代另一种。

首先，两者的设计立足点存在差异，胜任力评估基于业绩，价值观评估基于组织文化。从定义不难看出，胜任力指的是预测高绩效行为的特质，其目的是通过对表现优秀的员工的工作过程进行分析，寻找有助于高效完成工作的因素，并且将这些因素作为衡量未来员工是否有潜力表现出高绩效行为的标准。因此，胜任力评估是一个能力测试，是为了判断员工是否具备高绩效所要求的能力，或者是否具备实现高绩效的潜力。价值观评估立足于企业文化，旨在判断员工是否认同组织的理想和愿景并愿意为之付出努力。不同于胜任力能够预测高绩效行为，对价值观的认同程度并不能对高绩效产生直接作用，但它确实能够对员工的态度、动机、行为等产生影响，进而导致有利或不利于高绩效的行为。

其次，在同一个组织内部，不同业务单元、不同岗位之间对胜任力的要求差异非常明显。虽然胜任力中包括了一些各岗位、各层级员工通用的工作能力，但在理论上，没有哪两类不同的岗位或层级可以共用一套完全相同的胜任力模型。与此相反，同一组织中的价值观应当被所有成员共享。虽然价值观的具体表现行为会因岗位和层级的差异而有所不同，但其本质上指向的是同一套体系，其终极目标是使所有组织成员在价值观上达成共识，避免明显的矛盾与冲突。

最后，胜任力与价值观评估在企业管理中的应用领域也不尽相同。在大多数企业中，胜任力评估通常被应用在新员工招聘和人才选拔上，它能够使企业快速识别适合某一岗位的人才，减少因选人不当而为个人和组织绩效带来的消极影响。此外，胜任力评估还能够为培训提供更有针对性的指导，帮助管理者准确定位需要培训的群体和培训方向。价值观评估同样能够应用于人才选拔，确保组织内核心成员始终抱有与企业相一致的理想和目标。不仅如此，价值观评估结果的另一项重要用途是，判断员工是否能够长期地、持续不断地为组织服务。企业总是希望将最核心的人才长期保留在组织中，让他们持续不断地为组织做出贡献，作为回报，他们也将长期分享企业

的收益所得。因此，企业在进行长期激励时不仅要选择绩效表现突出的员工，还要考虑谁能够与组织一起长期地走下去，此时，价值观的一致性便可成为衡量的标准之一。员工与企业的关系可以划分为利益共同体、事业共同体和命运共同体三类。处于利益共同体中的员工将工作视为养家糊口的手段，看重"劳有所得"，这类员工容易被短期利益（如奖金）驱动，但是当物质回报无法达到预期时，他们往往是最容易脱离组织的群体；处于事业共同体中的员工以实现职业抱负为奋斗目标，他们或许不会因为暂时性的低物质回报而选择离开，但是当他们认为组织不能再为实现个人理想提供更多助益时，也不会因为丰厚的物质奖励而留下；处于命运共同体中的员工将企业的兴衰成败当作自己的使命，这类员工与企业文化和价值观高度契合，当组织陷入困境时，他们会不计个人得失地出谋划策，当组织日益壮大时，他们也会由衷感到自豪。前两类共同体无法与组织价值观达成长期和稳定的一致，导致他们成为随时会脱离组织的风险因子，而命运共同体通过趋同的价值观与组织联结在一起，成为推动组织成长与发展的核心力量，也应当成为长期激励的重点对象。

第四节 复合型模式的综合应用

通过前文的论述可以看出，个人特质、外部环境与工作结果是绩效生产过程中的三个主要因素，它们共同构建了复合型管理模式的框架体系。通常情况下，对个人特质的管理主要依靠胜任力评估来实现，对外部环境的管理主要依靠价值观评估来实现，对工作结果的管理主要依靠绩效评估来实现。在复合型管理模式下，这三种评估结果分别有其相应的应用领域。

一、胜任力评估结果的应用

从胜任力模型的发展过程可以看出，它主要应用在企业招聘、选拔和培训人才的环节。胜任力评估结果反映了一个人在能力、特质、动机等方面的综合情况，企业可以据此筛选出那些最有可能在未来取得成功、为企业做出贡献的人才，并配置相应的资源对他们加以培养，帮助他们成长为企业的中流砥柱。

另外，一些企业还将胜任力评估作为绩效考核的一部分，其结果会影响员工的薪酬水平与奖金分配。笔者认为，当胜任力评估中包含诸如人格特质等较深层次并且不易改变的因素时，它就不适合在这种情境中使用。企业如果希望物质奖励充分发挥激励作用，就必须将之与可改变、易改变的因素相连，因为只有员工明确了解改善短板的途径，并且相信通过努力能够在一定时期内取得他们期望的效果，才有不断提升自我的意愿；如果员工意识到付出的努力与收效不成比例，就会失去前进的动力。人格特质等因素是在一个人的成长过程中逐渐形成并不断强化的，它与个人的家庭环境、成长背景、地域文化等有着非常紧密的联系，是极难在短期内加以改造的，因此用这类因素来决定物质奖励的分配是不合适的，不仅无法取得期望的效果，而且容易引导出截然相反的行为。

二、价值观评估结果的应用

价值观评估结果具有非常广泛的应用范围。

第一，它可以与绩效评估结果相结合，共同应用于薪酬、奖金和股权等长短期物质激励的分配上，这也是价值观评估在企业中最常见的使用方法之一。例如，在阿里巴巴，价值观评估结果被分为四个等级：优秀（27～30分），良好（23～26分），合格（19～22分）以及不合格（0～18分）。总分被判定为不合格，或者任意一项价值观的得分在1分以下的员工将无法参与当年的绩效考核和奖金分配；对高管团队来说，如果价值观评价不合格，也将取消当年的奖金分配资格。

第二，价值观评估结果可以应用于人员的招聘过程。在新员工招聘过程中加入价值观的评估可以在源头上将选人不当对组织产生的消极影响降到最低，保证加入企业的新成员在思想层面与组织保持一致，降低管理成本。例如，宝洁公司专门为面试者设计了一套成功驱动力问卷，分别从团队合作、领导力、价值观等方面对候选人进行考查。在宝洁公司的招聘流程中，候选人首先需要在网申环节接受成功驱动力评估，只有结果合格的候选人才能进入面试环节，参加进一步的筛选。

第三，价值观评估结果还可以应用于后备人才的选拔以及职位晋升。通过对价值观评估结果的分析，挑选出在思想、态度、动机等方面最符合组织需求的核心人才作为培训和晋升的对象。例如，通用电气公司每年将员工价值观与业绩评估的结果作为来年培训计划和晋升计划的依据。这两个评估结果将员工划分为三类：处于前20%表现突出的A类员工和管理者不仅是股权激励的重点对象，而且会在未来的工作中被委以重任，获得承担挑战性工作的机会并接受相应的能力培训，同时通用公司规定，后备管理者只能从这一类员工中挑选；表现处在中间阶段的B类员工和管理者将获得留用观察的机会，通过培训、换岗等方式进一步考查是否具备提升的可能性；在两类评估中均属于后10%的C类员工和管理者将不得不面临被解聘与解雇的局面。再如，华为集团为员工建立了诚信档案，对每个人的信用情况，特别是品德，进行长期跟踪。在干部选拔时，品德具有一票否决权，在诚信档案里有不良记录的人才无法参与后备干部的选拔。在品德端正的基础上，参与选拔的人才不仅要是业绩排名前20%～30%的员工，而且还必须在上年度的劳动态度考核中取得A或B的成绩，否则也将失去选拔资格。

三、绩效评估结果的应用

绩效评估结果在企业管理过程中应用的范围最广，也最为企业所熟悉。由于它能够最直观地反映一个人为企业做出的贡献大小，因此大部分管理活动都与绩效评估结果相关联。绩效评估可以对员工的绩效工资水平以及一些单项奖金产生直接的影响，同时它也可以与另两个评估结果相结合，共同对员工的薪酬水平、奖金分配、长期激励计划、职位晋升和职业发展计划、人才选拔与培训、表扬和荣誉称号等产生影响。

四、价值观评估的现状反思与未来展望

虽然有越来越多的企业开始将价值观评估纳入考核的范畴之内，但从目前的实践情况来看，

价值观评估还存在着比较明显的局限性，主要表现为静态化和缺乏针对性两点，同时这也应该引起未来管理活动的关注。

首先，价值观评估的内容经常被固化。业绩考核内容应该随着外部环境、战略目标的变化而变化已经成为企业公认的常识，但在面对价值观评估时，企业似乎忘记了这一点，使得价值观评估的内容总是一成不变。有人认为，组织的绩效目标容易受到内、外部环境变化的影响，因此迭代周期较短，每年甚至每季度都会发生变化，进而导致绩效考核内容的变化；而价值观是一个长期的、相对稳定的文化特质，因此考核内容没有必要进行频繁更新。这种说法或许存在一定的合理性，但是笔者认为，企业的价值观内核是相对稳定的，其表现形式会不断发生变化，因此考核评价的内容也应该是动态的。正如前文所述，对价值观进行评估的关键是将价值观转化成可见的行为，对行为进行考核，而行为很大程度上由行为个体的工作内容、工作环境等因素决定。当外部环境对个体的行为提出新的要求时，价值观考核的具体行为也应该顺应这些要求而有所变化，否则不仅容易造成个体行为的混乱，还容易导致价值观与真实业务环境脱节，从而失去价值观原本应有的导向作用。这正像是一个企业的战略方向在 3 ~ 5 年内通常不会发生变化，但是围绕企业战略的业绩目标每年都不同，实现目标的具体措施也应该与快速变化的市场需求相匹配。因此，我们认为，评估内容的周期性变化有利于保持组织价值观的"鲜度"，这也应该成为企业未来实践活动中关注的重点之一。

其次，价值观评价活动的局限表现为缺乏针对性。在企业实践中经常发现，无论是研发人员还是销售人员，无论是管理者还是普通员工，都在使用相同的评估标准，导致这一现象的本质原因还是因为没有从行为的角度对价值观进行衡量。在传统的绩效考核中，绩效指标需要根据业务部门的特征、岗位职责的要求进行个性化的设计，这一点在价值观评价中同样适用。我们同样认为，应当根据评价对象对评价内容进行层级划分，这里的层级划分包含了横向和纵向两个方面。横向划分指的是不同业务单元或不同岗位之间考查的价值观行为应该有所区别，这是由业务单元的特征和岗位的工作内容决定的；纵向划分指的是不同层级的管理者之间、管理者与员工之间的价值观行为也应该差别对待，这是由员工与管理者所扮演的角色和承担的职责决定的。在两类划分中，纵向划分的意义更为重要，因为管理干部是企业经营活动的向导和指挥官，他们的行为表现会成为标杆，影响所带领团队中的普通成员，因此在评价过程中应当对管理干部提出更高层次的要求，建立更严格的标准。

第十一章 绩效管理的发展趋势

第一节 战略性绩效管理

随着时代的发展，绩效管理的发展趋势已经为越来越多的人所关注。本章将主要介绍战略性绩效管理、团队绩效管理、高绩效团队的创建等相关内容。

一、战略性绩效管理的定义

战略性绩效管理是战略性人力资源管理的职能之一，是一个由计划绩效、监控绩效、评价绩效和反馈绩效四个环节构成的闭循环。通过这四个环节的良性循环，管理者能确保员工的工作行为和产出与组织的战略目标保持一致，并通过不断改进员工和组织的绩效水平，促进组织战略的达成。

二、战略性绩效管理系统模型

研究及实践表明，不论采用何种形式，一个科学、有效的战略性绩效管理系统应该包括三个目的、四个环节和五项关键决策。对于一个完整的战略性绩效管理系统而言，三个目的至关重要，并且需要同时实现，因为只有这样才能够确保组织绩效管理活动的有效性和战略导向性。管理者在进行绩效管理时，需要严格按照绩效管理的四个环节来开展工作，而且四个环节缺一不可。五项关键决策主要是指设计绩效管理系统时需要重点关注的五个问题。

（一）绩效管理的三个目的

1.战略目的

组织战略的实现离不开绩效管理系统，而绩效管理系统必须与组织的战略目标密切联系起来才具有实际意义。在运用战略性绩效管理系统实现战略目标时，应首先明晰组织战略，并通过战略目标的承接与分解，将组织的战略目标逐层落实到部门和员工个人。同时，还应在此基础上制订相应的绩效评价指标体系，设计相应的绩效评价和反馈系统。

2.管理目的

绩效管理的管理目的主要是指通过评价员工的绩效表现并给予相应的奖惩，激励和引导员工不断提高自身的工作绩效，从而最大限度地实现组织目标。它要求管理者为战略目标的分解和实施确定具体可行的行动方案，并对战略目标的实施过程进行有效的监督和控制，从而确保组织资源的合理利用和配置。更为重要的是，设计科学、规范的绩效评价系统可以保证绩效评价结果的公平性和有效性，可以不断地提高员工的工作绩效和组织的管理水平，进而确保绩效管理目标的达成。

3. 开发目的

绩效管理的开发目的主要是指管理者通过绩效管理过程来发现员工存在的不足，以便对其进行有针对性的培训，从而使员工能够更加有效地完成工作。在现实中，为了实现绩效管理的开发目的，当员工没有达到预期的绩效目标时，管理者就需要与员工进行面谈，通过绩效反馈环节，管理者不仅要指出下属在哪些方面绩效不佳，还要帮助他们找出导致这种绩效不佳的原因，比如技能缺陷、动力不足或某些外在的障碍等，继而针对问题采取措施，制订相应的绩效改进计划。这样做能够更有效地帮助员工提高知识、技能和素质，促进员工个人的发展，进而实现组织绩效管理开发的目的。

（二）绩效管理的四个环节

1. 计划绩效

计划绩效作为战略性绩效管理系统闭循环中的第一个环节，是指在新的绩效周期开始时，管理者和员工一起就员工在新的绩效周期将要做什么、为什么做、做到什么程度、何时做完以及怎么做等问题进行讨论，最终双方同意并正式签署绩效目标协议书。

2. 监控绩效

计划绩效是绩效管理成功的第一步，监控绩效作为连接计划绩效和评价绩效的中间环节，对绩效计划的顺利实施和员工绩效的公平评价有着极其重要的作用。它要求管理人员在整个绩效管理循环的实施过程中与员工进行持续有效的绩效沟通，了解员工的工作状况，预防并解决绩效管理过程中可能发生的各种问题，帮助员工更好地完成绩效计划。

3. 评价绩效

作为绩效管理过程的第三个环节，评价绩效特指在绩效周期结束时，由不同的评价主体使用有效的评价方法和衡量技术，对员工的工作绩效进行判断的过程。需要注意的是，应当把绩效评价放到绩效管理过程中考查，将其看作绩效管理过程中的一个环节。因此，绩效评价不能与其他环节相脱离。

4. 反馈绩效

反馈绩效是指在绩效周期结束时，管理者与员工就绩效评价进行面谈，使员工充分了解和接受绩效评价的结果，并由管理者对员工在下一周期该如何改进绩效进行指导，最终形成正式的绩效改进计划书的过程。绩效反馈贯穿于整个绩效管理的始终，在绩效周期结束时进行的绩效反馈是一个正式的绩效沟通过程。通过绩效反馈，员工可以知道管理者对他的评价和期望，从而不断地提高自己的能力。同时，管理者也可以通过绩效反馈指出员工存在的问题。

（三）绩效管理的五项关键决策

1.评价内容

所谓"评价内容"，即"评价什么"，就是指如何确定绩效评价所需的评价指标、指标权重及其目标值。为了确保组织战略目标的实现，组织需要在绩效管理过程中将战略目标转化为可以衡量的绩效评价指标，从而将组织战略目标的实现具体落实到部门以及个人。

2.评价主体

所谓"评价主体"，即"谁来评价"，就是指对评价对象做出评价的人。通常，评价主体可分为组织内部的评价者和组织外部的评价者。内部评价者包括上级、同级、下级，而外部评价者则包括客户、供应商、分销商等利益相关者。在设计绩效评价体系时，选择正确的评价主体，确保评价主体与评价内容相匹配是一个非常重要的原则，即根据所要衡量的绩效目标以及具体的评价指标来选择评价主体。根据这一原则，评价主体应当及时、准确地掌握信息，对评价对象的工作职责、绩效目标、工作行为以及实际产出有比较充分的了解，这样才能确保评价结果的合理性和有效性。

3.评价周期

评价周期要回答的问题是"多长时间评价一次"，评价周期的设置应尽量合理，既不宜过长，又不能过短。在实际工作中，评价周期与评价指标、组织所在行业特征、职位类别以及绩效实施的时间等诸多因素有关，采用年度、季度、月度甚至工作日作为评价周期的情况都有。因此，选择绩效评价周期时不宜一概而论，而应根据管理的实际情况和工作的需要，综合考虑各种相关影响因素，合理选择适当的绩效评价周期。

4.评价方法

所谓评价方法，就是指判断员工个人工作绩效时所使用的具体方法。通常，评价方法可以划分为四大类，即比较法、量表法和描述法。同时，每类又细分为若干具体的评价方法。比较法包括排序法、配对比较法、人物比较法和强制分配法等。量表法包括图尺量表法、行为锚定量表法、综合尺度量表法和行为观察量表法等。描述法包括工作业绩记录法、态度记录法、关键事件法和指导记录法等。每种方法都各具特点，并无绝对的优劣之分，组织应根据具体情况进行选择，但总的原则是根据所要评价的指标特点选择合适的评价方法。

5.结果应用

在管理实践中，绩效评价结果主要用于两个方面：一是通过分析绩效评价结果，了解员工存在的绩效差距，找出产生绩效差距的原因，制订相应的绩效改进计划，从而提高员工的工作绩效；二是将绩效评价结果作为人力资源管理决策的依据，如培训开发、职位晋升和薪酬福利等。实际上，绩效评价结果具体应用于哪些方面是与评价指标的性质相关联的。

三、战略性绩效管理发展新趋势

（一）弹性化的战略性绩效管理

战略性绩效管理是战略性人力资源管理的一部分，而它在运作中的基本要求之一是战略弹性。战略弹性是指适应竞争环境变化的战略灵活性。弹性化的战略性绩效管理反映的是绩效管理在运作过程中对竞争环境变化的反应和适应能力。实际上，绩效管理要为员工提供引导，使员工能够为组织的发展作出贡献，这就要求绩效管理体系具有充分的弹性，从而适应组织战略形势发生的变化。

（二）差异化的战略性绩效管理

同一组织的不同发展阶段存在差异，不同地区的行业发展存在差异，员工之间也存在差异，因而使用一种绩效管理模式肯定不行，要实行差异化的战略性绩效管理。采取差异化的战略性绩效管理，只是在绩效管理五步流程中的部分环节针对差异性的个体进行差异化管理，并不是所有环节都要采取差异化的管理措施，否则会影响绩效管理的效度和信度。

（三）多样化的战略性绩效管理

不同的组织有不同的组织文化和管理特点，所以一种绩效管理方法很难与组织战略相匹配。因此，绩效管理必须结合多种模式和方法。多种绩效管理工具的整合，可以避免某一种方法的劣势。同时，多种绩效管理工具整合的优势远远大于单纯地将每一种绩效管理工具的优势累加在一起。将多样化的绩效管理工具整合在一起，可以使得战略性绩效管理更加科学、规范。在此需要指出的是，多样化的战略性绩效管理并不是将绩效管理工具累加起来，而是将多种绩效管理工具进行整合。

（四）人本化的战略性绩效管理

目前，一些组织使用的绩效管理工具虽然符合先进的管理理念，但工具效能的充分发挥依靠使用者自身的掌握程度。在影响绩效管理行为的管理要素中，"人"在管理活动中处于主导地位。管理者的能力，对保证组织目标的实现和管理效能的提高等具有决定性的作用。战略性绩效管理归根到底是对人的管理，要做好战略性绩效管理就必须以人为本，这也是一种辩证的管理思想。而且，绩效管理三大目的之一的"开发目的"，强调的也是将"以人为本"的思想贯穿于绩效管理系统的全过程中，因此，战略性绩效管理的发展趋势必然是沿着"人本化"的方向发展。

（五）超前化的战略性绩效管理

战略性绩效管理强调关注组织未来的绩效，绩效管理由评价性向发展性转变已经是一种趋势，而且这种发展性绩效管理确切地说是一种超前化的绩效管理。

战略性绩效管理强调动态性，因此，在绩效管理中要用动态发展的眼光看待员工。管理者要认识到每个员工都有发展和改进的可能性，并有效地引导员工向高绩效发展，使绩效考核的重心从评估转移到员工的发展上来。另外，将组织绩效考核的结果用于员工个人职业生涯发展，使员工在实现组织目标的同时，也实现了个人的职业目标，而且员工的发展也能够促进组织的发展。

例如，战略性绩效管理工具中的平衡计分卡就关注员工的发展。关注员工的发展，并将这种关注再向前推进，就是一种绩效管理超前化发展。总之，超前化的战略性绩效管理是绩效管理发展的新趋势。

第二节 团队绩效管理

随着信息化的发展和市场竞争的日益激烈，组织扁平化逐渐成为趋势。在这样的背景下，越来越多的组织以团队组织形式替代部门形式。这样，通过团队绩效管理促进团队成员以及团队整体的效率就成为一个非常有意义的课题。团队绩效管理就是通过有效的绩效指标体系的实施来改进、提高团队的绩效。

团队绩效管理可分为团队绩效指标体系的开发和实施两大部分。

一、团队绩效的定义

团队绩效是由团队成员相互协作决定的基于组织整体的绩效。基于组织的整体绩效是为了确保团队的绩效与组织绩效的一致性，确保团队绩效能为组织绩效作贡献，各团队之间不能各自为政，不能脱离组织目标。

二、团队绩效管理的目标

当然，仅明确组织绩效和团队绩效之间的关系是不够的，问题的关键在于要建立一个合理的团队绩效考核指标体系，并用这一指标体系不断纠正错误，使其沿着正确的方向不断前进。

如何建立团队绩效管理指标体系将在后面阐述，这里主要借此延伸出团队绩效管理目标。

（一）团队目标与组织整体目标的一致

建立团队就是为了完成某个项目或实现某种功能，必须是为组织服务的。因此，团队绩效管理不可能孤立地进行，团队目标必须与组织目标高度一致。

（二）确保完成团队任务

这要求我们在进行团队绩效测评的时候要以问题的解决为导向，要求绩效考核要有助于问题的解决。

（三）提高团队工作绩效

任何一个绩效管理系统都必须为提高绩效服务，如何提高绩效是绩效管理和绩效考核的一个重要区别。团队在完成工作任务后，必须对这次工作任务的完成做一个回顾，找出成功或失败的原因，并提出建议，为团队下一次高质量地完成工作任务提供宝贵经验。

（四）得到各方面的理解和支持

团队绩效管理首先是对团队成员以及整个团队绩效的管理，必须得到团队成员的理解和支持，否则再好的绩效管理都难以实施。除此之外，还必须得到组织高层的认可，如有顾客，还需倾听顾客的声音。

三、工作团队绩效考核指标设计应注意的问题

工作团队绩效考核的指标设计是工作团队绩效管理的重点和难点，这一工作质量的好坏将直接影响团队绩效考核，进而影响整个绩效管理系统。

第一，工作团队绩效管理指标设计必须遵循通用的指标设计原则，如客观性原则、明确性原则、可比性原则、可操作性原则等。

第二，不同类型的工作团队由于工作内容或性质不同，其指标体系也应不同。很多组织采用平衡计分卡法来确定指标体系，然后将这一体系运用于所有的工作团队，认为平衡记分卡的指标体系较为全面，但是实践告诉我们，结果并不理想。不理想的根本原因在于团队的工作内容存在差异，所以我们设计绩效考核指标体系时必须以具体的工作内容为依据，并根据团队目标设置指标权重。

第三，不可忽略团队工作计划指标。团队工作计划的制订需要大量的人力和时间，计划的好坏也将直接影响团队的工作业绩，所以将团队工作计划纳入团队绩效管理指标体系并赋予一定的权重已经成为一种新的趋势。

第四，权重的分配必须兼顾团队的业绩和个人业绩。一般来说，如果该团队更多地强调成员的协作，则应提高团队业绩比例，降低个人业绩比例；反之，则应降低团队业绩比例，提高个人业绩比例。

四、工作团队绩效管理指标设计的方法与考核流程

（一）确定考评维度的方法

确定团队业绩的考评维度的方法有很多种，团队业绩维度没有统一的标准，也不可能只运用一种方法，因为各种方法没有对错，只有适用与否的区别。

1.销售团队考评维度的提取

销售团队主要是为了销售某种产品而成立的，对于此类团队可以采用客户关系图法来提取团队绩效考评维度。

客户关系图是指通过画出销售团队与组织内外部相关部门和客户的关系，进而提取团队考评维度的一种方法，分以下四个步骤。

第一，运用客户关系图确定团队客户及其需从团队获取的产品或服务。

第二，确保列出的每一个项目都是客户所需要的，同时应去掉那些不值得测评的项目。

第三，从组织的角度考虑哪些成果是组织希望从团队这里获得的，用来回答该问题的关键词就是团队给组织创造的价值。

第四，把列出的业绩成果重新规范命名，用简练、准确的词语来描述团队应完成的工作。

2.问题解决型团队考评维度的提取

问题解决型团队主要是为了提高产品质量、生产效率、改善工作环境和帮助组织解决某类问题而建立的。对于此类团队可以采用 KPI 指标体系来提取团队绩效考评维度。

团队 KPI 指标体系提取绩效考评维度的步骤。

第一，根据组织绩效考评维度，由事先组建的考评维度拟定小组初步拟定团队绩效考评维度。

第二，将初步拟定的考评维度交由团队成员讨论并提出建议，考评维度拟定小组将这些建议加以记录。

第三，考评维度拟定小组在听取高层管理人员意见的基础上对团队考评维度进行修订。

第四，形成绩效考评维度。

3. 其他类型团队考评维度的提取

上面两种团队是团队的主要类型，而对于组织内部组建的其他团队则可以参照职能部门的绩效考评维度来设定。

在团队测评维度的基础上必须对团队成员的个人绩效进行测评，必须形成团队成员的测评维度。为此，可以采用团队、个人绩效维度矩阵图。运用该图我们可以轻松获得团队成员的个人绩效测评维度。当然，团队的测评维度不能直接用在成员身上，必须加以转化。转化后的测评维度要贴近团队成员的工作，要能反映出团队成员对团队绩效的贡献。

（二）分配权重

首先，当团队测评维度和团队成员测评维度出来之后，在给维度赋予权重的时候，必须先确定团队和个人业绩所占的比例。其次，分别给团队和个人的各项测评维度赋予权重。由于维度相对较少，分配相对较容易。当然，在实际分配过程中还是有些小的技巧可以节省分配时间的。

（三）确定考评要素

对于团队来说，如何确定考评要素？比较容易的方法是直接从团队中提取考评要素，因为团队成员对团队的工作内容最为了解，利用这种方法提取出来的要素受团队成员自身素质和对要素理解程度的影响。另一种方法是先提取考核指标，然后将指标归类，形成要素，再从团队角度思考要素是否全面，进而由要素再去思考指标是否充分。这两种方法适用于不同环境，当我们对团队工作内容比较熟悉，能够形成大部分的考核指标的时候，可采用第二种方法。

（四）形成绩效考核指标体系

在确定考评要素后，指标的设定就相对容易了，可以采用学术界的研究结果，也可以有创造性地设定目标。例如，市场拓展能力考评要素可以分解为客户新增数量和新业务营业增长率两个指标。

绩效考核指标体系是包括考评维度、考评要素、考评指标和它们各自权重的一个完善的体系，其结果可以有多种形式，可以是表格式，也可以是类似于组织结构图的形式，但应用较多的是鱼骨图。

五、工作团队绩效管理的流程

第一，由人力资源部门下发通知，启动团队绩效考核。

第二，首先对团队进行考核，确定团队工作业绩。

第三，团队负责人与团队成员沟通，沟通内容为团队考核指标、指标权重等。

第四，团队成员自评和绩效考评委员会考评。

第五，团队负责人将考核意见和考核结果提交人力资源部。

第六，根据本期的绩效结果，对下阶段的绩效目标进行调整。

六、工作团队绩效考核结果的应用

在完成对工作团队的绩效考评后，我们必须明确如何有效地将其应用在实际生活中的各个方面。一般来讲，工作团队的绩效管理是绩效管理的一个重要方面，所以工作团队的绩效考核结果的应用和组织绩效考核结果的应用是大同小异的。工作团队的绩效管理可以应用在团队绩效沟通、团队绩效改进、团队绩效汇报、团队内部人员职务调整、团队人员奖金分配、员工职业发展规划等方面，具体情况分析可以参照第五章和第九章的相关内容。要特别注意的是，工作团队绩效考核结果在团队绩效汇报中的应用是绩效考核结果应用中没有的。并且，团队阶段性绩效要向团队成员汇报，而团队最终业绩必须向组织领导汇报。需要汇报的内容包括团队阶段性工作业绩、团队成员的学习成长情况、团队绩效反馈情况、团队绩效改进计划以及团队需要从外部得到何种支持等。

第三节 高绩效团队的创建

对于一个组织的领导者而言，真正意义上的成功必然是团队的成功。脱离团队，即使个人取得了成功，往往也是变味和苦涩的，长久下去对组织的发展是有害的。因此，领导者应该带领员工共同前进，靠团队的力量来实现自己对事业的追求。

高绩效的团队都是为了实现共同目标而进行分工合作的。在那些成功的团队中，每一位成员都承担着不同的工作。所有的成员，包括团队领导在内，都要以具体方式为团队贡献力量，而这是推动团队取得成功的一个非常重要的因素。只有设定了适当的目标以及实现目标的方式，同时使各成员可以接受并一起承担责任之后，才能成为高绩效的团队。

一、高绩效团队的六种特征

作为部门或是某个组织的领导者，他们关心的问题是：如何才能打造出一支高绩效的团队？

要想打造出一支高绩效的团队，首先要了解高绩效团队的特征和高绩效团队成员的主要表现。高绩效的团队具备以下六个特征。

（一）效率至上

高绩效团队将精力集中在寻求更加有效、更为快捷的方法去解决问题。如果不能够提高效率，便意味着即将被淘汰。

（二）结果导向

一切都应以结果为导向，无论取得了多么杰出的成绩，但是如果与最初的目标不一致，那么就是失败。高绩效团队中的每一位成员每时每刻思考的都是如何实现当初的目标，他们知道结果决定一切，因为结果象征着团队所创造的价值。

（三）各司其职

只有团队中的每一位成员都能够充分发挥自身的特长和技能，并且高度协作，才能够取得真正的高绩效。杰克·韦尔奇始终强调管理的根本就是人的问题，认为应该把适合的人放到适合的位置上去，然后给他们充分的自主权。

（四）目标一致

一支高绩效的团队必定拥有一个共同的目标。目标是否一致是评价一个团队是否有凝聚力的核心标准。因此，只有团队中的每一位成员都清楚团队的目标，并且深刻理解自身在实现这一目标的过程中所承担的责任，组织才能够取得高绩效。

（五）高度协同

高度协同是一支团队能否实现目标的基本要求之一。实际上，很多团队虽然最终也实现了目标，但依然是失败的，原因不外乎两种：一是超出了预定的时间，错过了良好的市场机会，最终处于被动地位；二是消耗的成本和资源过多，尽管实现了目标，但是使组织陷入了严重的财务危机。

（六）快速反应

成功的组织通常有一个重要的特征，那就是在市场环境发生变化时能够迅速采取措施，把握市场机会，成为市场中的领先者。组成组织的各个部门决定着一个组织的快速反应能力，而一个具备快速反应能力的团队往往有以下一些特点：对自身所处的环境异常敏感，能够及时把握住行业的变化，并结合组织的实际情况采取行动；在确定了新的任务和目标之后，能够迅速使团队中的每一位成员都全身心地投入其中；在面对困难时，团队中的所有成员群策群力，共同寻求解决方案。

二、高绩效团队成员的八种表现

（一）诚实与正直

高绩效建立在团队成员高度协同的基础上，协同的根本在于大家能够相互信任和理解，而信任则是建立在诚实和正直基础之上的。可以说，诚实和正直不仅是打造高绩效团队的基础，还是我们为人处世的根本。

（二）团队成员之间始终保持积极沟通

很多团队因为沟通不畅，导致内部争执不休，最终错过良好的市场机遇。另外，也有一些团队因为成员之间始终没能取得一致的方向和目标而碌碌无为。

沟通主要包括两个方面：积极主动地表达和耐心细致地倾听。在高绩效团队中，成员们总是能够做到这两点。他们在获得一个实施目标的方法之后，总是会主动与团队中的其他成员进行沟通，而其他人则会以一种耐心而客观的态度倾听，一旦发现这是一种有益的方式时，所有的人都会全力投入其中。

（三）人人都勇担责任

团队的绩效取决于所有成员的责任意识。有时，一个人的疏忽可能会导致整个团队的失败。因此，要想取得高绩效，团队中的每一个人都必须保持高度的责任心。优秀的经理人不但要明确传达团队的目标，还要清楚地告诉每一位成员所应该承担的具体工作。同时，他们应以身作则，带头行动，成为团队中的榜样。一支人人勇担责任的团队必定会实现高效率，而一支无人愿意承担责任的团队只能以失败而告终。

（四）时刻充满了激情和自信

一般来说，团队成员是否充满激情和自信决定着团队的成败。很多管理者往往只知道一味地追求结果，却忽略了对团队激情的培育和激发。一些团队的气氛异常沉闷，团队成员在工作中获取不到任何乐趣。这样的团队通常无法取得预期的效果，更别说取得高绩效了。成功的管理者将激发员工的工作激情等视为自己的重要任务之一。在团队遭遇失败时，他们会引导团队成员换一个视角，将失败视为通向成功的一个过程，并与大家一起探讨走向成功的策略和方法。

（五）人人都积极主动地完成自身的任务

每一位管理者都在向员工灌输积极主动的重要性，因为他们知道团队的绩效取决于团队成员的绩效。要使员工保持积极主动的心态，就必须拥有一套完善的激励机制。高绩效团队通常拥有完善的激励措施，管理者将每一次成功都视为团队协作的结果，并使团队中的每一位成员都能够感受到成功的喜悦。同时，团队中的佼佼者则会成为无可争议的榜样。一旦如此，每一位成员都会期望自己能够成为最受尊重的那个人。因此，团队成员在工作中将更加积极主动。

（六）人人都乐于分享

无论经验是来自成功，还是来自失败，成功的团队都反复强调一个共同点：分享。分享可以使团队节省大量的摸索时间和成本，无论分享者分享的是失败的还是成功的经验，你都会发现他的经验对你来说尤其重要。

（七）在面对困难和挫折时，意志坚定，决不轻易放弃既定目标和方向

高绩效团队的成员们总是勇敢地面对失败和挫折，而且绝不轻言放弃。实际上，任何问题都会有解决的办法，只不过一些团队因为缺乏出色的意志力而过早地选择放弃，而成功总是属于那些坚持到底的团队和个人。

（八）团队成员互相尊重，团结互助

优秀的管理者深刻地体会到尊重是合作的基础，因此，他们在团队内部始终强调尊重的重要性。在高绩效的团队之中，人与人之间始终是互相尊重的，而且在某一位成员遭遇挫折和困难时，其他人会主动地伸出援助之手。

三、如何打造高绩效团队

（一）优秀团队所必需的八种人才

一个团队必须拥有完成任务所需要的不同技能，还需要有一群性格不同、具有不同爱好的人。

有学者认为，一个优秀的团队必须具有八种人才。

第一，总裁。与其说他们是专家或者是具有创新精神的人，不如说他们纪律严明，有能力。他们的职责是挑选人才、激励员工等。

第二，造型师。他们是项目领导者，性格外向，能有力地推动任务的进展。

第三，生产者。他们是原创思想和建议的来源，是团队中最富于创造性和最聪明的成员，但可能对细节不是很关心。因此，他们需要激励和引导才能充分发挥能力。

第四，监测评估者。他们是检查工作运行并指出其中缺陷之处的人，擅长分析。

第五，资源调查者。他们是让团队与外界保持联系的联络人。这类人性格外向，并且很受人欢迎。

第六，组织工作人员。他们是把思想具体转化为行动的实践组织者和管理者。

第七，团队工作人员。他们受人欢迎，通过鼓励等方法使每个人保持前进的方向。

第八，工作者。如果没有他们的话，团队就可能永远都不会按时完成任务。

团队是由个体聚集在一起组成的一个集合，在执行任务或者解决问题时需要发挥每位成员的才能。团队赢了，则团队中的每个人都赢；团队输了，则每个人都输。因此，团队成员要与集体目标一致。任何团队都有一个从诞生、成长到成熟的过程。对很多团队来说，"青春期"之后是动荡的时期，团队成员开始挑战最初的组织形式，动荡期之后是规范期，这个时期团队开始在新的工作方式中稳定下来，最后，团队走向真正的成熟。因此，要想高效率地工作，团队成员之间就要互相信任。可以说，团队成员需要时间来建立起这种信任的关系，也需要时间来成长。

（二）选择合适的团队成员

不管是组织的决策者还是经营管理者，都会面临这样的问题：怎样才能让员工充分发挥作用，做出更大的贡献呢？那么，这里就涉及一个非常关键的环节是团队成员的选择。那么，管理者该如何选择团队成员呢？

第一，经验并不代表一切。经验仅仅能够说明此人在过去的工作年限中有一定的积累。随着市场的快速变化和行业竞争水平的不断提升，经验有时候可能不是一件好事，反而可能让人因循守旧。

第二，关注优势而不是抓住弱点。我们需要明确：人并不能改变太多，因此不要在他并不擅长的方面浪费时间。正确的做法是：尽量发挥员工已有的优点，并将他安排到最适合自己优点的工作岗位上去。

第三，团队成员不是越多越好。成功的团队规模并不大，一般在 2 人到 25 人之间。规模超过 50 人从理论上讲也可以组成团队，但是这种规模的团队更容易分裂为较小的团体。

除了选择最佳的规模之外，团队必须寻找最佳的特长组合，也就是说，为了工作的需要而选择技能互补的成员

团队的技能要求一般可分为三类。

第一，技术和专业知识。例如，让一位医生在法庭上处理案件显然是荒唐的，但是由医生和律师组成的团队往往能一起处理医疗事故和人身伤害的案件。

第二，解决问题和确定决策的技巧。团队必须能够发现潜在的问题和机遇，斟酌各种可选方案，并且在权衡利弊之后做出决定。

第三，人际关系技巧。如果缺乏有效的交流沟通和建设性的碰撞，那么共同目标和相互理解便是一句空谈。团队的高效性并不一定与团队成员的人数成正比，而是需要团队成员彼此间能够做到技能上的相互补充。

（三）营造良好的组织氛围

有人曾提出如下说法：关爱你的客户，关爱你的员工，那么市场就会对你倍加关爱。可见，只有内外兼顾，不顾此失彼，组织才能获得最终的成功。同时，员工是组织利润的创造者，如果员工对组织满意度高，他们就会努力工作，为组织创造更多价值，以组织为家。

提高员工的满意度，改善组织氛围可以从以下几个方面入手。

第一，创造公平竞争的组织环境。公平体现在组织管理的各个方面，如招聘、绩效考评、晋升等等。公平是员工对组织的最基本要求。公平可以使员工踏实地工作，使员工相信付出多少就会有多少回报。

第二，营造追求进步的组织氛围。组织不断追求进步表现为：重视培训，重视员工的职业发展，随着社会发展速度的加快，员工在工作中所需的技能和知识更新的速度也加快了。因此，培训已成为组织提高员工工作效率、增强竞争力的重要方法。

第三，营造自由开放的组织氛围。现代社会中，人们对于自由的渴望越来越强烈。因此，员工普遍希望组织是一个自由开放的系统，能给予员工足够的支持与信任，使员工能在组织里自由平等地沟通。

总之，无论是为了确保战略性绩效管理的发展、团队绩效管理的发展，还是为了确保高绩效团队的发展，我们都要综合各个方面的因素进行精心设计，考虑每一阶段、每一环节可能出现的问题，提前想好解决措施，在确保员工的归属感和成就感的基础上实现绩效管理目标，促进组织的发展。

参考文献

[1] 李文静，王晓莉 . 绩效管理 [M]. 沈阳：东北财经大学出版社，2018.

[2] 陈岳堂，高涵 . 绩效管理 [M]. 长春：东北师范大学出版社，2018.

[3] 孙波 . 绩效管理本源与趋势 [M]. 上海：复旦大学出版社，2018.

[4] 郑楠 . 绩效管理与绩效考核研究 [M]. 北京 / 西安：世界图书出版公司，2018.

[5] 蒲冰 . 营销组织模式及绩效管理研究 [M]. 北京：北京工业大学出版社，2018.

[6] 陈磊 . 绩效管理实操全流程演练：实战案例版 [M]. 北京：中国铁道出版社，2018.

[7] 周苹 . 世界 500 强人力资源总监绩效管理日记 [M]. 天津：天津人民出版社，2018.

[8] 胡华 . 中国地方预算绩效管理研究 [M]. 太原：山西经济出版社，2018.

[9] 柳迪 . 预算绩效管理（上）基础知识 [M]. 兰州：甘肃文化出版社，2018.

[10] 孙季勤 . 绩效管理必备制度与表格范例 [M]. 北京：中国友谊出版公司，2018.

[11] 刘祯 . 一本书读懂绩效管理 [M]. 北京：中国友谊出版公司，2019.

[12] 那文忠，王秋玉 . 民营企业薪酬管理与绩效考评 [M]. 北京：首都经济贸易大学出版社，2019.

[13] 刘国永，李文思，王萌 . 全面实施预算绩效管理案例解读 [M]. 镇江：江苏大学出版社，2019.

[14] 付立红 . 税务机关绩效管理理论与实践 [M]. 北京：中国经济出版社，2019.

[15] 蒋俊凯，李景刚，张同乐，刘姝辰 . 现代高绩效人力资源管理研究 [M]. 北京：中国商务出版社，2019.

[16] 闵剑 . 面向世界一流大学绩效管理的高校预算绩效管理体系研究 [M]. 武汉：武汉理工大学出版社，2019.

[17] 李彬 . 极简绩效管理法让绩效管理回归简单 [M]. 广州：广东经济出版社，2019.

[18] 胡景涛 . 基于绩效管理的政府会计体系构建研究 [M]. 沈阳：东北财经大学出版社，2019.

[19] 吴新刚，刘蕊 . 老 HR 手把手教你搞定绩效管理 [M]. 北京：北京联合出版公司，2019.

[20] 罗真，乔琰，李峰 .《绩效经理人管理手册》编委会 . 绩效经理人管理手册 [M]. 北京：中国质量标准出版传媒有限公司，中国标准出版社，2019.

[21] 丁家奎，李国英 . 银行绩效管理实践案例 [M]. 北京：中国经济出版社，2020.

[22] 沈晓，夏冕等.公立医院绩效管理与薪酬设计 [M].武汉：华中科技大学出版社，2020.

[23] 王京刚，戈剑.自主绩效 贵州电网 凯里麻江供电局数字化建模与绩效模式观察 [M].北京：中国商业出版社，2020.

[24]（澳）吴翰，左小德，刘敏.基于扎根理论的残疾员工绩效影响机制研究 [M].北京 / 西安：世界图书出版公司，2020.

[25] 赵继新，魏秀丽，郑强国.人力资源管理 [M].北京：北京交通大学出版社，2020.

[26] 徐丽蕊.仓储作业管理 [M].北京：北京理工大学出版社，2020.

[27] 朱新林.西藏公共管理研究 [M].北京：华文出版社，2020.

[28] 徐缇，高爽，胡惠良.多维度的太湖流域水环境治理绩效评价体系研究 [M].北京：中国环境出版集团，2020.

[29]（美）戴维·尤里奇，韦恩·布罗克班克，乔恩·扬格，迈克·尤里奇著；朱翔，吴齐元，游金等译.高绩效的 HR：未来的 HR 转型 [M].北京：机械工业出版社，2020.

[30] 杨宗岳，吴明春.人力资源管理必备制度与表格典范 [M].北京：企业管理出版社，2020.